다산의 설계도

현실주의자 정약용이 평생에 걸쳐 완성한,
삶의 선순환을 이끄는 6륜의 설계

다산의 설계도

현실주의자 정약용이 평생에 걸쳐 완성한, 삶의 선순환을 이끄는 6륜의 설계

정약용 지음
김경수 엮음

一	格	격물
二	治	치심
三	修	수신
四	經	경세
五	行	지행
六	新	일신

서 문
다산의 설계도를 엮으며

누구나 자신의 삶을 굳건한 반석 위에 세우고 싶어 합니다. 그러나 삶이라는 과업에서, 우리는 어디서부터 어떻게 시작해야 할지 몰라 막막함에 휩싸이곤 합니다. 그래서 견고한 집을 짓기 위해 잘 그려진 설계도가 필요하듯, 흔들리지 않는 삶을 일구기 위해서는 삶을 관통하는 명료한 원칙과 체계적인 방법이 필요합니다. 우리는 그 지혜를 얻기 위해 시대의 위대한 스승들을 찾게 되며, 그 길의 앞선 곳에서 다산 정약용이라는 이름을 마주하게 됩니다.

다산은 우리에게 익숙한 이름이지만, 우리는 그의 진면목을 얼마나 알고 있을까요? 18년의 유배 생활과 500여 권의 저술이라는 경이로운 사실 뒤에는, 자신의 삶이 무너져 내린 폐허 속에서 어떻게 다시 일어서야 하는지를 증명해낸 인고의 과정이 숨어 있습니다. 그의 지혜는 참혹한 현실과 맞서 싸우며 얻어낸 생존의 법칙이었습니다.

저는 다산의 사상 전체를 꿰뚫는 하나의 길을 찾고 싶다는 열망으로, 그의 방대한 유산인 저서의 모음집인 『여유당전서』라는 거대한 산맥을 오르기 시작했습니다. 경학, 역사, 법률에서부터 의학, 건축, 언어학을 비롯한 정신적 유산에 더해, 그의 고향 남양주에 남겨진 물리적 유산까지. 그 광대함에 감탄하면서도 한편으로는 아쉬움을 느꼈습니다. 다산의 특정 저작이나 일부 사상을 조명하는 책은 많았지만, 흩어진 구슬 같은 그의 가르침을 하나의 목걸이로 꿰어 우리 삶에 적용할 수 있도록 돕는 체계적인 안내서는 찾아보기 어려웠기 때문입니다.

그래서 저의 목표는 더욱 분명해졌습니다. 다산의 저술들 사이를 흐르는 보이지 않는 강과, 그것들을 떠받치는 단단한 암반, 즉 그의 학문 전체를 관통하는 핵심적인 설계 원리가 무엇인지 발굴하는 것이었습니다. 그리고 오랜 탐구 끝에, 저는 마침내 그가 평생에 걸쳐 구축한 장엄한 설계의 구조를 발견할 수 있었습니다. 그것은 6가지의 단계로 이루어진 하나의 일관된 체계였습니다. 다산의 철학은 문제를 진단하고(1단계), 마음을 다스려 배움의 자세를 갖추고(2단계), 내면의 원칙을 정립한 뒤(3단계), 구체적인 해결책을 그리고(4-5단계), 그 모든 과정을 통해 끊임없이 자신을 새롭게 하는(6단계) 고도로 정밀한 설계의 과정이었습니다.

이 책 『다산의 설계도』는 바로 저의 오랜 연구를 통해 발굴하고 재구성한 다산의 6단계 인생 설계 법칙에 대한 해설서입니다. 이 설계도가 200년의 시간이 지났음에도 불구하고 여전히 의미있는 까닭은, 그것이 한 인간의 삶이 무너지고 다시 세워지는 과정에서 피와 땀으로 증명된 원리이기 때문입니다. 그렇기에 이 법칙들은 시대를 막론하고 삶의 문제를 마주한 모든 이에게 적용될 수 있는 보편성을 지닐 수 있게 되었습니다.

이 책에서 우리는 다산의 설계 과정을 단계별로 따라가게 될 것입니다.

제1부 '문제의 본질을 꿰뚫다'에서는 삶의 단단한 대지를 찾기 위해, 우리가 마주한 문제의 실체를 정확히 진단하는 격물치지의 법을 배웁니다. 문제를 진단했다면, 제2부 '마음을 다스려 학문을 이루다'에서 주춧돌을 놓기 위해, 흔들리는 마음을 공부의 단단한 그릇으로 만드는 치심의 원리를 탐구합니다. 주춧돌이 놓이면, 제3부 '흔들리지 않는 기준을 세우다'에서 내면의 기둥을 세우기 위해, 나 자신을 닦는 수신의 과정을 밟습니다.

내면의 기틀 마련되면, 제4부 '최적의 해결책을 그리다'에서 본격적으로 집의 뼈대를 설계하기 위해, 문제 해결을 위한 구체적인 계획을 수립하는 경세의 지혜를 빌립니다. 제5부 '앎을 삶으로 증명하다'에서는 설계도를 현실로 옮기기 위해, 계획을 행동으로 실천하는 지행겸진의 방법을 익힙니다. 마지막으로 제6부 '날마다 새롭게 태어나다'에서는 완성된 집에 안주하지 않고, 끊임없이 자신을 보수하고 증축하여 날마다 더 나은 존재로 거듭나는 일신의 철학을 배웁니다.

따라서 이 책은 다산의 생애를 조명하는 위인전이나 그의 말을 모은 명언집과는 그 성격이 다릅니다. 이 책은 한 학자의 오랜 탐구를 통해 마침내 모습을 드러낸 다산 사상의 핵심 설계도를, 독자 여러분이 직접 사용할 수 있도록 풀어 쓴 안내서입니다. 이 책을 통해 의도하지 않은 환경이나 우연에 휘둘리는 삶에서 벗어나, 자신의 원칙과 계획에 따라 주도적으로 삶을 건축하는 힘을 얻게 되길 바랍니다.

이제, 한 위대한 사상가가 남긴 견고한 설계도를 여러분 앞에 펼쳐 보입니다. 부디 이 안내서를 바탕으로, 각자 자신의 삶을 직접 설계하고 쌓아 올리는 위대한 건축가로 거듭나시기를 바랍니다.

김경수 드림

연 표

다산의 생애

연도	장소	사건
1762년	남양주	경기도 남양주 마현리(현재의 조안면 능내리)에서 태어났다. 본관은 나주이며, 자는 미용(美庸), 호는 다산(茶山) 또는 여유당(與猶堂)이다.
1770년대	한양	한양을 오가며 사서삼경을 비롯한 기초 학문을 익혔다. 이 시기부터 기존 경학 주석들을 비판적으로 검토하며 학자로서의 자질을 보였다.
1783년	한양	소과에 합격하여 성균관에 들어가 학행을 인정받으며 관직에 나아갈 기반을 마련했다.
1784년	한양	정조의 신임을 얻어 초계문신으로 임용되었다. 이곳에서 다양한 서책을 교감, 정리하고 정책 문서 편찬을 지원하며 실무 경험을 쌓았다.
1789년	한양	문과 대과에 급제하여 정식 관료가 되었으며, 정조가 추진하던 개혁 정치의 핵심 실무자로 활동하기 시작했다.
1792-1793년	한양	국가 제도 개혁에 관한 상소를 꾸준히 올리고, 법령 정비와 지방 행정 실태 조사에 참여하여 보고서를 작성하는 등 개혁 정책에 관여했다.
1794-1796년	수원	수원 화성 축성에 참여하여 현장 측량과 시공을 지원했다. 특히 거중기를 직접 설계하고 운용을 검토하며 공사 행정 절차를 정비하는 데 크게 기여했다.
1797-1799년	수원	서학(천주교)과의 관련성으로 의심을 받으며 탄핵 상소가 잇따르자 여러 차례 보직이 바뀌었다. 이 시기 잠시 관직을 떠나 학문 정리에 몰두하기도 했다.

연도	장소	사건
1800년	한양	개혁 군주 정조가 승하하면서 그를 지지하던 정치적 기반이 약화되고 중앙 정계에 큰 변화가 닥쳤다.
1801년	강진	신유박해가 일어나면서 서학에 연루되었다는 죄목으로 체포되어 전라남도 강진으로 유배되었다. 이곳에서 18년간의 기나긴 유배 생활을 시작하며 학문 연구와 후학 양성에 전념할 준비를 했다.
1808년	강진	국가 경영에 관한 자신의 경륜을 집대성한 『경세유표(經世遺表)』의 집필을 시작했다. 이 책에서 중앙 행정 체계의 재설계, 관제 및 재정 구조 개편안의 초고를 구상했다.
1811년	강진	우리나라의 역사 지리를 사료를 통해 고증하고 재구성한 『아방강역고(我邦疆域考)』를 집필했다.
1818년	강진	지방관이 지켜야 할 덕목과 행정 실무 지침을 상세히 담은 『목민심서(牧民心書)』를 완성했다. 같은 해 18년간의 오랜 유배 생활에서 풀려나 해배(解配)되었다.
1818년	남양주	꿈에 그리던 고향 남양주로 돌아와 자신의 호를 딴 여유당(與猶堂)에 정착했다. 강학을 재개하고 유배 시절 저술했던 방대한 글들을 재정비했다.
1822년	남양주	형사 사건의 판례를 정리하고 합리적인 심문 절차와 증거주의를 제안한 법제서 『흠흠신서(欽欽新書)』를 완성했다.
1823-1835년	남양주	후학 양성을 계속하면서 방대한 자신의 저작들을 교열하고 편차를 정리하여 자신의 사상을 후세에 온전히 전승할 체계를 마련했다.
1836년	남양주	세상을 떠났다. 그의 생애를 통해 남긴 500여 권에 달하는 방대한 저술은 사후에 여유당전서로 정리되어 조선 후기 실학사상의 위대한 금자탑으로 평가받고 있다.

차례

서문
연표

1부 문제의 본질을 꿰뚫다 格物致知
_{격물치지}

제1장 세계는 탐구의 대상이다 (격물, 格物)	16
제2장 모든 학문은 질문에서 시작된다 (질의, 質疑)	22
제3장 나의 눈을 가리는 것을 걷어내라 (성견, 成見)	27
제4장 드러난 증후로 병의 뿌리를 찾는다 (증후병근, 症候病根)	32
제5장 바꿀 수 있는 것과 없는 것을 구분하라 (성명, 性命)	37
제6장 반복되는 실패의 구조를 파악하라 (폐단, 弊端)	42
제7장 오직 증거로 말하라 (실증, 實證)	46
제8장 내가 서 있는 자리를 바로 알다 (처지, 處地)	51
제9장 거짓을 걷어내고 사실의 실체를 보다 (실상, 實相)	56
제10장 지엽적인 것을 버리고 근본을 붙잡는다 (근본, 根本)	60

2부 | 마음을 다스려 학문을 이루다 治心(치심)

제11장 공부의 시작, 마음을 바로잡다 (정심, 正心)　　　　66

제12장 묻기를 좋아하는 마음 (호문, 好問)　　　　71

제13장 홀로 있을 때 더욱 삼가고 경계하라 (신독, 愼獨)　　　　76

제14장. 어둠 속에서 홀로 마음을 지키는 법 (야경, 夜警)　　　　80

제15장 여러 앎을 꿰어 하나로 만들다 (회통, 會通)　　　　84

제16장 옳고 그름을 명확히 분별하는 힘 (명변, 明辨)　　　　89

제17장 게으름이라는 가장 큰 적을 이겨내다 (극기, 克己)　　　　93

제18장 벗과 함께하며 학문을 넓히다 (강학, 講學)　　　　97

제19장 고요한 마음을 기르는 법 (존양, 存養)　　　　101

제20장 원칙을 현실에 맞게 적용하는 지혜 (권도, 權道)　　　　105

3부 | 흔들리지 않는 기준을 세우다 修身(수신)

제21장 삶의 방향을 세우는 첫걸음 (입지, 立志)　　　　112

제22장. 좋은 벗이 좋은 나를 만든다 (교우, 交友)　　　　118

제23장 마음을 다스리는 두 개의 기둥 (인서, 仁恕)　　　　124

제24장 말에도 품격이 있다 (신언, 愼言)　　　　128

제25장 오직 나를 위한 공부를 하라 (위기지학, 爲己之學)　　　　133

제26장. 매 순간을 받드는 깨어있는 마음 (경, 敬)　　　　138

제27장 스스로에게 떳떳한 삶의 기준 (청렴, 淸廉)　　　　143

제28장 삶을 다시 일으키는 두 글자 (근검, 勤儉)　　　　147

제29장 사사로움을 이기는 의로움의 힘 (의, 義)　　　　151

제30장 마음을 묶어두는 나만의 약속 (좌우명, 座右銘)　　　　155

4부 | 최적의 해결책을 그리다 經世
경세

제31장 모든 것에는 이치가 있다 (물유본말, 物有本末) ... 162
제32장 넓게 배우고 정밀하게 생각하라 (절차탁마, 切磋琢磨) ... 166
제33장 지식의 뼈대를 세우는 법 (체계, 體系) ... 172
제34장 스스로 모범을 보여 이끌다 (솔선수범, 率先垂範) ... 177
제35장 시간의 주인이 되는 법 (계획, 計劃) ... 181
제36장 사람을 바로 보고 바로 쓰는 법 (용인술, 用人術) ... 185
제37장 부를 다스리는 철학 (이용후생, 利用厚生) ... 189
제38장 최악을 대비해야 최선을 만든다 (유비무환, 有備無患) ... 193
제39장 관찰이 통찰을 낳는다 (관물, 觀物) ... 197
제40장 쓸모 있는 사람이 되는 길 (기예, 技藝) ... 201

5부 | 앎을 삶으로 증명하다 知行兼進
지행겸진

제41장. 오직 실천만이 증명한다 (지행겸진, 知行兼進) ... 208
제42장. 치밀하게 설계하여 현실에 베풀다 (설시, 設施) ... 213
제43장 때를 아는 자가 기회를 얻는다 (결단, 決斷) ... 217
제44장 아랫사람에게 묻는 것을 부끄러워 말라 (불치하문, 不恥下問) ... 221
제45장 기록이라는 가장 강력한 실천 (초서, 抄書) ... 225
제46장 함께 배우고 함께 성장하다 (교학상장, 教學相長) ... 229
제47장 꾸준함이라는 가장 무서운 힘 (항심, 恒心) ... 233
제48장 고난은 나를 성장시키는 숫돌이다 (단련, 鍛鍊) ... 237
제49장 마음을 담은 행위가 결과를 바꾼다 (정성, 精誠) ... 241
제50장 몸을 보존해야 학문도 있다 (양생, 養生) ... 245

6부 | 날마다 새롭게 태어나다 日新(일신)

제51장 사사로운 마음을 버리다 (공심, 公心) 252

제52장 날마다 새롭게 태어나다 (일신, 日新) 257

제53장 어제의 나를 넘어서는 길 (개과, 改過) 261

제54장 세상을 이롭게 하는 학문 (경세치용, 經世致用) 266

제55장 스스로를 경계하는 마음 (계신공구, 戒愼恐懼) 271

제56장 공부의 즐거움을 잃지 않다 (열, 悅) 276

제57장 모든 경험은 나의 자산이다 (성찰, 省察) 280

제58장. 후세를 위해 진리의 길을 밝히다 (소명, 昭明) 286

제59장 삶을 평가하고 증명하다 (자찬묘지명, 自撰墓誌銘) 290

제60장 끝은 곧 새로운 시작이다 (추이, 推移) 294

참고문헌

일러두기

- 이 책은 다산 정약용의 방대한 저술, 특히 『경세유표(經世遺表)』, 『목민심서(牧民心書)』 등에 나타난 국가 설계 사상을 현대 독자를 위해 재해석한 것입니다.
- 원문 인용과 참조는 『여유당전서(與猶堂全書)』를 저본으로 삼았습니다. 원문의 뜻을 충실히 따르되, 필요한 경우 한문(漢文)을 병기하여 이해를 도왔습니다.
- 인명, 지명, 관직명 등 고유명사는 표준 표기를 원칙으로 했으며, 처음 언급될 때 한자를 함께 표기하여 의미를 명확히 하고자 했습니다.
- 도량형이나 화폐 단위는 오늘날의 독자들이 이해하기 쉽도록 현대 단위로 환산하여 표기했습니다.
- 본문의 외래어 표기는 국립국어원의 외래어표기법을 따랐으며, 관용적으로 굳어진 표현은 그대로 사용했습니다.
- 각주는 모두 편집자 주로, 본문의 이해에 필요한 용어 해설, 인물 정보, 역사적 사건 등에 대한 보충 설명입니다.

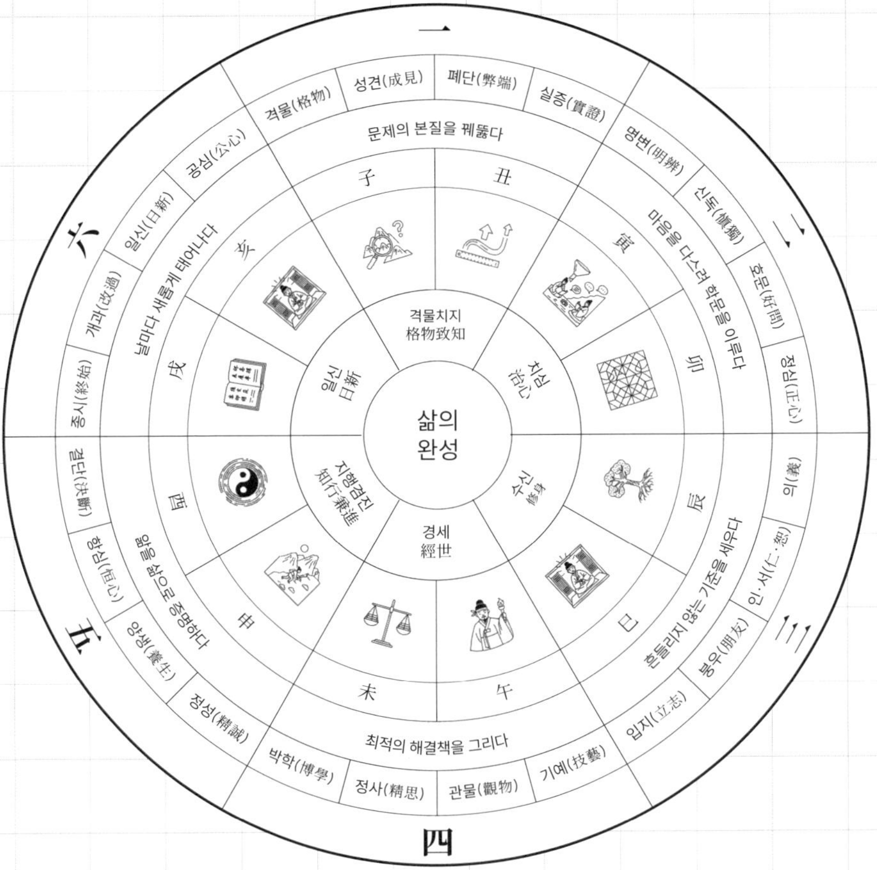

1부 — 문제의 본질을 꿰뚫다

부문	격물치지(格物致知)
작성자	다산 정약용
작성지	전라 강진 다산초당
작성시기	1801년-1818년
참고도면	경세유표, 아방강역고, 논어고금주, 중용강의보

격물·格物
제1장. 세계는 탐구의 대상이다

> **❝** 눈앞의 문제가 거대한 벽처럼 느껴질 때,
> 무엇부터 시작해야 하는가 **❞**

　　인간의 인식이 실재(實在)와 멀어지는 경향은 시대의 모습을 가리지 않고 나타납니다. 우리는 직접 겪어보기도 전에 널리 퍼진 평판으로 대상을 판단하고, 스스로 사유하기보다 권위 있는 해석에 의지해 결론을 내립니다. 세상에 대한 지식은 손쉽게 얻을 수 있지만, 그 지식의 주인이 되어 자신만의 관점을 세우는 힘은 약해지고 있습니다. 세상에 대한 무수한 설명이 쏟아지지만, 역설적으로 세계 그 자체와 직접 부딪히는 경험은 희미해져 갑니다. 타인의 시선과 가공된 언설이라는 경로를 거치지 않고, 사물의 실체에 온몸으로 직면해 본

기억은 아득하기만 합니다. 그 결과 우리는 점차 자신의 감각과 판단을 불신하게 되고, 발 딛고 선 현실은 더욱 불확실하며, 세상은 이해할 수 없는 거대한 문제로 다가옵니다.

바로 이러한 현실에 다산 정약용의 사상은 하나의 날카로운 질문을 던집니다.

"그대는 과연 '실체'와 마주하고 있는가?"

다산 사상이라는 거대한 건축물의 주춧돌이자, 그의 모든 사유가 출발하는 제1원칙, 그것이 바로 '격물(格物)'입니다.

격물. 글자 그대로 풀면 '사물(물, 物)에 이른다(격, 格)'는 뜻입니다. '이른다'는 것은 사물을 그저 관찰하거나 연구하는 뜻인 관측보다 인간 의지의 측면에서 더 진보된 개념입니다. '격(格)'이라는 글자에는 '바로잡는다', '바로 세운다'는 적극적인 의지가 담겨 있기 때문입니다. 그럼 대체 무엇을 바로잡는다는 뜻일까요? 다산은 인간의 인식이 본래 불완전하고 왜곡되기 쉽다고 보았습니다. 우리는 사물을 있는 그대로 보기보다, 자신의 주관이나 기존의 낡은 지식이라는 막을 통해 세상을 봅니다. 이 과정에서 사물의 본질은 흐려지고, 우리의 앎은 조각나 흩어지게 됩니다. '격(格)'이란 바로 이렇게 어긋나고 흐트러진 자신의 인식을 바로잡아, 사물(物)의 본래

모습에까지 나아가는 것입니다. 즉, 격물이란 주관적인 생각이나 낡은 관념의 막을 걷어내고, 대상의 본질과 이치에 도달하여 흩어진 인식을 고친다는 뜻이 됩니다.

다산이 활동하던 시대의 학문은 주자학의 형이상학적 관념론*이라는 안온한 틀 안에 갇혀 있었습니다. 학자들은 방 안에 앉아 마음속에서 세상의 모든 이치를 찾으려 했습니다. 그러나 다산은 이러한 사유를 통렬히 비판하며 선언합니다. 마음은 이치를 사유하는 기관일 뿐, 이치 그 자체와는 구별된다고 말입니다. 이치는 마음 '밖'의 구체적인 '사물과 사건(事物)'에 존재합니다. 따라서 참된 앎은 내면으로 침잠하는 대신, 외부 세계를 향한 적극적인 탐구, 즉 격물에서 출발해야만 했습니다.

격물에 대한 이러한 해석은 그의 대표적 저술 『대학공의(大學公議)』**에서 다산이 격물의 의미를 혁명적으로 재해석한 결과입니다. 그는 기존 주자학이 '격'을 '이르다'고 본 데서 더 나아가, '바로잡다(正)'의 의미로 확장합니다. 다산은

---

*   당시 조선의 국가 학술 표준은 주자학이었다. 주자 주석은 과거 시험과 관학의 기준이었고, 이에 어긋나는 견해는 '사문난적(학문 질서를 어지럽힌다)'이라는 비난을 받기 쉬웠다. 다산의 문제 제기는 이 질서 안에서 이루어진 비교적 대담한 시도였다.

** 정약용 저, 『대학공의(大學公議)』(1814). 주희식 팔조목 체제를 비판 및 수정하고 격물치지의 해석을 재정렬했다.

'격'을 이름과 실체가 어긋난 것을 바로잡아 서로 부합하게 만드는 일로 풀이하며, 사물의 본말과 선후를 구별해 탐구해야 한다고 하였습니다.

이름과 실체가 부합하지 않는 상태. 이것이 바로 우리가 세상을 오해하고 삶의 고통을 겪는 문제의 근원입니다. '사랑'이라는 이름 아래 집착을 행하고, '의무'라는 이름 아래 무의미한 행위를 반복하며, '성공'이라는 이름 아래 공허한 욕망을 좇는 이 모든 혼돈은, 우리가 사랑과 의무, 성공이라는 '사물(物)'의 본질에 제대로 '이르지(格)' 못했기 때문입니다.

다산에게 격물은 삶과 하나로 이어진 학문이었습니다. 그의 삶 전체가 격물의 과정이었습니다. 의학서 『마과회통(麻科會通)』*을 저술할 때, 그는 '홍역'이라는 병명 뒤에 가려진 수많은 임상 사례, 즉 구체적인 '증상'들을 집요하게 파고들어 그 이치를 찾아냈습니다. 또한 관리로서 수많은 옥사(獄事)를 다룬 『흠흠신서(欽欽新書)』**에서는, '사건'이라는 표면 아래의 복잡한 '정황'을 파고들어 억울한 이가 없도록 법

---

* 정약용 저, 『마과회통(麻科會通)』(1798). 홍역(마진) 중심의 증상과 치료를 체계화한 의학서로, 전거 종합과 임상 사례 편집을 통해 실사구시적(사실 탐구) 태도를 보여 준다.

** 정약용 저, 『흠흠신서(欽欽新書)』(1822). 형사 사건의 조사 및 집행 전 과정을 다룬 실무 지침서로, 사실 규명과 오심 방지 원칙을 체계화한다.

의 이치를 이해하고 적용하려 했습니다.

이처럼 다산이 실천한 격물의 방법은 시대를 관통하여, 우리가 마주하는 삶의 문제들에도 동일하게 적용될 수 있습니다. 막연한 감정이나 문제에 숨겨진 구체적인 실체를 탐구하는 것, 이야말로 각자의 삶을 짓누르는 문제 앞에서 먼저 취해야 할 태도입니다.

'일이 보람 없다'는 막연한 감정은 격물의 출발점이 되기 어렵습니다. '내가 하는 일의 어떤 과정이, 내가 추구하는 어떤 가치와 어긋나기에, 내면의 활력을 앗아가는가?'를 집요하게 파고드는 것이 격물입니다. '늘 무언가 부족하다'는 불안 역시 그 자체로는 탐구의 대상이 되지 못합니다. '나의 소유와, 나의 욕망, 그리고 내가 진정으로 영위하고 싶은 삶의 본질 사이의 간극은 정확히 무엇인가?'를 낱낱이 해부하는 것이 격물입니다.

격물은 우리를 불편하게 합니다. 감상적인 위로와 안일한 자기기만의 세계에서 벗어나, 때로는 차갑고 고통스러운 현실의 실체와 정면으로 마주하게 만들기 때문입니다. 그러나 모든 위대한 건축이 정확한 측량에서 시작되듯, 단단한 인생의 재건 또한 내가 발 딛고 선 현실을 정직하게 탐구하는 격물의 과정 없이는 불가능합니다.

이제 각자의 삶을 흐릿하게 만드는 비본질적인 판단을 중단하고, 그 안에 있는 사물들을 하나씩 똑바로 마주할 시간입니다. 이것이 저마다의 설계도를 그리기 위한 첫 번째 작업입니다.

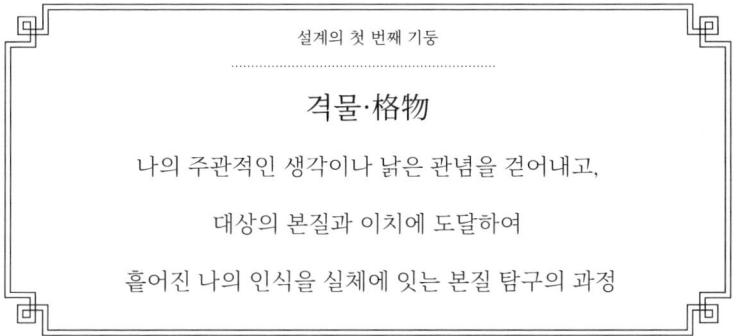

설계의 첫 번째 기둥

격물·格物

나의 주관적인 생각이나 낡은 관념을 걷어내고,

대상의 본질과 이치에 도달하여

흩어진 나의 인식을 실체에 잇는 본질 탐구의 과정

질의·質疑

제2장. 모든 학문은 질문에서 시작된다

❝ 왜 똑똑한 사람들이
당연한 사실에 발목 잡혀 길을 잃는가? ❞

제1장에서 우리는 세계를 있는 그대로 마주하는 '격물(格物)'이야말로 모든 앎의 출발점임을 확인했습니다. 그러나 여기에는 한 가지 역설적인 장애물이 존재합니다. 격물의 가장 큰 적은 지식의 '없음'이 아니라, 오히려 '있음'이라는 착각, 즉 의심의 여지없이 받아들여진 낡은 지식과 '당연함'의 타성입니다. 흐르지 않는 물이 썩어가듯, 질문을 잃어버린 지식은 더 이상 생명력을 갖지 못하는 죽은 지식이 되고 맙니다.

우리는 언제나 정답을 갈망하지만, 정작 그 정답을 만들어내는 위대한 동력이 '질문'에 있음을 잊고 삽니다. 지적으로 가장 위험한 상태는 무지(無知)가 아니라, 더 이상 질문하지 않는 앎의 상태입니다. 그렇다면 이 견고한 '당연함'의 성벽을 무너뜨리고, 살아있는 앎의 세계로 나아가기 위한 첫걸음은 무엇이 되어야 할까요? 이 질문에 대해 다산은 바로 '질의(質疑)'를 제시했습니다. 다산에게 성장은 질의를 통해 기존의 앎을 끊임없이 부수고 새롭게 세워나가는 과정이었습니다.*

질의란 크게 의심과 탐구, 두 가지 단계로 이루어진 개념입니다. 먼저 다산이 말한 의심은, 불신이나 부정을 지향하는 파괴적 행위와는 그 본질을 달리합니다. 그것은 기존의 앎을 더욱 정밀하게 벼리고 단련하여 진리에 더 가까이 다가서려는 구체적인 방법론에 가깝습니다. 당시 조선의 지식인들에게 학문이란, 성현(聖賢)의 말씀을 의심 없이 받아들이고 그 뜻을 온전히 체화하는 것이었습니다. 특히 앞서 언급한 주자(朱子)와 같은 대학자의 주석은 절대적인 권위를 가졌습니다. 그러나 다산은 감히 그 권위에 질문을 던집니다. 다산은 학문의 큰 병폐를 옛사람의 설을 답습만 하고 스스로의 견해를 세우지 못하는 데서 보았기 때문입니다.

다산은 학문적 성취란, 옛사람의 견해를 맹목적으로 따르

---

* 다산은 『논어고금주』에서 질의법, 인증법, 고이법 등으로 이설(異說)과 전거를 촘촘히 대조해 해석하는 방식을 체계화했다. '질의'는 의문 제기에 더하여 문헌과 증거의 교차검증으로 나아가는 절차적인 방법이었다.

는 데 있는 것이 아니라, 절차적인 의심과 탐구를 통해 그들의 사상과 직접 대결하고 마침내 자신의 견해를 세우는 것이었습니다. 이러한 태도는 스승의 가르침에 대한 불경과는 구별되는 진리 그 자체를 향한 존경의 표현이었습니다.

이처럼 질의의 첫 단계인 의심이 닫힌 문을 두드리는 일이라면, '탐구'는 그 문을 열고 들어가 끝까지 파헤치는 과정입니다. 다산에게 탐구란 지식의 대상을 깊고 넓게 파고들어, 그 근원을 밝히는 지적 활동이었습니다. 그는 한 권의 경전이나 학설에만 얽매이지 않고, 여러 책을 비교하고 검토하면서 실증적인 근거를 찾아가는 태도를 중요하게 여겼습니다. 다산이 유배지에서 두 아들에게 보낸 편지에는 이런 그의 탐구 정신이 진하게 드러나 있습니다. 그는 아들들에게 지식을 그저 수동적으로 받아들이지 말라고 거듭 강조했습니다. 만약 글을 읽다가 조금이라도 의문이 생긴다면, 반드시 다른 책들을 찾아보고, 스스로 생각하며 끝까지 따져봐야 한다고 가르쳤습니다.

이러한 질의의 정신은 그의 학문 전체를 관통하는 원리였습니다. 그는 수백 년간 철옹성처럼 여겨지던 경전의 주석들에 의문을 제기하며 자신만의 재해석을 담은 『상서고훈(尙

書古訓)』*, 『논어고금주(論語古今注)』**등을 저술했는데, 이것은 기존의 지식을 맹목적으로 부정하는 대신, 맹신과 타성의 먼지를 털어내고 성현의 본래 뜻, 즉 실상(實相)에 더 가까이 다가가려는 탐구의 결과물이었습니다.

어느 시대에나 그 시대의 '성현'과 '경전'은 존재합니다. 그것은 권위자의 선언, 사회의 오랜 관행, 혹은 모두가 의심 없이 받아들이는 '상식'이라는 이름으로 우리 앞에 나타납니다.

다산이 보여준 의심과 탐구의 길은, 이러한 것들을 무조건적으로 수용하기를 멈추고 "과연 그러한가?"라고 묻는 용기 있는 태도입니다. '모두가 옳다고 하니 옳은 것이겠지'라는 지적인 나태함에서 깨어나, 그 주장의 근거는 무엇인지, 그 밑에 깔린 전제는 무엇인지, 다른 해석의 길은 없는지를 집요하게 파고드는 것입니다.

모든 것을 의심하는 냉소와 다산의 질문은 비슷해 보이지만, 지향하는 바가 분명히 다릅니다. 냉소가 결국 허무하게

---

* 정약용 저, 『상서고훈(尙書古訓)』 (1810, 1834 개정) 금문 28편을 중심으로 훈고와 교감을 통해 『서경』의 어의와 문장을 재정비한 경전 해석서이다.

** 정약용 저, 『논어고금주(論語古今註)』 (1813) 유배 중 완성한 경학 주석서로, 고주와 신주를 대조하고 175개의 핵심 논점을 추출하여 비판적 독해의 모범을 제시한다.

모든 것을 해체하는 데 머문다면, 다산의 질문은 자신이 받아들인 지식과 그에 대한 판단에 스스로 책임지며 앎의 기반을 차곡차곡 쌓아 가는 것입니다. 무엇이든 당연하다고 여겼던 것에 대해 의문을 품는 일은 늘 불편함을 동반하지만, 바로 그 불편함 덕분에 우리는 본질을 깊이 고민하게 되고, 결국 더 단단한 앎에 다가서게 됩니다.

마지막으로 여러분은 언제 '당연한 것'에 의문을 품고 깊이 생각해 보셨나요? 그 질문을 스스로 던져보는 용기, 바로 그것이 죽은 지식에 머물러 있던 우리를 살아 있는 탐구의 세계로 이끄는 시작점이 됩니다.

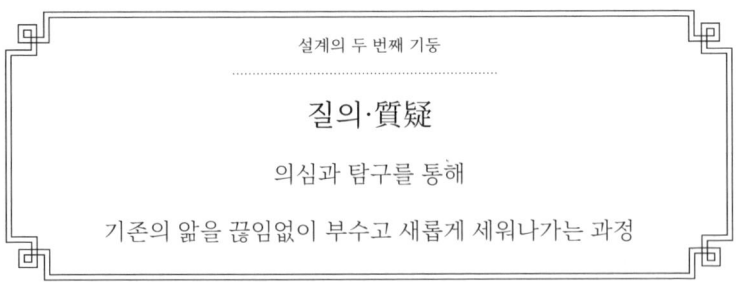

설계의 두 번째 기둥

질의·質疑

의심과 탐구를 통해

기존의 앎을 끊임없이 부수고 새롭게 세워나가는 과정

성견·成見
제3장. 나의 눈을 가리는 것을 걷어내라

> 나는 과연 진실을 보고 있는가,
> 보고 싶은 것을 보고 있는가?

이제 우리는 세계의 실상을 파악하기 위한 '격물(格物)'의 원칙을 세우고, '질의'라는 도구를 손에 쥐었습니다. 그러나 진리를 향한 길에는 권위나 지식의 부재보다 더 교활하고 은밀한 적이 존재합니다. 그것은 바로 우리 자신의 마음속에 견고하게 자리 잡은 성채, 이미 완성된 견해라는 뜻의 '성견(成見)'입니다. 인간은 캄캄한 어둠 속에서만 길을 잃는 것이 아닙니다. 때로는 자신이 만들어낸 왜곡된 빛, 즉 '나는 이미 알고 있다'는 오만한 확신의 빛 속에서 더 멀리 길을 잃기도 합니다.

다산은 학문과 삶을 망치는 큰 병폐 중 하나로 이 '성견'을 지목했습니다. 성견이란, 구체적인 사물과 사건을 마주하여 탐구하기도 전에, 미리 자신의 마음속에 내려놓은 결론입니다. '저 사람은 틀림없이 이럴 것이다', '이 문제는 당연히 저것이 원인이다'라는 섣부른 예단이 모두 성견에 해당합니다. 이것이 위험한 이유는, 성견이 한번 자리를 잡으면 우리의 모든 감각과 이성을 오직 그 결론을 뒷받침하는 증거만을 수집하는 하수인으로 만들어버리기 때문입니다. 눈은 보고 싶은 것만 보고, 귀는 듣고 싶은 것만 들으며, 머리는 믿고 싶은 대로만 생각하게 되는 것입니다.

다산에게 있어 성견은 학문의 종말을 의미했습니다. 학문(學問)이란 본디 묻고 배우는 과정, 즉 끊임없이 낡은 생각을 허물고 새로운 앎을 향해 나아가는 순환과 역동의 과정입니다. 반면 성견은 더 이상의 질문과 배움을 거부하는 닫힌 결론입니다. 따라서 성견에 사로잡힌 사람은 더 이상 학문을 하는 자가 아니라, 자신의 편견을 숭배하는 교조주의자에 불과하게 됩니다.

다산은 이러한 지적 오만을 극도로 경계했습니다. 그는 『목민심서』*에서 지방관이 백성을 다스릴 때 먼저 버려야 할 것으로 이 성견을 꼽았습니다. 만약 고을을 다스리는 자가 '백성들은 본래 어리석고 간사하다'는 성견을 품고 있다면,

---

* 정약용 저, 『목민심서(牧民心書)』(1818) 지방관의 윤리와 업무 절차를 12목 72조로 정리한 행정 실무 지침서로, 실제 집행을 염두에 두고 구성하였다.

그는 결코 백성들의 억울한 사정을 제대로 살필 수 없을 것입니다. 그는 백성의 모든 말을 거짓으로 치부하고, 자신의 편견에 부합하는 증거만을 취하여 억울한 옥사(獄事)를 일으키고야 말 것입니다. 이때문에 다산은 거듭 강조합니다. 훌륭한 목민관은 먼저 자신의 마음을 텅 비우고(허심, 虛心), 백지 위에서 사건의 실상을 처음부터 다시 파악해야 한다고 말입니다.

그의 학문 활동 전반이 바로 이 성견과의 투쟁이었습니다. 대표적인 예가 그의 『주역(周易)』 연구입니다. 당시 주역 해석의 권위였던 왕필(王弼)과 한강백(韓康伯)의 풀이는 도가(道家)적인 현담(玄談)에 치우쳐 있었습니다. 다산은 『역학서언(易學緒言)』* 등에서 이들의 주석을 글자 풀이부터 현학적인 논리에 이르기까지 조목조목 검증하며, 그들이 『주역』 본래의 뜻을 공허한 관념으로 바꾸어 놓았다고 비판했습니다. 나아가 그는 '추이(推移), 물상(物象), 호체(互體), 효변(爻變)'이라는 네 가지 해석 법칙을 새로 구상해, 기호와 상징의 실제적인 운용 원리(象數)를 회복하고자 했습니다. 이

---

* 정약용 저, 『역학서언(易學緒言)』. 강진 유배기(1801-1818)에 집필한 역학 총론으로, 왕필, 한강백 주의 오류를 자구(字句) 해석부터 논리 구조까지 조목조목 비판한다. 역(易)의 본래 용도와 규범을 회복하려면 현담적 공론을 경계하고, 괘·효가 작동하는 실제 규칙을 검증해야 한다는 원칙을 제시했다.

는 수백 년간 이어져 온 거대한 성견의 틀을 부수고, 원전 그 자체의 논리로 돌아가려는 지적인 실천이었습니다.

지금 우리의 성견은 어떤 모습으로 존재하나요? 그것은 바로 나의 정치적 신념을 강화해주는 뉴스만 골라보는 '확증 편향*'의 모습으로, 내가 속한 집단의 논리만이 정의롭다고 믿는 '집단 사고***'의 모습으로, "원래 다 그렇게 해왔다"며 혁신을 가로막는 '관성****'의 모습으로 나타납니다.

우리의 삶에서도 마찬가지입니다. '나는 원래 숫자에 약해', '우리 집안은 사업할 머리가 없어', '이 나이에 무얼 새로 배우겠어'와 같은 자기 한정적 믿음이야말로, 나의 가능성을 미리 재단하고 시도조차 못하게 막는 강력하고 비극적인 성견입니다.

그러므로 다산이 우리에게 가르쳐주는 설계의 세 번째 원리는, 집을 짓기 전에 먼저 땅을 고르게 해야 하듯, 사유를 시

---

* 자신의 기존 믿음을 강화하는 정보만 선택적으로 받아들이는 심리 경향. 다산은 반례, 이견을 목록화하고 상반된 자료와 동등하게 비교하여, 초기 단계에서부터 구조화해 두는 것을 권한다.

** 동일 집단 내부에서 다른 의견을 실질적으로 제시하기 어려운 분위기에서 발생하는 판단 오류. 다산은 이를 막기 위해 논의 초반에 다수의 대안을 구비 하고, 근거의 항목을 먼저 확정하는 순서를 제안한다.

*** 원래 그렇게 해 왔다는 이유로 절차를 고정하는 행정 습속을 가리킨다. 다산은 선례를 참고하되, 사건의 성질, 피해 범위, 구휼 여력 같은 현실 변수를 체계적으로 정리해, 선례와의 차이를 먼저 드러내게 했다.

작하기 전에 먼저 나의 성견을 깨뜨려야 한다는 것입니다. 이는 고통스러운 과정일 수 있습니다. 나의 견해를 허무는 것은 마치 나의 일부가 무너져 내리는 듯한 불안감을 동반하기 때문입니다.

하지만 다산은 낡은 자신을 허물지 않고서는 새로운 자신을 키울 수 없다고 말합니다. 여러분의 눈을 가리고 있던 익숙한 틀을 벗어 던질 용기, 그것이 바로 사물의 실체를 꿰뚫어 보는 지혜로움을 더해줄 것입니다.

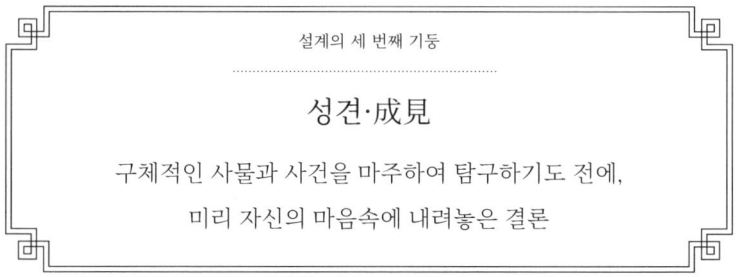

설계의 세 번째 기둥

성견·成見

구체적인 사물과 사건을 마주하여 탐구하기도 전에,
미리 자신의 마음속에 내려놓은 결론

증후병근 · 症候病根

제4장. 드러난 증후로 병의 뿌리를 찾는다

" 왜 나는 매번
똑같은 실수와 실패를 반복하는 것일까? "

우리는 끊임없이 문제를 해결하며 살아갑니다. 두통이 오면 진통제를 먹고, 일이 막히면 밤을 새우며, 관계가 삐걱거리면 잠시 거리를 둡니다. 그러나 이상하게도 같은 두통은 반복되고, 비슷한 업무는 또다시 막히며, 똑같은 이유로 관계는 다시 삐걱거립니다. 우리는 눈앞의 급한 불을 끄는 데는 능숙하지만, 그 불이 왜 자꾸 되살아나는지에 대해서는 속수무책일 때가 많습니다. 이는 우리가 문제의 '증상'에만 매달릴 뿐, 그 증상을 일으키는 '근원'을 보지 못하기 때문입니다.

사상가인 다산 정약용은 한 시대의 병폐를 진단하고 처방을 내리고자 했던 위대한 의원이기도 했습니다.* 그는 의학에 대한 조예를 바탕으로, 세상의 모든 문제를 진단하는 자신만의 독창적인 틀을 완성했습니다. 그것이 바로 드러난 현상인 증후(症候)를 면밀히 살펴, 그 안에 숨겨진 문제의 진짜 원인, 즉 병근(病根)을 찾아내는 방법론입니다.

다산에게 있어, 증후란 문제가 보내는 신호이자 비명이었습니다. 가령 마을의 우물이 자꾸 마르는 현상은 물 부족이라는 증후만을 보여줄 뿐, 사실은 더 깊은 곳에서 수원(水源)을 어지럽히는 오염원이라는 병근이 있음을 알려주는 신호입니다.**

삶에서 반복되는 분노와 불안 역시 그 감정 자체가 문제의 전부가 아니라, 내면에 해결되지 않은 결핍이나 상처라는 병근이 보내는 신호입니다. 실력 없는 의원이 통증에 진통제만 처방하듯, 지혜롭지 못한 해결책은 눈에 보이는 증후를 잠시 억누르는 데만 급급합니다. 다산은 병의 뿌리, 즉 병근을 내버려 둔 채 증후만 다스리는 것은 병을 키워 결국 몸 전체

---

* 정약용이 의서를 쓴 직접 계기는 정조 후반과 순조 초의 잦은 전염병 유행이었다. 서남 해안으로 격리가 어려운 배편 이동이 많아 강진과 인근 고을로 환자가 몰렸다는 기록이 지역 문집에 남아 있다.

** 당시 공공 우물과 도랑은 향중 공동 소유로 관리되었다. 가뭄뿐 아니라 상류 방치와 염분 유입이 잦았고, 수로 정비를 독려하는 향약 조항이 각지에 추가되던 시기였다.

를 무너뜨리는 어리석은 처사라고 경고합니다.

이러한 그의 사유는 그가 직접 저술한 의학서 『마과회통(麻科會通)』에 명확히 드러납니다. 당시 조선을 휩쓴 역병인 홍역에 대해, 그는 기존의 관념적인 의학 이론을 따르지 않았습니다.* 대신 수많은 환자들의 사례를 집요하게 수집하고, 병의 진행 단계에 따라 시시각각 변하는 '증후'의 양상을 기록하고 분류했습니다. 열이 오르고, 반점이 돋고, 기침을 하는 등의 개별적인 증후들을 통해, 그는 마침내 홍역이라는 병의 전체적인 진행 과정과 그 핵심적인 병리, 즉 '병근'을 입체적으로 파악해낼 수 있었습니다. 이는 사실에 근거하여 문제의 근원을 탐구하는 그의 실사구시(實事求是) 정신이 빛을 발하는 순간이었습니다.

다산은 이 의학적 진단법을 사회와 국가를 다스리는 '경세(經世)'의 원리로 확장시킵니다. 『목민심서(牧民心書)』에서 그는 고을의 수령에게 끊임없이 당부합니다. 고을에 도적이 들끓는 것(증후)은 도적을 잡아 벌하는 것만으로는 결코 해결되지 않는다고 말입니다. 훌륭한 수령이라면, 백성들이 왜 도적이 될 수밖에 없었는지를 파고들어야 합니다. 과도한

---

* 마과회통은 동의보감의 항목 배열을 그대로 답습하지 않고 홍역 중심으로 재편했다. 전염 시기와 생활 조건을 함께 표기해 농번기와 장마철의 발병 편차를 읽기 쉽게 만들었다.

세금, 부패한 관리, 재해로 인한 굶주림 등 진짜 '병근'을 찾아내어 그것을 고치지 않는 한, 도적은 이름과 얼굴만 바꾼 채 계속해서 나타날 것이기 때문입니다.

만약 누군가가 '늘 시간에 쫓겨 일을 그르친다'는 증후에 시달린다면, 그 해법은 '다음부터는 더 부지런해야지'라는 결심에 있지 않을 것입니다. 애초에 실현 불가능한 계획을 세우는 조급함, 남의 부탁을 뿌리치지 못하는 무름, 일의 경중을 가리지 못하는 분별력의 부족 등 자신의 진짜 '병근'이 무엇인지 먼저 진단해야 합니다.

'해마다 농사를 망친다'는 증후 또한 특정 농부의 게으름만을 탓할 일이 아닙니다. 물길을 다투느라 파종 시기를 놓치는 불화, 묵은 관습에 따라 척박한 땅을 고집하는 어리석음, 공동의 수로를 돌보지 않는 이기심과 같은 구조적인 '병근'이 도사리고 있을 수 있습니다.

병의 뿌리를 찾는 일은 고통스러울 수 있습니다. 때로는 자신의 상처나 몸담은 공동체의 부끄러운 민낯과 마주해야 하기 때문입니다. 그러나 다산은 우리에게 가르쳐줍니다. 치유는 언제나 문제의 깊고 어두운 곳을 직시하는 데서 시작된다고 말입니다.

스스로를 반복적으로 괴롭히는 '증후'는 무엇입니까? 그리고 그 증후 뒤에 숨어, 당신이 애써 외면하고 있는 진짜 '병근'의 모습은 어떠합니까? 아픈 곳을 정확히 도려낼 용기, 그것이 바로 삶을 재건하는 설계의 네 번째 원리입니다.

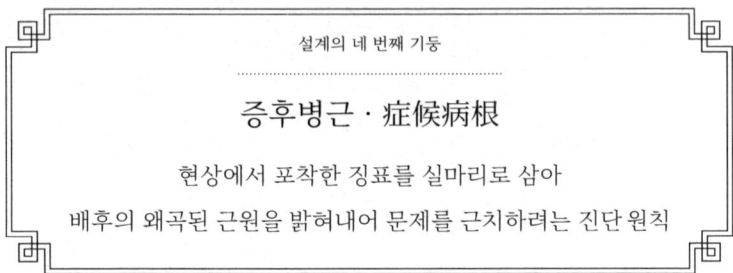

설계의 네 번째 기둥

증후병근 · 症候病根

현상에서 포착한 징표를 실마리로 삼아
배후의 왜곡된 근원을 밝혀내어 문제를 근치하려는 진단 원칙

성명 · 性命
제5장. 바꿀 수 있는 것과 없는 것을 구분하라

> "어디까지가 내 탓이고,
> 어디부터가 어쩔 수 없는 현실인가?"

사람의 의지로 모든 것을 이룰 수 있다는 믿음은 용기를 주기도 하지만, 실패의 모든 책임을 나약함으로 돌려 깊은 자책에 빠지게도 합니다. 이는 우리가 바꿀 수 없는 것과 싸우느라 힘을 허비하고, 정작 바꿀 수 있는 것은 운명이라 체념하며 주저앉는 모순에 빠지곤 하기 때문입니다.

이러한 모순과 혼돈을 가를 수 있는 지혜의 척도가 필요합니다. 어디에 노력을 쏟아야 하고 어디에서 담담히 물러서야 할까요? 다산 정약용은 이 실존적 물음에 '성(性)'과 '명(命)*'이라는 두 개념을 통해 명쾌한 답을 제시합니다.

---

* '성(性)'과 '명(命)'의 논의는 송대 성리학의 핵심 주제였으나, 다산은 이를 유배 이후 실천윤리의 기준으로 재해석했다. 특히 1810년대 이후의 저술에서 이 구분은 사상적 중심축으로 자리 잡는다.

먼저 '명(命)'이란 무엇일까요? 그것은 나의 의지와 선택 바깥에 있는 삶의 조건, 곧 '주어진 것들'의 영역입니다. 내가 어떤 시대와 가문에서 태어났는지, 나의 타고난 기질과 용모, 그리고 내 삶에 닥쳐오는 거대한 역사의 흐름이나 천재지변 등이 모두 명에 해당합니다. 다산은 철저한 현실주의자였습니다. 그는 인간의 의지가 모든 것을 극복할 수 있다는 허황된 기대를 품지 않았습니다.* 명의 영역에 속한 것을 바꾸려 애쓰는 것은 하늘과 겨루려는 어리석음이며, 오직 좌절과 원망만을 낳을 뿐이라고 보았습니다.

그렇다면 인간은 그저 주어진 운명 앞에 무력한 존재일까요? 다산은 결코 그렇지 않다고 단언합니다. 바로 여기에 '명'과 대등하게 우리 삶을 구성하는 또 다른 축, '성(性)'이 있기 때문입니다. 다산이 말하는 '성'이란, 선(善)을 향하려는 마음의 지향성(嗜好)이자, 무엇보다 그것을 스스로 실천할 수 있는 자유의지(自主之權)를 뜻합니다. 즉, '성'이란 나의 의지와 노력으로 능동적으로 닦고 가꾸어 나갈 수 있는 '만들어가는 것들'의 영역입니다. 나의 인격, 학문, 일상의 습

---

* 정조 연간(1776~1800)은 실학과 경세학이 활발하던 시기였지만, 정치 권력은 여전히 문벌 귀족 중심의 붕당 체제에 묶여 있었다. '의지'만으로 사회적 신분이나 제도 장벽을 넘기 어려운 현실이 당대 지식인들에게 체감된 시기였다.

관, 타인과 관계 맺는 방식, 그리고 위기에 대처하는 태도 등이 모두 이 성의 영역에 속합니다.

다산 사상의 위대함은 바로 이 성과 명의 분별에 있습니다. 지혜로운 사람이란, 자신의 '명'을 담담하게 받아들이고 그것에 대해 불평하지 않는 사람입니다. 그리고 그렇게 아낀 모든 시간과 기력을 오롯이 자신의 '성'을 가꾸는 데 쏟아붓는 사람입니다.

이러한 철학은 다산 자신의 삶을 통해 극적으로 증명됩니다. 그가 역적으로 몰려 18년간 강진에서 유배 생활을 하게 된 것은 그의 의지로 어찌할 수 없는 가혹한 '명'이었습니다. 그는 자신의 처지를 비관하며 세상을 원망하는 길을 택할 수도 있었습니다. 그러나 다산은 자신의 '명'을 받아들이되, 그 앞에서 결코 주저앉지 않았습니다. 그는 유배라는 최악의 조건 속에서 오히려 학문을 집대성*하고, 두 아들에게 편지를 쓰며, 제자들을 길러내는 등 자신의 '성'을 닦는 일을 단 하루도 멈추지 않았습니다. 그는 바꿀 수 없는 운명(명, 命)을, 자신의 의지(성, 性)를 증명하는 위대한 기회로 바꾸어버린 것입니다.

---

* 유배 중 다산은 관직 기록과 행정문서를 구할 수 없어, 제자와 향리들의 구술과 사례를 직접 수집했다. 이로써 학문이 '문헌 중심'에서 '사실 중심'으로 전환되는 결정적 계기가 되었다.

다산의 이러한 분별은 삶의 모든 국면에서 지혜의 등불이 되어줍니다. 이는 어려운 문제 앞에서 스스로에게 두 가지를 묻는 태도로 연결됩니다.

"이 일에서 내가 어찌할 수 없는 부분(命)은 무엇인가?"
"그리고 이 일에서 오직 나의 의지와 노력으로 바꿀 수 있는 부분(性)은 무엇인가?"

가령 가혹한 가뭄이나 부당한 상관을 만나는 것은 나의 의지로 어찌할 수 없는 '명'일 수 있습니다.* 그 현실 자체를 원망하며 힘을 소진하는 것은 어리석은 일입니다. 하지만 그 척박한 조건에서 씨앗을 보존할 방법을 찾고, 부당한 지시에 지혜롭게 대처하며, 주위 사람들과 굳건히 연대하는 것은 온전히 나의 의지로 가꾸어갈 수 있는 '성'의 영역입니다.
'명'을 받아들이는 행위는 무력함을 내포하는 체념과는 다르다는 것을 인지해야 합니다. 그것은 소중한 기운을 헛되이 낭비하지 않겠다는 냉철한 현실 인식이자, 이길 수 있는 싸움에 모든 것을 집중하겠다는 설계이자 전략입니다. 바꿀

---

* 조선 후기 지방관의 임명은 잦은 교체와 인사 매매로 부패가 심했다. 다산은 이런 현실을 배경으로 『목민심서』에서 상급자 명령에 맹종하지 않고 법과 도리에 따라 행정하라는 원칙을 제시했다.

수 없는 것을 하늘의 뜻으로 받아들이고, 바꿀 수 있는 것에 온전한 책임을 다하는 결단이야말로 자기 삶의 주인이 되는 길입니다. 이것이 바로 인생이라는 건축을 위한 다섯 번째 설계 원리입니다.

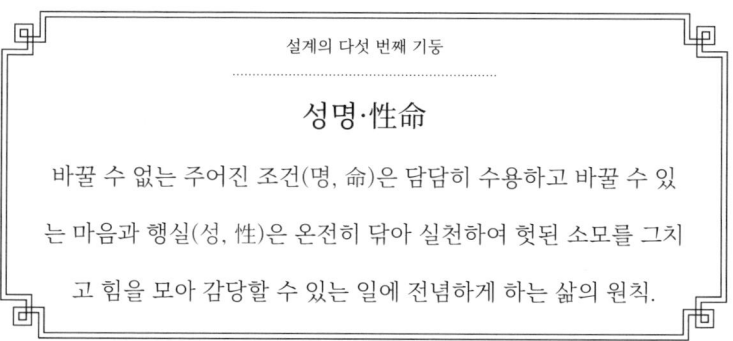

설계의 다섯 번째 기둥

성명·性命

바꿀 수 없는 주어진 조건(명, 命)은 담담히 수용하고 바꿀 수 있는 마음과 행실(성, 性)은 온전히 닦아 실천하여 헛된 소모를 그치고 힘을 모아 감당할 수 있는 일에 전념하게 하는 삶의 원칙.

폐단 · 弊端

제6장. 반복되는 실패의 구조를 파악하라

> " 노력해도 안 되는 일,
> 혹시 나를 가두는 보이지 않는 '틀'이 있는 건 아닐까? "

    누구나 가끔은 벗어날 수 없는 실패의 굴레에 갇힌 듯한 무력감을 느끼는 때가 있습니다. 굳은 다짐은 어김없이 무너지고, 성실한 농부가 밭을 갈아도 어떤 땅에서는 끝내 흉작을 면치 못하며, 청렴한 관리가 부임해도 고을의 고질적인 비리는 사라지지 않을 때가 있습니다. 우리는 이러한 반복적인 문제 앞에서 의지박약이나 무능함을 탓하며 좌절하곤 합니다. 그러나 사람을 바꾸고 노력을 더해도 같은 결과가 이어진다면, 우리는 질문의 방향을 근본적으로 바꾸어야 합니다. 문제는 사람이 아니라, 실패를 낳도록 짜여진 '구조' 그 자체에 있는 것은 아닐까요?

    다산 정약용은 사회의 보이지 않는 구조를 꿰뚫어 본 탁월한 분석가였습니다. 그는 윤리나 노력만으로 해결되지 않는 문제의 이면에, 그 문제를 필연적으로 발생시키는 구조적 결함, 곧 폐단(弊端)이 존재함을 간파했습니다. 폐단이란 글자 그대로 '병들어 해진(폐, 弊) 실마리(단, 端)'라는 뜻으로, 한번 잘못 꿰어져 모든 것을 어그러뜨리는 옷의 첫 단추와 같습니다.

다산에게 폐단은 개별적인 실수나 문제와는 차원이 다른 것이었습니다. 그것은 실패를 필연적으로 만들어내는 '잘못된 틀' 그 자체를 의미했습니다. 썩은 강물에 사는 물고기들이 병드는 것은 당연한 이치이듯, 폐단이라는 잘못된 구조 안에 있는 백성들이 실패하고 고통받는 것 또한 필연적인 결과입니다. 따라서 해결책은 병든 개체를 하나씩 치료하는 데 머무는 것이 아니라, 물 전체를 썩게 만드는 근원을 찾아 제거하는 데 있습니다. 잘못을 저지른 누군가를 탓하고 벌하는 방식은 당장 무언가를 해결하는 것처럼 보이지만, 근본적인 틀을 바꾸지 않는 한 문제는 결코 해결되지 않는다는 것이 다산의 통찰이었습니다.

이러한 그의 사유는 국가 개혁의 설계도인 『경세유표(經世遺表)』에서 뚜렷하게 드러납니다. 그는 당시 조선이 겪고 있던 부패한 관리, 굶주리는 백성, 텅 비어버린 국고와 같은 수많은 '증후'들을 따로 떼어 보지 않았습니다. 그는 이 모든 문제가 결국 토지 제도, 조세 제도, 관리 임용 제도라는 국가의 근본적인 틀, 곧 '폐단'에서 비롯된다고 진단했습니다. 따라서 그가 제시한 해법은 몇몇 관리를 처벌하는 임시방편을 훨씬 뛰어넘는 것이었습니다. 그는 나라의 뼈대를 새로 세우는 마음으로, 불공정하고 비합리적인 모든 제도를 이치에 맞게 전면적으로 재설계하는 거대한 청사진을 그렸습니다.

'나는 왜 항상 중요한 일을 앞두고 딴짓을 하며 시간을 허비하는가?'

이 물음에 '의지가 약해서'라고 답하는 것은 문제의 책임을 구조가 아닌 사람에게 돌리는 손쉬운 결론입니다. 다산의 관점은 숨겨진 '폐단'을 찾으라고 말합니다. 혹시 글을 쓰는 서재나 일하는 공간 자체가 어지러워 집중을 방해하는 구조는 아닌가? 실패에 대한 지나친 두려움이 시작 자체를 가로막는 심리적 틀을 만들고 있지는 않은가? 문제의 해법은 나약한 의지를 탓하는 데 있지 않고, 몰입을 이끌어내는 환경을 의도적으로 구축하는 데 있습니다.

사회의 문제도 마찬가지입니다. 어느 장인 마을의 기술이 대대로 퇴보하고 있다면, 그 장인들의 기량이 부족하다고 탓하기 전에 살펴보아야 합니다. 새로운 시도를 죄악시하는 도제 제도의 폐단은 없는지, 스승의 방식을 그대로 따라 해야만 인정받는 경직된 관행이 문제의 뿌리는 아닌지 말입니다.

폐단을 직시하는 것은 불편한 일입니다. 문제의 원인이 '그 사람'이 아니라, 내가 속해 있거나 나 자신이 만들어낸 '구조'에 있음을 인정해야 하는 과정이기 때문입니다. 그러나 뛰어난 건축가는 건물의 외벽만 수리하는 사람이 아니라, 건물을 위태롭게 하는 구조적 결함을 찾아내어 그 뼈대부터 다시 세우는 사람입니다.

스스로를 계속해서 넘어지게 만드는 보이지 않는 구조는 무엇인가요? 그 실패의 굴레, 곧 폐단을 찾아내어 끊어낼 용기. 그것이야말로 같은 노력을 하고도 전혀 다른 결과를 만들어내는 설계의 여섯 번째 원리입니다.

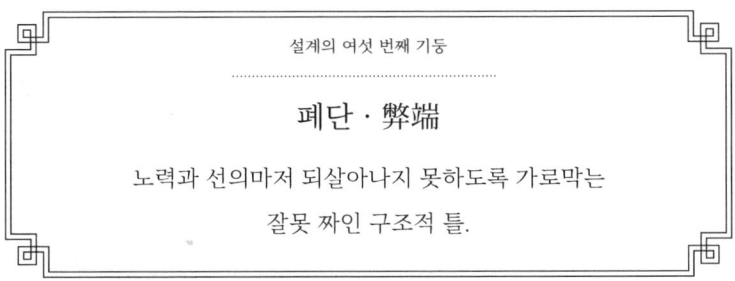

설계의 여섯 번째 기둥

폐단 · 弊端

노력과 선의마저 되살아나지 못하도록 가로막는
잘못 짜인 구조적 틀.

실증·實證
제7장. 오직 증거로 말하라

❝ 의견과 사실을 구분하지 못해 논의가 제자리걸음일 때, 무엇을 기준으로 삼아야 하는가? ❞

살다보면 의도하지 않게, 마주하고 싶지 않은 갖가지 견해와 억설(臆說)에 끊임없이 부딪히곤 합니다. 그럴듯한 논리와 현란한 언설(言說)로 꾸민 의견들이 진실의 옷을 입고 우리를 현혹할 때도 있습니다. 그럴 때 우리는 가끔 더 목소리가 큰 견해나 더 매력적인 이야기에 마음을 내주기도 하며, 정작 그 내용을 떠받치는 '사실'의 근거가 무엇인지는 묻지 않는 태만에 빠지곤 합니다. 이처럼 말과 현실이 어긋날 때, 우리의 논의는 공론(空論)으로 흐르고 판단은 기준을 잃고 흔들립니다.

다산 정약용은 이 '입론과 현실의 괴리'를 학문과 사회를 병들게 하는 위험한 병폐 중 하나로 보았습니다. 그리고 이에 대한 강력한 처방으로 실증(實證)이라는 원칙을 제시합니다. '실증'이란, 글자 그대로 '실제적인(실, 實) 증거(증, 證)'를 통해 하나의 견해가 지닌 참과 거짓을 가려내는 태도입니다. 이는 그의 사상 전체를 관통하는 '실사구시(實事求是)'의 원칙을 구현하는 핵심적인 방법론이었습니다.

다산에게 있어 증거 없는 언설은 의미없는 소리에 지나지 않았습니다. 그는 당대의 학자들이 오랜 세월 벌여온 '이기논쟁(理氣論爭)'과 같은 형이상학적 논쟁을 통렬하게 비판했습니다. 인간의 삶과 무관할뿐더러, 현실에서 그 누구도 증명해 낼 수 없는 관념의 유희에 빠져 학문의 본질을 잃어버렸다고 보았던 것입니다. 다산에게 학문이란 자신의 입론(立論)을 뒷받침할 구체적이고 객관적인 증거를 제시하는 과정이었습니다. 사실을 확인할 수도 없는데 아름답기만 한 이론을 만드는 것이 무슨 소용이겠습니까? 가령 『목민심서』「호전(戶典)」편에서는 환곡 운영의 부정을 막기 위해 반드시 장부(穀簿) 기록을 남기게 하고, 허위 보고 같은 아전들의 부정 수법과 공모 유형까지 상세히 적시하도록 기재했습니다. 그는 이처럼 문서, 기한, 책임 소재로 검증 가능한 증거 체계를 통해 현실의 문제를 해결하고자 했습니다.

이러한 '실증'의 원칙은 그의 모든 학문 활동에서 예외 없이 나타납니다. 그는 고대 경전을 해석할 때 자신의 새로운 설(說)을 내세우는 데 그치지 않았습니다. 그는 자신의 학설을 증명하고자 방대한 고대의 문헌들을 비교 분석하고, 글자의 어원을 파고들며, 당시의 역사적 사실과 제도까지 동원하는 집요함을 보였습니다. 그의 저술들은 하나의 이치를 밝히기 위해 방대한 증거를 수집하고 분석한 학문 탐구의 결과물이었습니다. 『아방강역고(我邦疆域考)』*와 『대동수경(大東水經)』**에서 고대 강역과 하천의 위치를 다룰 때, 그는 중국, 조선, 일본의 사서와 지리지 수십여 종을 교차 인용하여 지명과 경로를 문헌 비교 방식으로 확정했습니다. 여러 문헌의 기술을 대조해 사실 합치점을 찾아내는 방식 자체가 그의 실증적 고증 방법의 전형이었습니다.

물론 이러한 실증의 원칙은 학문에만 머무르지 않았습니다. 『목민심서(牧民心書)』에서 그는 지방관에게 백성들의 삶과 관련된 정책을 결정할 때, 결코 탁상공론에 빠지지 말 것을 강조합니다. 『경세유표(經世遺表)』에서는 선박의 크기와 성능을 규격화하여 과세 기준을 표준화하고, 전선을 평상시

---

* 정약용 저, 『아방강역고(我邦疆域考)』(1811) 『삼국사기·동국여지승람』 등 다수 사료를 교차 대조하여 고지명과 영역을 비정(比定)한 실증 지리 고증서이다.

** 정약용 저, 『대동수경(大東水經)』(1814) 한반도 수계의 유로·지류·하상 변동을 문헌과 관찰로 체계화한 수문과 지리 연구서로, 『수경』·『수경주』 체제를 조선 현실에 맞게 재구성하였다.

상선으로 활용하는 방안을 제시한 것이 그 예입니다. 이는 추상적인 재정 논의를 측정 가능한 규격과 분류 기준으로 바꾸어, 정책의 효과를 계량적으로 확인하도록 설계한 것입니다. 새로운 제도를 도입하려거든, 먼저 일부 지역에서 시험적으로 시행해보고 그 실증적 결과를 바탕으로 전체 확대 여부를 결정해야 하는 것입니다.

실증의 원칙은 학문과 경세뿐 아니라, 모든 논의와 결정의 순간에 적용되는 보편적인 지혜입니다.

어떤 마을의 공동 문제를 논의하는 자리를 생각해 보십시오. 명확한 근거나 실제 사례 없이 '내 생각에는…' '아마 그럴 것이다'와 같은 막연한 추측만 오간다면 어떤 결론에 이를 수 있을까요? 실증의 태도는 "그 견해를 뒷받침할 구체적인 기록이 있는가?", "우리가 참고할 만한 실제 선례가 있는가?"라고 묻는 것입니다.

중요한 삶의 장래를 결정할 때도 마찬가지입니다. '이 길이 유망해 보인다'는 막연한 기대나 뜬소문만 듣고 중대한 결정을 내리는 것은 위태롭습니다. 실증의 과정은 그 길을 먼저 걸어간 이들을 찾아가 어려움과 보람을 직접 듣고, 관련된 작은 일이라도 직접 겪어보며 자신에게 맞는 길인지 구체적인 증거를 모으는 것입니다.

어떤 견해를 마주했을 때, 한 걸음 물러서서 그 말의 출처는 어디인지, 다른 기록과 대조하여 확인하는 습관이 바로 흔들리지 않는 판단의 기초가 됩니다. 증거를 찾는 과정은 번거롭고 때로는 믿고 싶었던 것과 다른 불편한 진실을 마주하게 할 수도 있습니다. 그러나 확고한 증거 위에 세워지지 않은 모든 이론과 계획은 결국 모래성처럼 허물어지게 마련입니다. 자신의 생각과 견해를 뒷받침할 '실증'의 반석을 마련하는 것, 그것이 바로 흔들리지 않는 삶을 설계하기 위한 일곱 번째 원리입니다.

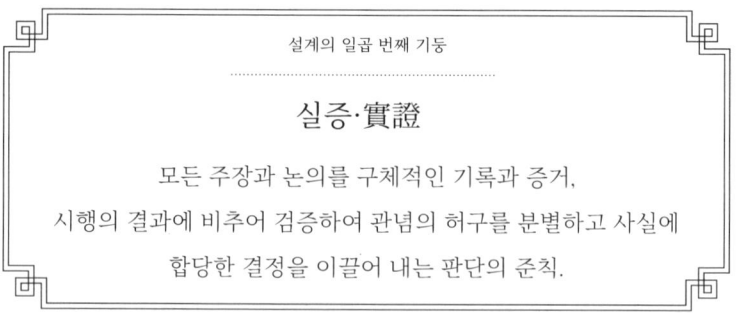

설계의 일곱 번째 기둥

실증·實證

모든 주장과 논의를 구체적인 기록과 증거,
시행의 결과에 비추어 검증하여 관념의 허구를 분별하고 사실에
합당한 결정을 이끌어 내는 판단의 준칙.

처지·處地
제8장. 내가 서 있는 자리를 바로 알다

> **❝** 막막한 현실을 어떻게
> 희망의 발판으로 전환할 수 있는가? **❞**

    수많은 좌절의 뿌리를 거슬러 올라가면, 자신의 현실과 동떨어진 이상을 좇았던 성급한 마음에 가닿게 됩니다. 위대한 이들의 성취를 보며 자신의 부족함을 한탄하고, 막연한 미래를 그리며 지금 발 딛고 선 현실을 외면하기도 합니다. 그러나 모든 위대한 건축은 허공에서 시작되는 것이 아니라 단단한 대지에 뿌리내리는 법입니다. 자신이 서 있는 땅의 높이와 경사, 그 견고함과 무름을 정확히 헤아리지 않고서는, 어떠한 설계도라도 한낱 공상에 머물고 맙니다.

    지금까지 우리는 격물, 의심, 성견, 병근, 성과 명의 분별, 폐단과 실증의 원리를 통해 우리를 둘러싼 문제의 실체와 근원을 파고들었습니다. 이제 이 모든 분석을 종합하여 이르러야 할 인식의 단계가 있습니다. 그것은 바로 지금 이 순간의 자신과 세계를 있는 그대로 직시하고 인정하는 것, 곧 자신의 처지(處地)를 바로 아는 것입니다.

다산에게 '처지'란 상황을 인식하는 것 이상으로 훨씬 깊고 복합적인 개념입니다. 한 인간이 놓인 시간과 공간의 좌표, 사회적 역할과 관계, 경제적 여건, 그리고 그가 짊어진 운명(命)의 무게까지를 모두 아우르는 총체적인 현실 그 자체입니다. 다산 사상의 위대한 현실주의는 바로 이 '처지'에 대한 냉철한 인식에서 비롯됩니다. 그에게 선(善)과 의(義)란 각자가 자신의 처지에 합당한 역할을 다하는 구체적인 실천을 통해 비로소 구현되는 가치였습니다.

"군자는 그 처지에 맞게 행동할 뿐, 그 밖의 것을 바라지 않는다. (君子素其位而行, 不願乎其外)" - 『중용(中庸)』

다산이 깊이 공감했던 이 구절처럼, 그는 모든 인간에게 동일한 잣대를 강요하지 않았습니다. 군주에게는 군주의 처지에 맞는 덕이 있고, 신하에게는 신하의 처지에 맞는 의무가 있으며, 백성에게는 백성의 처지에 맞는 도리가 있음을 분명히 하였습니다. 처지를 헤아리지 않고 분수를 넘어서는 것은 교만이며, 자신의 처지에 마땅한 책무를 다하지 않는 것은 태만입니다.

이러한 '처지'에 대한 통찰은 그의 삶 전체를 일관되게 관통하는 태도였습니다. 조정의 신임을 받던 관료였을 때 그의 처지는 국가의 폐단을 바로잡고 군주에게 직언하는 것이었습니다. 지방 수령으로 부임했을 때 그의 처지는 백성의 고통을 살피고 그들의 삶을 돌보는 것이었습니다. 그리고 마침내 모든 것을 잃고 역적이 되어 강진으로 유배되었을 때, 그는 자신의 새로운 처지를 절망 속에서 규정했습니다. '나는 이제 죄인이자 폐족(廢族)이다.'* 이것이 그가 마주한 냉엄한 현실, 그의 '처지'였습니다.

그는 이 처지를 부정하거나 외면하며 시간을 허비하지 않았습니다. 관료로서 세상을 바꾸는 길은 이제 닫혔다는 자신의 한계를 온전히 인정했습니다. 그리고 바로 그 인정의 대지 위에서, '죄인이 된 학자'라는 새로운 처지에 걸맞은 길을 다시 설계했습니다. 붓을 들어 500여 권의 책을 저술하며 자신의 학문을 집대성했고, 두 아들에게 편지를 보내 아비의 도리를 다했으며, 찾아온 제자들을 가르치며 스승의 역할을 수행했습니다. 그는 자신의 처지를 저주하는 대신, 그 처지 안에서 가능한 최선의 역할을 다함으로써 절망의 땅을 학문을 완성하는 공간으로 바꾸어 놓았습니다.

---

* 1801년 신유박해로 남인계가 대거 처벌되며 정약용 일가도 연좌적으로 타격을 받았다. 형 정약전은 흑산도로, 정약용은 강진으로 유배되었고 집안의 관직 길은 장기간 차단되었다.

그렇다면 처지를 바로 아는 지혜는 우리의 삶에서 어떻게 구현될 수 있을까요? 그것은 먼저 자신의 현실을 부끄러워하지 않고 정직하게 마주하는 용기에서 시작됩니다. 부족한 학식, 넉넉지 못한 재산, 깨어진 관계 등, 지금의 자신을 구성하는 모든 조건을 있는 그대로 시인하는 것입니다. 그리고 바로 그 인정 위에서, 지금의 나에게 절실하고 마땅한 과업이 무엇인지를 묻는 것입니다.

가령, 이제 막 스승 밑에 들어온 견습생의 처지에서 대장(大匠)처럼 행세하려 할 때 모든 것이 어그러집니다. 그의 마땅한 과업은 거창한 포부를 논하는 데 있지 않고, 스승의 가르침에 따라 연장을 다루는 기초부터 묵묵히 익히는 데 있습니다. 수입이 일정치 않은 사람의 처지에서 부유한 이의 씀씀이를 흉내 낼 때 삶은 위태로워집니다. 그의 지혜는 자신의 분수에 맞는 살림을 꾸리는 데서 발현됩니다.

자신의 처지를 바로 아는 것은 현실에 주저앉는 체념과는 다르다는 것을 명확히 인식해야 합니다. 결코 부끄러운 일이 아닙니다. 자신의 현재 위치를 정확히 알아야 목표를 향한 바른 경로를 그릴 수 있기 때문입니다. 자신의 처지를 아는 것은 자신의 현재 역량을 아는 것이며, 자신의 역량을 아는 자만이 그것을 디딤돌 삼아 더 높은 경지를 향한 길을 열 수 있습니다.

인간이 서 있는 자리가 비록 어둡고 초라한 유배지일지라도, 그 처지를 정직하게 직시하고 그곳에서부터 설계를 시작할 때, 삶은 비로소 흔들리지 않는 현실의 대지 위에 세워지기 시작합니다. 이것이 바로 모든 설계의 여덟 번째 원리입니다.

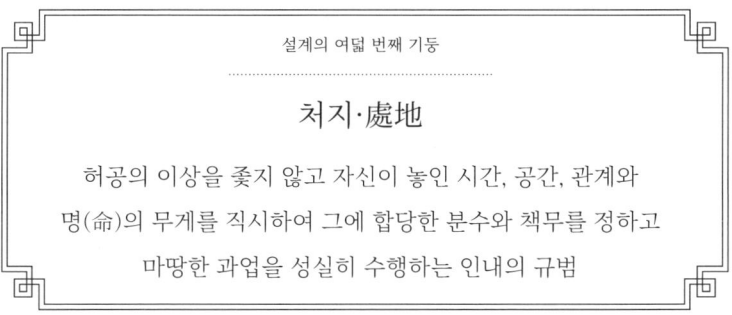

설계의 여덟 번째 기둥

처지·處地

허공의 이상을 좇지 않고 자신이 놓인 시간, 공간, 관계와
명(命)의 무게를 직시하여 그에 합당한 분수와 책무를 정하고
마땅한 과업을 성실히 수행하는 인내의 규범

실상 · 實相
제9장. 거짓을 걷어내고 사실의 실체를 보다

> **❝** 현란한 궤변의 탁류 속에서
> 어떻게 사태의 본질을 건져 올릴 것인가? **❞**

우리는 이제 내면의 편견을 걷어내고(성견), 문제의 근원을 탐색하며(병근), 발 딛고 선 현실(처지)을 인정할 준비를 마쳤습니다. 그러나 이 모든 내면의 준비에도 불구하고, 설계의 바탕이 될 세계 자체가 거짓과 환영으로 뒤덮여 있다면 어찌해야 하겠습니까? 그러므로 목수가 집을 짓기 전 재목의 옹이와 균열을 살피듯, 삶을 설계하기에 앞서 우리가 마주한 사실들이 과연 믿고 쓸 만한 것인지를 판별해야 합니다. 눈앞의 대상이 교묘한 거짓의 옷을 입고 있다면 어떻게 그 본모습을 꿰뚫어 볼 수 있겠습니까?

다산 정약용은 한평생 '실체적 진실'을 추구했던 사상가였습니다. 그는 인간과 세계를 둘러싼 거짓된 이미지, 곧 허상(虛相)과, 그 이면에 존재하는 사실의 본모습, 실상(實相)을 구분하는 것을 모든 학문과 행정의 원칙으로 삼았습니다.

'실상'이란 특정인의 해석이나 감정, 의도가 섞이기 이전의 객관적인 사실 그 자체를 의미합니다. 반면 '허상'은 교묘하게 편집된 정보, 과장된 소문, 감정적 여론, 그리고 의도를 가진 거짓이 빚어낸 환영입니다. 먼 곳에서 들려오는 과장된 성공담에 자신의 처지를 비관하고, 사람들을 선동하기 위해 부풀려진 이야기에 세상을 오해하며, 이웃 사이에 떠도는 근거 없는 말로 상대를 판단하는 것은 어리석은 일입니다. 다산은 이처럼 허상에 기반을 둔 모든 판단과 결정이 개인의 삶을 허물고 사회의 기강을 무너뜨리는 독(毒)이라 보았습니다.

그의 이러한 철학이 눈에 띄게 적용된 분야는 법제의 영역이었습니다. 그의 저서 『흠흠신서(欽欽新書)』는 법률 지식을 집대성한 문헌인 동시에, 한 사건의 '실상'을 파헤쳐 억울한 이가 없도록 하려는 한 사상가의 집념이 녹아있는 기록입니다.

"무릇 옥사(獄事)를 다스리는 자는, 반드시 정밀하게 살펴 실상을 얻는 것을 근본으로 삼아야 한다."

다산은 수령들에게 거듭 경고합니다. 성급한 추측, 여론의 압력, 심지어 피의자의 자백조차 '허상'일 수 있음을 역설했습니다. 그는 고문으로 얻어낸 자백이나 앞뒤가 맞지 않는 증언에 의존해 사건을 처리하는 것을 경계했습니다. 대신 사건 현장을 직접 검증하고 물적 증거를 확보하며 관련자들의 증언을 여러 차례 대조하여 한 조각의 의심도 남지 않을 때까지 사건의 '실상'을 재구성하라고 요구했습니다. 그에게 실상을 밝히는 일은 행정 실무를 처리하는 차원을 달리하여, 한 인간의 삶과 죽음을 가르는 하늘의 명을 받드는 일과 같았습니다.

법정은 실상과 허상의 싸움이 가장 극명하게 드러나는 무대일 뿐, 그 본질은 우리가 살아가는 모든 삶에서 동일하게 나타납니다. 한 인간의 생사를 결정하는 원칙은, 한 개인의 삶을 올바르게 세우는 원칙과 다르지 않습니다.

'아무개는 인색하고 비정한 사람'이라는 평판(허상)이 들려올 때, 그 말을 그대로 받아들이는 길과 그가 남몰래 더 어려운 이를 돕느라 자신을 돌보지 못했다는 '실상'을 확인하는 길이 앞에 놓입니다. 친구에 대한 좋지 않은 소문(허상)을 들었을 때, 그 소문을 퍼뜨리는 이의 의도를 헤아리고 친구의 입장을 직접 들어보는 '실상'을 추구하는 용기가 필요합니다.

거짓된 소문과 꾸며낸 이야기들 가운데 실상을 추구하는 것은 피곤하고 고된 일입니다. 세상은 달콤하고 자극적인 허상을 끊임없이 건네며, 거기에 안주하라고 유혹합니다. 그러나 허상 위에 세운 모든 계획은 모래성과 같아서, 작은 물결에도 힘없이 스러져 내리고 맙니다.

그러나 이제 삶을 둘러싼 허상의 껍질을 벗겨내야 할 때입니다. 그 과정이 불편하고 때로는 고통스러울지라도, 사실의 본모습을 정면으로 마주해야 합니다. 그렇게 찾아낸 단단한 '실상'이야말로, 인생이라는 건축물을 세울 유일하고 안전한 반석(盤石)이 될 것입니다. 이것이 설계를 위한 대지를 분석하고 땅을 고르는, 아홉 번째 원리입니다.

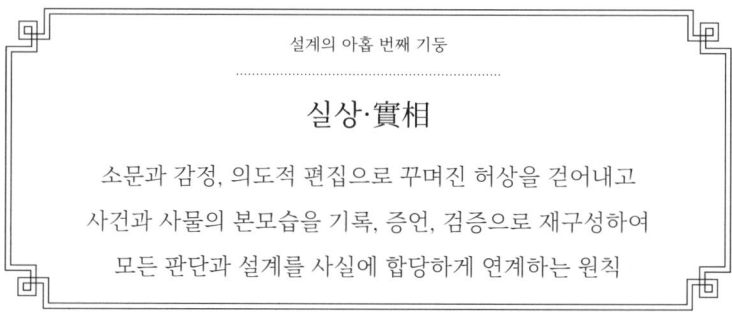

설계의 아홉 번째 기둥

실상·實相

소문과 감정, 의도적 편집으로 꾸며진 허상을 걷어내고
사건과 사물의 본모습을 기록, 증언, 검증으로 재구성하여
모든 판단과 설계를 사실에 합당하게 연계하는 원칙

근본 · 根本
제10장. 지엽적인 것을 버리고 뿌리를 잡는다

> **❝** 수십 개의 가지를 칠 것인가,
> 단 하나의 뿌리를 뽑을 것인가?? **❞**

하루의 끝에서 문득 허망함이 밀려올 때가 있습니다. 해가 뜨고 짐에 따라 마주하는 과업과 복잡하게 얽힌 관계들 사이에서 온 힘을 다했지만, 결국 남은 것이 탈진한 심신과 공허한 물음일 때입니다. 이러한 결과는 우리의 수고가 문제의 외피, 곧 무성하게 돋아난 가지와 잎(枝葉)을 쳐내는 데 급급했을 뿐, 그 모든 것을 자라나게 하는 단 하나의 뿌리, 즉 '근본(根本)'에 이르지 못하였음을 보여줍니다.

다산 정약용의 학문 세계 전반을 지탱하는 중요한 원리를 또 하나 찾는다면, 바로 '근본'을 바로 세우려는 자세일 것입니다. '근본(根本)'은 글자의 뜻 그대로 나무의 '뿌리(근, 根)'와 '줄기(본, 本)'를 가리킵니다. 다산은 뿌리와 줄기가 견고하면 무성한 가지와 잎은 저절로 우거지듯, 세상 모든 일에는 핵심이 되는 하나의 바탕이 존재한다고 보았습니다. 따라서 모든 문제의 해법은 흩어지는 현상에 있지 않고, 언제나 그 바탕에 있다는 것이 그의 굳건한 믿음이었습니다.

어리석은 사람은 눈앞에 보이는 열 가지 문제를 해결하기 위해 열 가지의 노력을 쏟습니다. 그러나 지혜로운 사람은 그 열 가지 문제를 일으키는 단 하나의 근본 원인을 찾아내어, 오직 그것을 해결하는 데 모든 힘을 집중합니다. 근본이 바로 서면, 나머지 아홉 가지 문제는 해결하려 애쓰지 않아도 저절로 스러지기 때문입니다.

이러한 다산의 철학은 그가 남긴 저작 곳곳에서 드러납니다. 국가 경영의 설계도인 『경세유표(經世遺表)』에서 그가 제시한 방대한 개혁안의 핵심은 결국 세 가지, 즉 토지 제도(田制), 관리 임용 제도(官制), 그리고 행정 체계(政制)의 개혁으로 수렴됩니다. 그는 이 세 가지 '근본'적인 제도가 바른 방식으로 확립되면, 관리의 부패, 백성의 굶주림, 국가 재정의 고갈과 같은 온갖 '지엽'적인 문제들은 자연스럽게 해결될 것이라고 확신했습니다.

그가 두 아들에게 평생에 걸쳐 강조했던 가르침 또한 복잡하지 않았습니다. 그는 오직 두 글자, '근(勤, 부지런함)'과 '검(儉, 검소함)'을 모든 가르침의 '근본'으로 삼았습니다. 이 두 가지가 몸에 밴 사람이라면, 여타의 덕목들은 저절로 따라온다고 보았던 것입니다. 학문을 하는 태도에서도 마찬가지였습니다. 그는 후대의 여러 해설서라는 '지엽'에 매달리기보다, 공자와 맹자의 원전이라는 '근본'으로 돌아가 그 본래의 뜻을 파고드는 데 평생을 바쳤습니다.

근본을 찾는 지혜는 시대를 관통하여 절실한 가르침을 줍니다. 산적한 과업에 짓눌리는 고통 속에서 우리는 일의 경중을 가리는 기준이 부재했음을 깨닫게 되니, 이것이 바로 지엽에서 근본을 발견하는 과정입니다. 인간관계에서 비롯되는 고뇌 또한 마찬가지입니다. 모든 이에게 환심을 사려는 헛된 마음을 다스리지 않고서는 그 어떤 관계도 평안할 수 없음을 아는 것이 근본을 살피는 일입니다. 이처럼 표면에 드러난 혼란에 휘둘릴 것이 아니라, 그 혼란을 낳는 자신의 마음과 삶의 원칙을 먼저 살펴야 합니다.

근본을 살피는 일은 눈에 보이는 성과를 즉시 보여주지는 않습니다. 무성한 가지를 쳐내는 일은 빠른 결과를 보여주지만, 땅속의 뿌리를 돌보는 일은 고되고 세상에 드러나지도 않습니다. 하지만 위대한 건축가는 건물의 화려한 외관에 앞서, 보이지 않는 기초와 골격에 온 힘을 쏟는 법입니다. 삶을 짓는 이치 또한 이와 다르지 않습니다.

이제 스스로의 삶을 어지럽히는 현상들, 그 이면에 존재하는 단 하나의 문제를 마주해야 합니다. 각자의 시간과 기력을 소모시키는 궁극의 원인을 찾아, 마땅히 바로 세워야 할 자기 삶의 '근본'이 무엇인지 규명하는 일이 남았습니다. 그것을 찾아 바로 정렬하는 순간, 비로소 산란했던 마음이 고요해지고 삶을 올곧게 세울 채비를 마치게 될 것입니다.

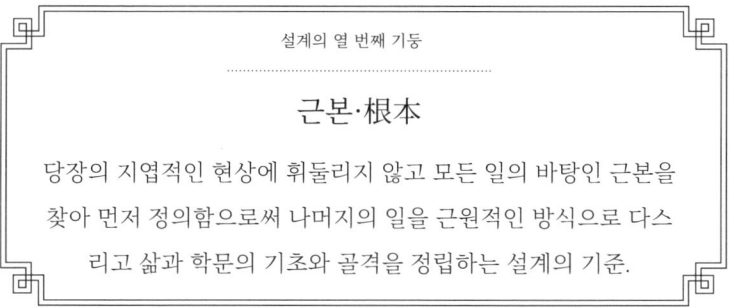

설계의 열 번째 기둥

근본·根本

당장의 지엽적인 현상에 휘둘리지 않고 모든 일의 바탕인 근본을 찾아 먼저 정의함으로써 나머지의 일을 근원적인 방식으로 다스리고 삶과 학문의 기초와 골격을 정립하는 설계의 기준.

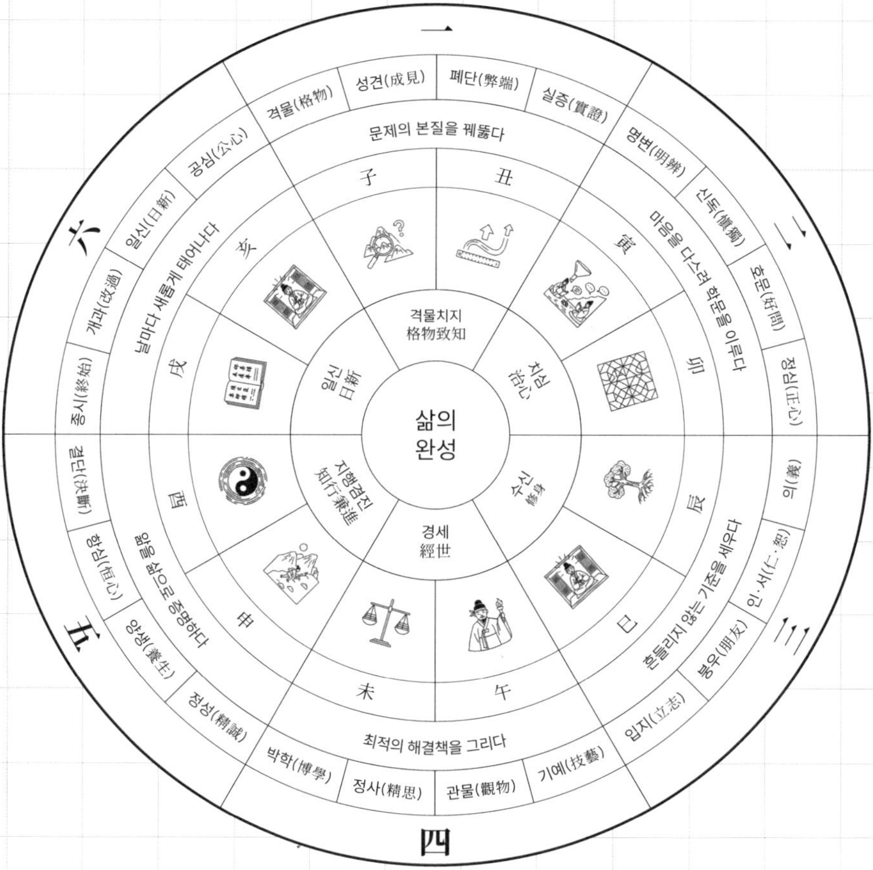

2부 | 마음을 다스려 학문을 이루다

부문	치심(治心)
작성자	다산 정약용
작성지	전라 강진 다산초당
작성시기	1801년-1818년
참고도면	논어고금주, 중용강의보, 대학공의

정심·正心
제11장. 공부의 시작, 마음을 바로잡다

> " 불같이 들끓는 상념을,
> 어떻게 지성을 벼리는 숫돌로 삼을 것인가? "

    탐구의 시선은 언제나 '나'라는 창을 통해 세계를 바라봅니다. 그러나 그 창 자체가 흐려져 있다면, 우리가 마주하는 것은 세계의 본모습이 아니라 흐려진 창이 빚어내는 어지러운 무늬일 뿐입니다.
    우리의 마음은 하나의 그릇에 담긴 물과 같습니다. 어제의 노여움은 그릇 바닥에 묵직하게 가라앉은 진흙이 되고, 내일의 근심은 물 위를 떠다니며 결코 가라앉지 않는 먼지가 됩니다. 헛된 욕망은 수면을 뒤덮은 기름 막이 되어 빛을 난반사시킵니다.
    이 물이 한번 출렁이면, 진흙과 먼지가 뒤섞여 한 치 앞도 분간할 수 없는 흙탕물로 변합니다. 이런 마음의 상태에서는 눈앞의 사물조차 그 본래의 모습을 비추어내지 못합니다. 여기에 아무리 맑은 샘물 같은 지혜를 부어 넣어도, 그 물은 그릇에 닿는 순간 흐려지고 말 것입니다.

다산 정약용은 모든 학문과 수양에 앞서 반드시 먼저 이루어져야 할 과제로, 이 마음을 바로잡는 공부, 즉 정심(正心)을 논하였습니다. '정심'은 사서(四書) 중 하나인 『대학(大學)』에서 비롯된 개념으로, 글자 그대로 마음(心)을 바르게(正) 한다는 뜻입니다. 이는 지식을 담을 그릇인 자신의 마음을 먼저 깨끗하고 평온한 상태로 만드는 자기 수양의 과정입니다.

다산은 『대학공의(大學公議)』에서 마음이 그 올바름을 잃게 되는 까닭을 구체적으로 설명합니다. 마음에 분노가 차오르거나, 두려움에 사로잡히거나, 무언가를 지나치게 좋아하거나, 근심과 걱정에 깊이 빠져있을 때, 우리의 마음은 그 감정에 휘말려 중심을 잃고 한쪽으로 치우치게 됩니다. 이러한 마음 상태에서는 그 어떤 것도 공정하게 판단할 수 없습니다.

분노에 휩싸인 이는 세상 만물에서 적의만을 읽어내고, 두려움에 짓눌린 이는 모든 기회에서 위협을 느끼며, 욕망에 눈먼 이는 자신의 탐심을 채워줄 근거만을 찾게 됩니다. 이처럼 마음이 바르지 못한 상태에서는 제1부에서 논했던 '격물(格物)'의 자세가 애초에 불가능해집니다. 사물의 이치를 탐구하기는커녕, 자신의 감정이 빚어낸 허상(虛相)을 진실이라

착각하는 오류에 빠지기 때문입니다.

다산의 사상 체계에서 '정심'이 이토록 중대한 까닭은, 정심이 공동체의 운명을 좌우하는 경세의 대전제가 되기 때문입니다. 『목민심서』에서 그는 목민관이 판결을 내릴 때 사사로운 감정에 휘둘려서는 안 된다고 엄중히 경고합니다. 특정인에 대한 미움이나 권세에 대한 두려움을 품고 법을 집행하는 순간, 그 판결은 이미 정의의 길에서 벗어난 것입니다. 마음이 바르지 못한 지도자는 공동체를 병들게 하는 큰 재앙과 같습니다.

그렇다면 요동치는 마음의 평정과 올바름을 어떻게 회복할 수 있을까요? 다산은 마음을 다스리는 주체 또한 결국 마음 자신이라 보았습니다. 감정을 억지로 누르거나 외면하는 것이 아닙니다. 오히려 자신의 마음속에서 일어나는 감정의 물결을 고요히 바라보고, 그것이 나의 이성적인 판단을 흐리게 만들고 있음을 스스로 깨닫는 힘, 곧 자각(自覺)의 능력을 기르는 것입니다.

다산은 『중용강의보(中庸講義補)』*에서 그 구체적인 방

---

* 정약용 저, 『중용강의보(中庸講義補)』 (1819). 미발(未發)을 일상의 평상심으로 해석하고, 신독(愼獨)과 사려(思慮)를 통해 희로애락(喜怒哀樂)이 과도해지기 전에 예방·조절하는 심법(心法)을 제시한 『중용』 보완 주석서이다.

법을 제시합니다. 그는 감정이 아직 일어나지 않은 상태, 즉 미발(未發)을 신비로운 무감정의 경지가 아닌, 일상적인 마음의 평온한 상태로 재해석했습니다. 그리고 바로 이 평상심의 국면에서, 앞으로 일어날 감정의 과도함을 미리 조절하는 사려(思慮)의 힘을 강조했습니다. 즉, 홀로 있을 때 마음을 살피는 신독(愼獨)을 실천하는 동시에 이성적 사유를 돌려, 장차 닥쳐올 희로애락이 균형을 잃지 않도록 대비하는 것입니다. 이는 감정이 일어나기 전 미세한 징후를 가늠하여 스스로 제동을 거는 예방적 절차와 같습니다. 나아가 그는 『심경밀험(心經密驗)』*에서, 이러한 노력에도 불구하고 마음이 흩어졌을 때를 위한 구체적인 훈련법을 제시합니다. 마음이 흩어지면 곧장 수습하고, 그날의 허물을 발견하면 곧바로 고친다는 훈련을 두 가지를 날마다 반복하는 것입니다. 이처럼 그는 마음공부를 일상에서 끊임없이 반복하고 단련할 수 있는 실천의 기술로 바꾸어 놓았습니다.

그러므로 학문에 뜻을 둔 이는, 책을 읽거나 중대한 판단을 내리기에 앞서 먼저 스스로의 마음을 살펴야 합니다. '지금 나의 마음은 고요한가?', '혹여 보이지 않는 감정에 휘둘

---

* 정약용 저, 『심경밀험(心經密驗)』(1815). 전라남도 강진에서 집필했으며, 송 진덕수의 『심경』을 재해석한 심성·수양서다. 미발을 평상심으로 보고 신독과 사려, 구방심과 개과의 일상 훈련을 체계화했다.

리고 있지는 않은가?'와 같이 스스로에게 묻고 답하는 과정이야말로 '정심'의 시작입니다. 위대한 설계자는 도면을 그리기 전, 자신이 쓸 제도판이 깨끗하고 수평이 맞는지부터 확인합니다. 기울어진 판 위에서는 결코 올곧은 선을 그을 수 없기 때문입니다. 이처럼 자신의 마음이라는 제도판을 먼저 반듯하게 하는 공부, 이것이야말로 세상의 이치를 그려나가기 위한 중요한 준비 과정이며, 흔들리지 않는 삶을 세우는 설계의 열한 번째 원리입니다.

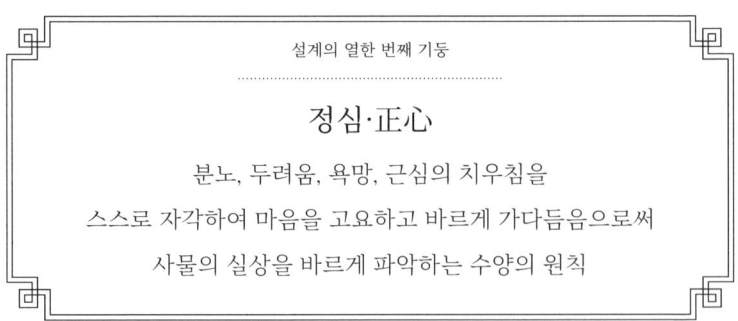

설계의 열한 번째 기둥

정심·正心

분노, 두려움, 욕망, 근심의 치우침을
스스로 자각하여 마음을 고요하고 바르게 가다듬음으로써
사물의 실상을 바르게 파악하는 수양의 원칙

호문·好問
제12장. 묻기를 좋아하는 마음

> ❝ '좋은 질문'이
> '좋은 해답'보다 중요한 이유는 무엇인가? ❞

우리는 정답이 환대받는 사회에 살고 있습니다. 어린 시절부터 우리는 질문하는 능력보다 정답을 맞히는 능력으로 평가받는 데 익숙해졌습니다. 그래서 지위가 높아지고 아는 것이 많아질수록 오히려 질문의 숫자는 줄어듭니다. 질문을 하는 행위가 곧 자신의 무지를 드러내는 부끄러운 일이라 여기기 때문입니다. 그러나 질문이 멈춘 곳에서 학문 또한 그 성장을 멈춥니다. 앎의 영토를 넓히는 유일한 길은, 무지의 세계를 향해 끊임없이 질문의 깃발을 꽂는 것이기 때문입니다.

다산 정약용은 바로 이 묻기를 좋아하는 마음, 호문(好問)이야말로, 한 학자가 갖추어야 할 성장의 동력이라고 보았습니다. '호문'은 모르는 바를 묻는 행위 자체에 그치지 않고, 질문을 즐기며 앎을 탐구하는 능동적이며 용기 있는 자세를 포괄합니다. 자신의 무지를 부끄러워하기보다, 그것을 새로운 앎의 출발점으로 삼아 진리를 향한 탐구를 멈추지 않는 태도인 것입니다.

다산은 이러한 '질문하는 자세'를 자신의 학문 방법론으로 구체화했습니다. 특히 그의 역작 『논어고금주(論語古今注)』가 이 방법론의 작동 방식을 잘 보여줍니다. 그는 각 구절 아래에 옛 학자들의 여러 해석을 비교하고 반박하며, 항목마다 '의심을 제기하고(질의, 質疑)', '다른 견해들을 비교 검토한 뒤(고이, 考異)', '자신의 결론을 내리는(안, 按)' 3단계의 논증 방식을 적용했습니다. 질문에서 시작하여 검증을 거쳐 자신만의 판단에 이르는 탐구의 과정 전체를 학문의 형식으로 체계화한 것입니다.

다산에게 질문이 없는 독서는 그냥 눈으로 글자를 훑는 행위와 다르지 않았습니다. 그는 아들에게 보낸 편지에서 책을 대하는 구체적인 방법을 일러주며 이 자세를 거듭 강조했습니다.

"글을 읽다가 의심이 나거든, 반드시 그 구절 아래에 따로 표시를 해두고, 널리 고찰하고 자세히 생각하여 그 근원을 파고들어야 한다. 하룻밤을 자고 나서 다시 생각하고, 그래도 풀리지 않으면 벗들과 토론하여 그 시비를 가려야 한다."

곧, 책을 읽는 행위는 저자의 사유를 일방적으로 수용하는 것을 지양하고, 의심을 품고 질문하며, 해답을 구하기 위해 널리 배우고, 깊이 사유함으로써 저자와 대화하는 과정으로 승화됩니다. 의심과 질문이야말로 고요한 지식에 생명을 불어넣는 호흡과 같습니다.

이러한 자세는 앎의 출처를 가리지 않는 겸허함으로 이어집니다. 앎에 대한 순수한 열망을 지닌 이는 진리의 실마리가 누구에게서 비롯되는지를 가리지 않습니다. 배움의 길에서는 신분과 나이의 구분이 무의미해지기 때문입니다. 이는 아랫사람에게 묻는 것을 부끄러워하지 않는 태도(불치하문, 不恥下問)로 자연스럽게 이어집니다. 중요한 것은 화자의 권위가 아니라, 오직 진리를 향한 구도자의 열망입니다.

그러나 다산은 『논어고금주』에서 이 '호문'을 맹목적으로 미화하지는 않았습니다. 그는 공문자(孔文子)*라는 인물에 한 고사를 해설하며, 그가 본래 악인이었음에도 누구에게든 물어보는 사람으로 칭송받은 것은 편의적인 수사(權辭)에 불

---

* 공문자(본명 공어孔圉)는 춘추시대 위나라의 대부였다. 『논어』의 「공야장」편에서 공자는 그가 배움을 빠르게 받아들이고 기꺼이 즐기며, 지위 고하를 가리지 않고 누구에게든 물어보는 사람이라며 높이 평가하였다. 이런 덕행으로 시호 '문(文)'을 받았다. 하지만 다산은 그가 본디 선한 인물이 아니며, 그 칭찬은 교화를 위한 권사(權辭), 즉 상황적 수사에 불과하다고 말한다.

과하다고 지적하여, 말의 꾸밈과 실질적인 덕성을 구분했습니다. 반면, 성인조차도 예법이나 관직명과 같은 실무 지식은 지위가 낮은 이에게 묻기를 주저하지 않았다고 강조하며, 체면보다 진실을 앞세우는 실사구시의 자세를 높이 평가했습니다. 그에게 호문이란 도리에 합당한 진리를 구하는 규범이었던 것입니다.

수많은 서책에 담긴 지식과 경험이 산처럼 쌓인다 해도, 그것은 스스로 새로운 물음을 제기하지 못합니다. 축적된 지식을 바탕으로 그 근원을 되묻고, 기존의 앎을 넘어설 새로운 길을 모색하는 능력이야말로 인간의 고유한 역량입니다. 무엇을 물어야 하는지, 문제의 핵심이 어디에 있는지를 꿰뚫어 보는 힘은 결코 축적된 지식의 양에 비례하지 않습니다.

우리는 어떤 문제에 부딪혔을 때, 해답을 향한 조급함을 내려놓고 그 문제 자체를 충분히 숙고할 필요가 있습니다. "이것이 과연 문제의 본질인가?", "나는 이 문제에 대해 무엇을 모르고 있는가?", "이 사안을 전혀 다른 각도에서 바라볼 수는 없는가?"와 같은 깊이 있는 질문이, 우리를 더 나은 해답으로 이끄는 확실한 길잡이가 되어줄 것입니다.

관계에서도 마찬가지입니다. 상대를 향한 섣부른 판단과 비난에 앞서 진심 어린 질문을 건넬 때, 굳게 닫혔던 소통의 문이 열리곤 합니다. "어찌하여 그리 생각하십니까?", "제가 어찌하면 도움이 되겠습니까?"라는 물음은 관계의 물길을 트는 겸손하고도 강력한 힘을 지닙니다.

   질문은 무지의 고백인 동시에, 앎을 향한 진실한 열망의 표현입니다. 질문하는 자는 잠시 부끄러울 수 있으나, 묻지 않는 자는 영원히 그 무지에 머물게 됩니다. 위대한 설계는 완벽한 답을 가진 이가 아니라, 본질적인 질문을 던지는 이의 몫입니다. 스스로의 삶과 세계를 향해 어떤 물음을 던지는가에 따라 한 인간의 깊이와 세계의 넓이가 결정됩니다. 이것이 바로 흔들리지 않는 삶을 세우는, 설계의 열두 번째 원리입니다.

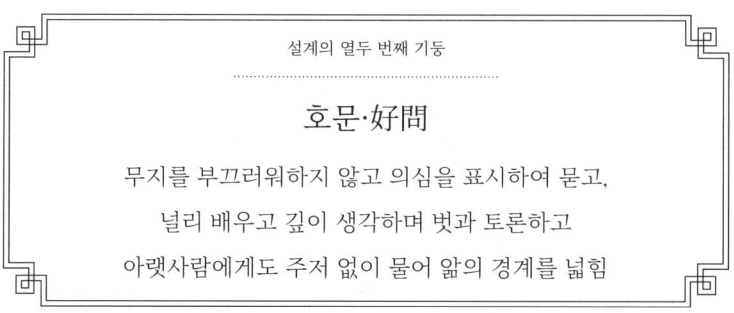

설계의 열두 번째 기둥

호문·好問

무지를 부끄러워하지 않고 의심을 표시하여 묻고,
널리 배우고 깊이 생각하며 벗과 토론하고
아랫사람에게도 주저 없이 물어 앎의 경계를 넓힘

신독·愼獨
제13장. 홀로 있을 때 더욱 삼가고 경계하라

> **"** 아무도 보지 않을 때,
> 당신은 어떤 사람인가?**"**

인간에게는 두 개의 삶이 있습니다. 하나는 타인에게 드러나는 공적인 삶이며, 다른 하나는 오직 자기 자신만이 아는 내밀한 사적인 삶입니다. 타인의 시선이 존재하는 공적인 삶 속에서는 예의를 차리고 원칙을 지키려 애를 쓰는 사람이 있습니다. 하지만 그런 이도, 아무도 보지 않는 사적인 삶 속에서는 그 긴장을 풀어버리고 본래의 습관과 욕망에 자신을 내맡기곤 합니다.

다산 정약용은 바로 이 지점, 즉 '드러나는 나와 홀로 있는 나'의 불일치를 위선과 인격적 붕괴의 시작으로 보았습니다. 그는 한 인간의 품격과 수양의 깊이가, 타인과의 관계가 아닌 오직 자기 자신과 마주하는 고독의 순간에 드러난다고 통찰했습니다. 그리고 이 고독한 때에 자신을 갈고 닦는 공부를

'신독(愼獨)'이라 불렀습니다.

'신독'이란 무엇일까요? 글자 그대로 '홀로(독, 獨) 있을 때 더욱 삼가고(신, 愼) 경계한다'는 뜻입니다. 이는 유교 수양론의 핵심 경전인 『대학(大學)』과 『중용(中庸)』에 그 뿌리를 둔, 군자가 갖추어야 할 마음가짐입니다. 신독의 경지에 이른 사람은, 열 사람의 눈이 자신을 지켜보는 광장에서나 아무도 없는 골방에서나 그의 생각과 행동에 한 치의 다름이 없습니다.

다산에게 신독은 덕을 지탱하는 근본이었습니다. 홀로 있을 때의 마음을 바로잡지 못하는 자가 행하는 모든 공적인 선행은, 결국 타인의 인정을 구하기 위한 거짓된 연기(위인지학, 爲人之學)일 수밖에 없기 때문입니다. 그의 사상 체계에서, 신독은 모든 앎과 실천의 진실성을 판별하는 중요한 기준이었습니다.

그는 유배지에서 아들들에게 보낸 편지를 통해 이 신독의 공부를 구체적으로 가르칩니다.

"혼자 거처할 때를 삼가라(愼其獨也). […] 비록 아무도 없는 방 안에 홀로 앉아 있더라도, 마음속에는 큰 손님을 대한 듯이 하여 함부로 행동하지 말아야 한다."

이는 자신의 내밀한 생각과 행동조차, 마치 하늘이 지켜보고 있다는 듯이 엄격하게 다스려야 한다는 가르침입니다. 마음속으로라도 타인을 헐뜯거나, 음란한 생각을 품거나, 불의와 타협하는 모든 순간을 경계하고 부끄러워하는 것. 이것이 바로 신독의 실천입니다.

이러한 가르침은 『목민심서』에서도 마찬가지로 강조됩니다. 그는 목민관이 백성이나 조정의 눈을 속일 수는 있을지언정, 자기 자신의 마음과 하늘은 결코 속일 수 없음을 잘 알고 있었습니다. 백성들이 보지 않는 곳에서 뇌물을 받고 부정을 저지르는 것은, 결국 자기 자신을 기만하고 파멸로 이끄는 어리석은 행위입니다.

'신독'의 공부는 우리 삶을 끊임없는 자기 성찰의 길로 인도합니다. 공적인 자리에서는 정의를 논하지만, 사사로운 이익 앞에서 갈등하는 내면을 들여다보게 합니다. 타인의 선행을 칭송하면서도, 홀로 있을 때 그 명예를 시기하는 자신의 이중적인 모습을 돌아보게 합니다. 맡겨진 임무를 누구도 확인하지 않는다고 해서 적당히 타협하며 마무리하기보다, 오직 스스로의 기준에 부끄럽지 않도록 온 힘을 다하는 자세를 일깨웁니다.

위대한 설계는 화려한 외관에 앞서, 눈에 보이지 않는 기초와 내부 골격의 견고함에서 비롯됩니다. 아무리 건물의 외벽을 아름답게 치장해도, 보이지 않는 기초가 부실하다면 그 건물은 작은 충격에도 쉽게 무너지고 말 것입니다. '신독'이야말로 우리 인생이라는 건축물의 보이지 않는 기초 공사입니다.

홀로 있는 시간은 한 인간의 인격이 허물어지는 순간이 될 수도 있고, 반대로 더욱 단단하게 벼려지는 시련의 장이 될 수도 있습니다. 깊은 내면, 그 누구도 들여다볼 수 없는 그곳에서 스스로의 존엄을 지켜내는 힘. 이것이 바로 흔들리지 않는 삶을 세우는, 설계의 열세 번째 원리입니다.

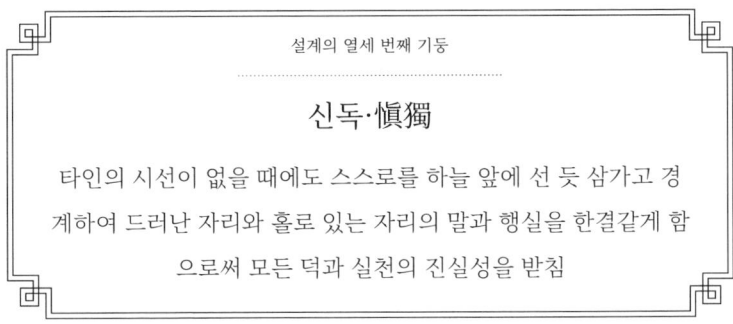

설계의 열세 번째 기둥

신독·愼獨

타인의 시선이 없을 때에도 스스로를 하늘 앞에 선 듯 삼가고 경계하여 드러난 자리와 홀로 있는 자리의 말과 행실을 한결같게 함으로써 모든 덕과 실천의 진실성을 받침

야경 · 夜警
제14장. 어둠 속에서 홀로 마음을 지키는 법

> **"** 어둠 속에 홀로 있을 때,
> 어떻게 마음의 불꽃을 지켜낼 수 있는가?**"**

인간은 누구나 혹독한 밤을 맞이합니다. 낮 동안의 여러 일이 끝나고 오롯이 홀로 남게 될 때, 혹은 절망스럽거나 고독한 시간을 마주할 때, 마음에는 어김없이 나태와 불안, 회의라는 적들이 틈입하기 시작합니다. 이들을 몰아내려 애써 보아도, 마음을 다잡으려는 결심은 물 위의 먹물처럼 쉬이 흩어지고 맙니다. 이것은 어둠 앞에서 마음을 지키는 구체적인 규율과 단련의 방식을 갖추지 못했기 때문입니다.

다산 정약용에게 18년의 유배 시절은 생애 길고 어두운 밤이었습니다. 모든 관직과 명예를 박탈당한 채 죄인이 되어 버린 그 절해고도에서, 그는 스스로를 무너뜨리려는 내면의 적들과 매일 밤 싸워야 했습니다. 이 처절한 싸움에서 그가 스스로에게 내린 명령이 바로 '야경(夜警)', 즉 '야간의 경계'였습니다. 야경이란 조선 시대 도성 안을 순행하며 밤의 안녕과 질서를 지키던 관직인 순라군(巡邏軍)처럼, 깊은 밤 홀로 깨어 자신의 마음을 지키는 지엄한 의무를 뜻합니다. 그리고 이 고독한 순찰에서 그의 손에 들린 유일한 무기이자 등불이 바로 책이었습니다. 그에게 독서는 마음의 성채를 지키는 순행(巡行)의 행위로 승화되었습니다. 다산이 실천한 '야경'으로서의 독서, 즉 마음을 지키는 이 순행의 길에는 세 가지의 뚜렷한 규율이 있었습니다.

첫째, 순라군은 자신의 순행 구역과 임무를 명확하게 알아야 합니다. '야경'으로서의 독서는 해결해야 할 문제, 바로 세워야 할 뜻이라는 임무를 가집니다. 마음을 어지럽히는 특정한 적(가령, '불안'이라는 적)을 설정하고, 그 적을 물리칠 지혜를 구하기 위해 책을 펼치는 것입니다. 임무 없이 거리를 배회하는 것은 직무유기이듯, 목적 없는 독서는 마음을 더욱 산란하게 할 뿐 원하는 항구에 닿게 할 수 없습니다.

둘째, 순라군이 순행의 결과를 보고하듯, 모든 것을 기록으로 남겨야 합니다. 다산이 강조한 '초서(抄書)'의 본질이 여기에 있습니다. 책의 핵심 구절을 베껴 쓰고 자신의 생각을 덧붙여 정리하는 이 행위는, 순행 중에 발견한 수상한 흔적과

특이사항을 꼼꼼히 기록하는 근무 일지와 같습니다. 눈으로만 읽고 지나간 지식은 허공에 흩어지지만, 손으로 기록한 깨달음은 결코 배반하지 않는 자신만의 무기고가 됩니다. 손의 부지런함이야말로 정신의 해이를 막는 확실한 방책입니다.

셋째, 순라군은 통행금지 시간에 성문을 드나드는 이를 엄격히 심문해야 합니다. 이것이 바로 의심하며 읽는 태도입니다. 위대한 성현의 가르침이라 할지라도, 그 뜻을 집요하게 묻고 따져서 스스로 온전히 납득하기 전에는 마음의 성채 안으로 들여보내지 않는 것입니다. 비판 없는 수용은 적에게 성문을 열어주는 것과 같으며, 이는 지식의 노예가 되는 길입니다.

다산이 보여준 '야경'의 자세는 우리가 책을 대하는 태도를 뿌리부터 되묻게 합니다. 삶의 어둠이 찾아올 때, 우리는 목적 없는 잡담과 근거 없는 뜬소문으로 그 시간을 흘려보내려는 유혹에 빠집니다. 유용한 가르침을 접하면서도 그것을 초서의 방식으로 갈무리하여 자신의 것으로 삼는 수고는 꺼립니다. 권위자의 말이란 이유로, 혹은 많은 이들이 믿는다는 이유로 그 내용을 성찰 없이 받아들이기도 합니다. 이는 순라군이 자신의 임무를 방기하는 것과 같습니다.

독서의 참된 가치는 책의 마지막 장을 덮은 후 비로소 발현됩니다. 그 가치는 어둠 속에서 진리를 두고 저자의 생각과 씨름하고, 자신의 낡은 틀을 깨뜨리며, 마침내 한 권의 책을 통해 어제의 나약함을 이겨낸 자신을 만들어내는 수련의 과정에서 드러납니다.

어떤 마음으로 어둠 속에서 책을 펼치는가에 한 인간의 성장이 달려 있습니다. 이것이 바로 흔들리지 않는 삶을 세우는, 설계의 열네 번째 원리입니다.

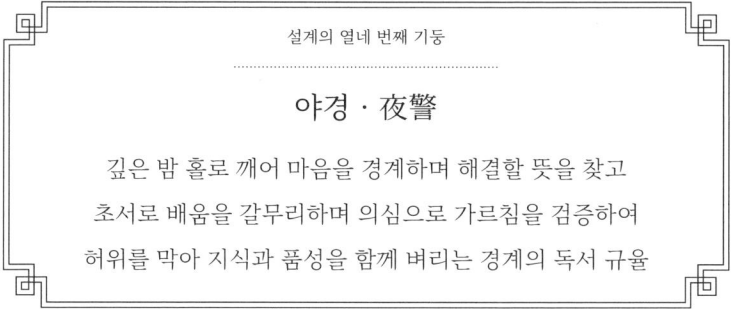

설계의 열네 번째 기둥

야경 · 夜警

깊은 밤 홀로 깨어 마음을 경계하며 해결할 뜻을 찾고
초서로 배움을 갈무리하며 의심으로 가르침을 검증하여
허위를 막아 지식과 품성을 함께 벼리는 경계의 독서 규율

회통 · 會通

제15장. 여러 앎을 꿰어 하나로 만들다

" 서로 다른 지식들을 어떻게 연결하여
더 큰 지혜를 만드는가? "

우리는 분절된 지식의 시대에 살고 있습니다. 학문은 본래 하나의 큰 바다를 향해 흐르는 강물과 같으나, 사람들은 점차 그 지류에 둑을 쌓아 각자의 연못을 만들었습니다. 그리하여 학문은 여러 세부 갈래로 나뉘었고, 전문가들은 저마다의 좁고 깊은 영역 안에 머뭅니다. 한 분야에 정통한 것을 귀하게 여기지만, 서로 다른 물길을 터서 전체를 조망하는 법은 익히지 못합니다. 그 결과, 무수한 지식의 긴 파편들만을 손에 쥔 채 세상이라는 거대한 그림을 읽어내지 못하는 지적 근시(近視)에 이르게 됩니다. 지식의 힘은 흩어진 양(量)에서가 아니라, 꿰어진 체계(體系)의 견고함에서 비롯됩니다.

다산 정약용은 이러한 지식의 파편화를 경계하여, 학문의 지향점으로서 회통(會通)의 경지를 역설했습니다. '회통'이란 모든 것을 모아(회, 會) 하나로 통하게 한다(통, 通)는 뜻으로, 서로 무관해 보이는 개별 지식과 현상을 꿰뚫어 그 근저에 흐르는 하나의 보편 이치(理致)를 발견해내는 고도의 지적 종합 능력입니다.

그의 저서 『대동수경(大東水經)』은 이러한 회통의 전형을 보여줍니다. 이 책은 압록강, 두만강 등 북방 6대강의 물줄기를 다루면서, 하천의 목록만을 나열하지 않았습니다. 각 하천의 발원지, 지류, 연혁은 물론 주변의 지명과 국방 거점까지 한데 묶어, 지리와 역사, 그리고 군사 정보를 촘촘히 교차시킨 하나의 정보 체계로 엮어냈습니다. 흩어진 지식들을 정책 설계에 바로 쓰일 수 있는 살아있는 지혜로 종합한 것입니다.

다산에게 '회통'은 넓은 공부, 곧 박학(博學)이 도달해야 할 목표였습니다. 넓게 배우는 까닭은 아는 것을 늘리기 위함이면서, 동시에 세상의 다양한 현상이라는 무수한 점들을 확보하여 그것을 연결하고 거대한 별자리를 그려내기 위함입니다. 회통에 이르지 못한 박학은 체계 없이 흩어진 잡학(雜學)에 머무를 뿐입니다. 다산은 먼저 『아방강역고(我邦疆域考)』에서 수십 종의 옛 문헌을 교차 대조해 영토의 변천과 옛 지명을 고증하고(博學), 이를 바탕으로 『대동수경』에서 국토의 물길 체계를 재구성했습니다. 이처럼 문헌학과 역사지리학을 한 축으로 꿰어, 국토와 지리 인식의 바탕을 짜내는 거대한 작업을 완성한 것입니다.

이러한 회통의 사유는 다산 자신의 학문 세계 전체를 아우르는 방법이었습니다. 그는 경전 연구를 바탕으로 의학, 법학, 공학, 농학, 천문학 등 인간과 세계에 대한 모든 지식을 탐구했습니다. 그리고 그 모든 것을 '인간의 삶을 이롭게 한다'는 경세치용(經世致用)의 원리에 기반해 하나로 꿰어냈습니다. 그의 사유 안에서, 인체의 생리를 다루는 의학의 원리는 사회라는 거대한 유기체의 병든 곳을 진단하고 처방하는 경세학의 원리로 자연스럽게 이어졌습니다. 꼼짝 않는 성곽을 쌓아 올리는 공학의 원리는 백년의 세월에도 흔들리지 않을 국가 제도의 원리를 설계하는 바탕이 되었으며, 인간 내면의 복잡한 욕망을 다루는 심학(心學)의 원리는 범죄자의 마음을 꿰뚫어 보고 공정한 판결을 내리는 법학의 원리로 구체화되었습니다.

다산에게 이 모든 학문은 서로 깊이 연결되어 있었습니다. 그것들은 모두 사물의 이치라는 같은 뿌리에서 뻗어 나온 다른 모습의 가지들이었습니다. 이 가지들을 거슬러 올라가 하나의 뿌리를 볼 수 있는 능력, 이것이 바로 '회통'의 지혜입니다. 정조의 명으로 한강에 배다리를 놓기 위해 쓴 지침서

『주교지남(舟橋指南)』 또한 그 대표적 사례였습니다. 이 책에는 수심과 유속을 계산하는 수리역학, 배의 구조를 다루는 선박공학, 왕의 행렬을 위한 의례 규범, 그리고 공사를 감독하는 행정 운영 지침까지, 하나의 과업을 해결하기 위한 모든 분야의 지식이 한 권에 통합되어 있습니다.

학문의 길이 나뉠수록 세상의 이치는 오히려 희미해집니다. 세상의 복잡한 문제들은 결코 하나의 지식만으로 해결되지 않습니다. 한 고을을 다스리는 일은 법률의 문제이면서, 굶주림을 해결하는 농학의 문제이고, 또한 민심의 흐름을 읽는 인문(人文)의 문제입니다. 한 사람의 병을 고치는 일은 약초의 성질을 아는 의술의 문제이면서, 그 사람이 처한 환경을 살피는 지리(地理)의 문제이고, 불안한 마음을 다스리는 심학(心學)의 문제이기도 합니다.

'회통'의 공부란, 자신이 쌓은 전문성의 성벽에 기꺼이 창문을 내는 태도입니다. 자신의 분야와 무관해 보이는 다른 분야의 책을 읽고, 다른 배경을 가진 사람들과 대화하며, 익숙한 관점을 뒤흔드는 새로운 경험을 꺼리지 않는 것입니다. 다산은 『아언각비(雅言覺非)』에서 사람들이 흔히 잘못 쓰던 200여 어휘의 정확한 어원과 용례를 바로잡았는데, 이 또한 언어학, 역사, 제도에 대한 지식을 한자리에 모아 학문과 행정의 기틀을 다지려 한 '회통'의 실천이었습니다.

훌륭한 설계자는 목수 일에만 능통하지 않습니다. 그는 목재의 성질, 석재의 무게, 빛의 흐름, 그리고 그곳에 살 사람의 마음까지 모두 헤아려 하나의 조화로운 공간을 빚어냅니다. 사유의 칸막이를 허물고 지식을 자유롭게 넘나들며 엮어 낼 때, 비로소 이전에는 보이지 않던 새로운 차원의 지혜가 열립니다. 이것이 바로 흔들리지 않는 삶을 세우는, 설계의 열다섯 번째 원리입니다.

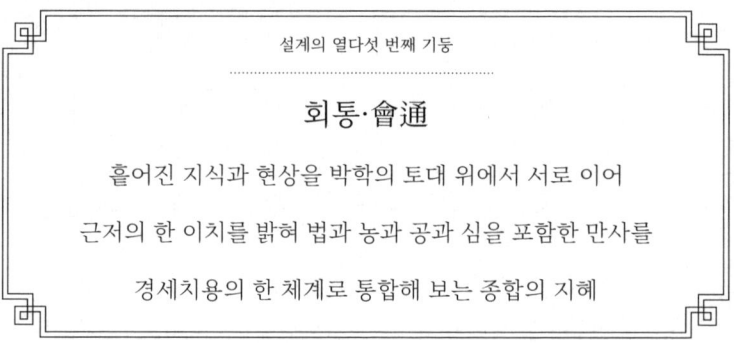

설계의 열다섯 번째 기둥

회통·會通

흩어진 지식과 현상을 박학의 토대 위에서 서로 이어

근저의 한 이치를 밝혀 법과 농과 공과 심을 포함한 만사를

경세치용의 한 체계로 통합해 보는 종합의 지혜

명변 · 明辨
제16장. 옳고 그름을 명확히 분별하는 힘

> 상충하는 관점들이 어지럽게 얽힌 현실에서,
> 어떻게 흔들리지 않는 사유의 중심축을 세울 것인가?

    말과 글이 넘쳐나는 세상은 언제나 소란스럽습니다. 각자의 신념과 이론, 이해관계가 뒤얽혀 무엇이 옳고 그른지, 무엇이 참이고 거짓인지를 분별하기란 쉽지 않습니다. 특히 교묘한 논리와 화려한 수사로 꾸민 궤변(詭辯)은 종종 진실보다 더 그럴듯하게 눈과 귀를 현혹합니다. 이처럼 진실과 거짓이 뒤섞인 혼돈에서, 우리는 어떻게 자신만의 판단력을 벼려 길을 잃지 않을 수 있을까요?

    다산 정약용은 이 '분별의 문제'를 학문하는 이가 갖추어야 할 중요한 능력으로 보았습니다. 그는 이 지적인 분별의 힘을 '명변(明辨)*'이라 칭했습니다. '명(明)'은 '밝다'는 뜻이

---

* 원전은 『중용』 제20장에 제시된 학습의 절차 "박학지. 심문지. 신사지. 명변지. 독행지."이다. 여기서 '명변'은 넓게 배우고 묻고 생각한 내용을 바탕으로 논증 구조의 적합성, 전제의 타당성, 용례의 정확성을 가려 참과 거짓을 밝히는 단계로 규정된다. 정약용은 강진 유배기와 남양주 귀향기에 '명변'을 실제로 운용했으며, 『논어고금주』에서 이를 구현했다.

고, '변(辨)'은 '분별하다', '가려내다'는 뜻입니다. 따라서 '명변'이란, 어둠 속에서 사물을 식별하듯, 복잡하게 얽힌 주장들 속에서 그 논리적 허점과 진위를 가려내는 능력입니다.

다산에게 명변은 묻기를 좋아하는 마음, 곧 '호문(好問)'의 필연적인 다음 단계였습니다. 질문을 통해 수많은 지식과 견해를 받아들이는 것이 학문의 시작이라면, 명변은 그렇게 받아들인 것들을 비판적으로 검토하여 올바른 것을 가려내는 과정입니다. 명변이라는 엄격한 문지기가 없는 마음은, 온갖 잡다하고 해로운 사상까지 무분별하게 받아들이는 창고가 될 수 있습니다. 그는 당시의 학자들이 수백 년간 의심 없이 받아들여 온 성리학의 교리들에 근본적인 질문을 던졌습니다.

"학문하는 방법은 다름이 아니다. 모르는 것이 있으면 마땅히 알 때까지 물어야 하고, 의심나는 것을 분별하여 명확해질 때까지 따져야 한다."

이러한 그의 태도는 그의 저서 『아언각비(雅言覺非)』*에서 극명하게 드러납니다. 이 책은 당시 사람들이 잘못 사용하

---

* 정약용 저, 『아언각비』 (1819년). 해배 후 남양주 정주기에 정리한 어휘 교정서로, 항목별로 고전 출전을 대조하고 전후 문맥과 시대별 용례를 비교하여 당대 통용 어법의 오용을 바로잡았다.

고 있거나 그 본래의 뜻 오해하고 있는 단어들을 하나하나 열거하고, 그 어원과 용례를 파고들어 무엇이 바른 말이고 무엇이 틀린 말인지를 명확히 분별해놓은 저술입니다. 이는 언어라는 기본적인 사유의 도구를 명료하게 만드는 '명변'의 작업이었습니다.

다산의 '명변'은 우리가 매일같이 마주하는 다양한 언설 앞에서, 비판 없는 수신자(受信者)가 아닌 주체적인 판별자(判別者)가 되어야 함을 일깨웁니다. '명변'의 힘을 기르기 위해, 우리는 하나의 견해를 마주할 때마다 다음과 같이 스스로에게 물어야 합니다.

첫째, "이 주장의 숨겨진 전제는 무엇인가?" 모든 주장에는 명시적으로 드러나지 않은 전제가 깔려있습니다. 그 전제에 동의할 수 없다면, 그 위에 세워진 결론 또한 받아들일 수 없습니다.

둘째, "이 주장을 뒷받침하는 근거는 타당한가?", "주장이 감정에 호소하고 있지는 않은가?" 아무리 그럴듯한 결론이라도 그것을 떠받치는 근거가 부실하면 한낱 사상누각에 불과합니다. 감정에 호소하는 논리, 불충분하거나 왜곡된 증거, 이치에 맞지 않는 비약과 모순은 참된 앎으로 가는 길을 가로막는 교묘한 장애물입니다.

셋째, "이 주장으로 인해 이익을 얻는 자는 누구인가?" 모든 주장에는 의도가 숨어있을 수 있습니다. 그 주장이 누구의 입장을 대변하는지를 파악할 때, 우리는 그 주장을 더 객관적으로 바라볼 수 있습니다.

이러한 비판적인 질문의 과정을 거치는 것은 피곤한 일입니다. 세상이 제공하는 달콤하고 단순한 해답들을 의심 없이 받아들이는 것이 훨씬 더 편안할 수 있습니다. 그러나 다산은 스스로의 머리로 옳고 그름을 분별하는 고통스러운 과정을 거부하는 자는, 결국 타인의 생각에 종속된 지적 노예의 삶을 살게 될 것이라고 말합니다.

위대한 설계자는 화려한 설계도를 보고 감탄만 하지 않습니다. 그는 그 설계도의 모든 선과 숫자를 꼼꼼히 검토하여, 구조적으로 치명적인 결함은 없는지, 현실적으로 구현 가능한지를 명확히 분별해냅니다. 삶이라는 건축물에, 어떤 사상의 기둥을 세우고 어떤 가치의 벽돌을 쌓을지 결정하는 것은 오직 자신뿐 입니다. 이것이 바로 흔들리지 않는 삶을 세우는, 설계의 열여섯 번째 원리입니다.

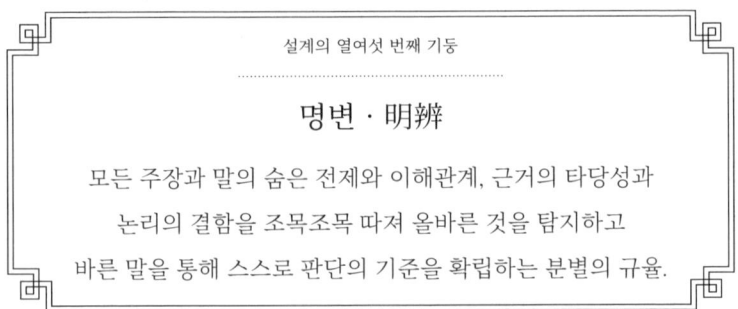

설계의 열여섯 번째 기둥

명변 · 明辨

모든 주장과 말의 숨은 전제와 이해관계, 근거의 타당성과
논리의 결함을 조목조목 따져 올바른 것을 탐지하고
바른 말을 통해 스스로 판단의 기준을 확립하는 분별의 규율.

극기·克己
제17장. 게으름이라는 큰 적을 이겨내다

> "'내일의 나'에게
> 미루는 습관의 고리를 끊어내는 법"

　인간의 내면에는 상충하는 두 힘이 존재합니다. 하나는 더 높은 경지로 나아가려는 이성적 의지이며, 다른 하나는 현 상태에 안주하려는 감각적 관성입니다. 우리는 마땅히 행해야 할 바를 알면서도 행동을 미루는 경향을 드러내고는 하는데, 이는 관성의 힘이 의지의 힘을 압도하는 순간입니다. 삶의 모든 성패는 결국 이 내면의 전장, 즉 '하늘의 이치(천리, 天理)를 따르려는 나'와 '인간의 욕망(인욕, 人欲)에 머무르려는 나'의 싸움에서 판가름 납니다.

　다산 정약용은 이 내면의 적, 곧 다스려지지 않은 자신의 욕망과 나태함을 이겨내는 자기 극복의 과정을 극기(克己)라고 불렀습니다. '극기'란 자기(기, 己)를 이긴다(극, 克)'는 뜻으로, 맹목적인 욕망에 끌려다니는 감각적 자아를 이성적 의

지로 통제하고 극복해내는 것입니다.

　이는 『논어』에서 공자가 인(仁)을 실천하는 방법으로 제시한 '극기복례(克己復禮)*'에 그 뿌리를 둡니다. 다산은 '극기'를 옛 예법(禮)으로 돌아가는 행위로만 여기지 않고, 자신이 세운 뜻을 성취하기 위해 스스로의 방해물인 자신과 싸워 이기는 적극적인 의지의 실천으로 삼았습니다. 세상을 다스리는 경세(經世)에 앞서, 먼저 내 안의 혼돈부터 제압해야 한다는 것이 그의 철학이었습니다.

　다산의 유배 시절은 그 자체가 고통을 학문으로 승화시킨 '극기'의 기록입니다. 절망적인 상황 속에서 육체의 고통과 정신의 나태함에 굴복했다면 그의 저술들은 탄생하지 못했을 것입니다. 그는 매 순간 '주저앉으려는 자기'를 '써 내려가는 자기'로 일으켜 세우는 극기의 과정을 통해, 외부의 속박이 결코 내면의 자유를 구속할 수 없음을 증명했습니다. 그의 학문은 고통에 대한 저항이자, 의지로써 운명을 극복한 투쟁

＊　공자 및 제자 편, 『논어』 안연편 12.1. 원문 "顏淵問仁 子曰 克己復禮□仁 一日克己復禮 天下歸仁焉." 여기서 극기(克己)는 사사로운 욕망을 제어해 스스로를 이기는 뜻이고, 복례(復禮)는 무분별한 감정 상태에서 벗어나 마땅한 예의 규범으로 되돌아간다는 의미로 주석된다. 주희 『논어집주』는 이 구절을 인을 성취하는 실천 규범의 요체로 해석한다. 정약용은 『논어고금주』 안연편 주해에서 극기를 뜻을 세우고 실행으로 관철하는 의지의 작용으로 확장하여 풀이한다.

의 산물이었습니다.

그는 편지에서 두 아들에게 게으름(惰)이야말로 집안을 망하게 하고 인생을 허무는 만 가지 악의 근원이라고 준엄하게 경고했습니다. 그는 아들들이 나태함의 유혹에 빠질 때마다, 자기(기, 己)라는 글자 자체를 원수처럼 여기고 그것을 이겨내라고 가르쳤습니다. "오늘은 피곤하니 내일부터 하자"고 속삭이는 내면의 목소리야말로, 나의 성(城)을 안에서부터 무너뜨리는 적이라는 것입니다.

또한 그가 아들들에게 유산으로 물려주었던 두 글자, '근(勤)'과 '검(儉)' 또한 이 '극기'의 다른 이름입니다. '근(勤, 부지런함)'은 편안하게 쉬고 싶은 욕망을 이겨내는 극기이며, '검(儉, 검소함)'은 필요 이상으로 갖고 싶은 탐욕을 이겨내는 극기입니다. 이처럼 다산의 모든 실천 철학의 바탕에는, 자신과의 싸움에서 이기려는 의지가 굳건히 자리 잡고 있었습니다.

이러한 다산의 사유는 안락함과 즉각적인 만족을 추구하는 인간의 본성에 질문을 던집니다. 극기의 수련은 매일 아침, 더 눕고 싶은 몸을 일으키는 작은 싸움에서 시작됩니다. 무의미한 유희로 시간을 보내려는 마음을 돌려 책을 펴거나 몸을 단련하는 의지에서 드러납니다. 어렵고 힘든 일을 뒤로 미루려는 마음을 다스려 요긴한 일부터 먼저 처리하는 자세로 나타납니다.

'극기'의 공부는 이처럼 매 순간의 작은 선택에서 이루어집니다. 다산은 우리에게 마음이 움직이기를 기다리지 말라고 가르칩니다. 뜻이 내키지 않을 때조차 먼저 몸을 움직여 행동을 시작하는 것, 그것이 바로 '나'를 이기는 길입니다.

훌륭한 설계자는 영감이 떠오를 때만 도면을 그리지 않습니다. 그는 몸이 무겁고 마음이 어지러운 날에도, 어김없이 책상에 앉아 선 하나를 긋는 사람입니다. 그 작은 극기의 실천이 쌓여 마침내 거대한 건축물을 완성해냅니다. 감각적 욕망의 주인이 되는가, 노예에 머무는가에 따라 그의 삶의 격이 결정됩니다. 이것이 바로 흔들리지 않는 삶을 세우는, 설계의 열일곱 번째 원리입니다.

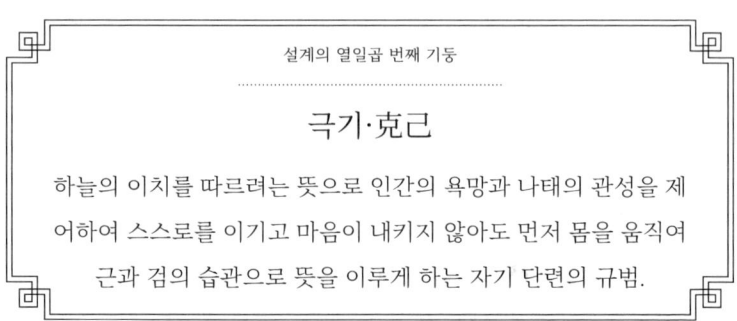

설계의 열일곱 번째 기둥

극기·克己

하늘의 이치를 따르려는 뜻으로 인간의 욕망과 나태의 관성을 제어하여 스스로를 이기고 마음이 내키지 않아도 먼저 몸을 움직여 근과 검의 습관으로 뜻을 이루게 하는 자기 단련의 규범.

강학·講學

제18장. 벗과 함께하며 학문을 넓히다

> 어떻게 건강한 토론을 통해 함께 성장할 수 있는가?

홀로 하는 공부는 깊이를 더할 수 있지만, 자칫하면 자신만의 생각이라는 우물에 갇히는 위험에 빠지기 쉽습니다. 나의 시야가 닿는 곳까지만 보고, 나의 논리가 허용하는 만큼만 생각하게 되는 것입니다. 이처럼 고독한 사유는 스스로의 오류를 발견하기 어려우며, 성견(成見)을 더욱 단단하게 만드는 결과를 낳기도 합니다. 그렇다면 우리는 어떻게 편협함의 위험에서 벗어나 더 넓고 객관적인 앎의 세계로 나아갈 수 있을까요?

다산 정약용은 이 질문에 대한 해답을 '함께하는 공부', 즉 '강학(講學)'에서 찾았습니다. '강학'이란 '학문(학, 學)을 토론하고 강론한다(강, 講)'는 뜻으로, 뜻을 같이하는 벗들과 함께 경전과 이치를 논하며 서로의 앎을 비교하고 검증하는 과정을 의미합니다. 다산에게 강학은 지식을 나누는 행위를 포함하여, 자신의 앎을 타인의 앎이라는 숫돌에 갈아 더욱 예리하게 만드는 필수적인 연마의 과정이었습니다.

다산은 홀로 하는 사색의 가치를 높이 평가했지만, 그 사색의 결과물은 반드시 타인과의 엄격한 토론을 통해 검증되어야 한다고 믿었습니다. 나의 생각이란 늘 불완전하기에, 다른 관점과의 충돌을 통해서만 그 허점이 드러나고 논리가 더욱 정교해질 수 있기 때문입니다. 그는 아들들에게 보낸 편지에서 이렇게 말합니다.

"혼자서만 궁리하면 비록 깨닫는 바가 있더라도 편협하고 고루한 견해에 그치기 쉽다. 반드시 여러 사람과 함께 토론하고 논변한 뒤에야 비로소 이치가 분명하게 드러나는 것이다."

다산이 추구한 강학의 가치는 그의 유배지였던 다산초당(茶山草堂)에서 찬란하게 피어났습니다. 다산초당은 외로운 유배객의 거처였으나, 동시에 당대의 지성들이 모여드는 활발한 학문의 중심지였습니다. 그는 그곳에서 제자들과 더불어 경전을 읽고 밤이 깊어가는 줄 모르고 토론했습니다. 그는 지식을 일방으로 전수하는 스승의 자리에 머무르지 않았습니다. 오히려 제자들의 날카로운 질의를 반기고, 자신의 견해와 다른 의견을 존중하며 더 높은 차원의 진리를 향해 함께 나아가는 동반자가 되기를 자처했습니다.

 이러한 강학을 실천하며, 다산 자신의 학문 또한 최고의 경지로 무르익어 갔습니다. 그는 제자들에게 가르침을 베풀면서, 역설적으로 그들에게서 더 많은 것을 배웠습니다. 자신의 생각을 설명하는 과정에서 스스로의 논리를 재점검하게 되었고, 제자들이 던지는 예상치 못한 질문에 답하며 미처 가닿지 못했던 새로운 깨달음에 이르기도 했습니다.

 사람은 누구나 자신만의 학문과 신념의 성을 쌓고 그 안에 머무르려는 경향이 있습니다. 그리하여 나와 다른 견해를 가진 이들과 진지한 대화를 나누는 법을 잊기 쉽습니다. 진리를 탐구해야 할 토론은 상대를 굴복시키기 위한 언쟁으로 흐르곤 합니다.

 강학을 실천한다는 것은, 나의 지적 발전을 위해 자신의 생각을 기꺼이 비판의 장에 내어놓는 용기를 의미합니다. 하나의 책을 읽은 뒤 그 내용을 다른 사람과 이야기하며 생각의 차이를 발견하고 자신의 이해를 심화시키는 일입니다. 어떤 문제에 대한 해결책을 다른 이에게 설명하고, 그들의 반론에 귀 기울여 자신의 계획을 더욱 튼튼하게 만드는 일입니다.

 자신의 생각과 다른 의견은 나를 해하는 창이 아니라, 오히려 나의 약점을 보완해주는 방패가 될 수 있습니다. 훌륭한 장인은 자신의 설계도를 동료 장인들에게 기꺼이 공개하고,

그들의 조언을 통해 보이지 않던 결함을 찾아냅니다. 그 협력의 과정을 통해 좋은 설계는 비로소 위대한 설계로 완성됩니다.

곁에 생각을 나눌 진정한 벗이 있습니까? 또한 그 벗의 비판을 겸허히 끌어안을 아량이 준비되어 있습니까? 이것이 바로 흔들리지 않는 삶을 세우는, 설계의 열여덟 번째 원리입니다.

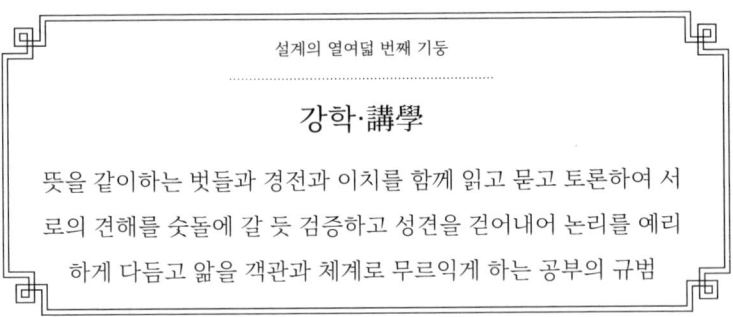

설계의 열여덟 번째 기둥

강학·講學

뜻을 같이하는 벗들과 경전과 이치를 함께 읽고 묻고 토론하여 서로의 견해를 숫돌에 갈 듯 검증하고 성견을 걷어내어 논리를 예리하게 다듬고 앎을 객관과 체계로 무르익게 하는 공부의 규범

존양 · *存養*
제19장. 고요한 마음을 기르는 법

" 사라지지 않는 비교와 불안에 잠식되지 않고, 어떻게 나 자신의 고유한 밀도를 잃지 않을 것인가? "

사람의 마음은 본래 고요한 수면과 같으나, 쉴 새 없이 밀려드는 자극에 쉬이 흔들립니다. 분주한 소식이나 누군가의 평가와 기대는 마음을 하루도 편히 쉬지 못하게 하고 어지럽게 출렁이게 만듭니다. 이처럼 마음이 고요함을 잃고 소란스러워지면, 우리는 사물의 이치를 깊이 파고드는 힘을 상실하게 됩니다. 얕은 생각과 즉흥적인 감정의 물결에 휩쓸릴 뿐, 문제의 핵심이나 자기 내면의 목소리에 온전히 가닿지 못합니다.

지혜와 덕성의 빛은, 오직 고요히 가라앉아 맑은 수면과 같아진 마음 위에만 온전히 그 모습을 드러냅니다. 이러한 마음의 이치를 구체적인 수양의 길로 제시한 것이 바로 다산 정약용의 '존양(存養)'입니다. 그는 이 공부를 통해 마음의 맑은 상태를 보존하고 기를 수 있다고 보았습니다. '존양'이란 마음의 본체(本體)를 보존하고(존, 存) 기른다(양, 養)는 뜻으로, 외부의 자극이나 내면의 욕망으로 마음이 흐려지기 전에 그 본래의 맑고 고요한 상태를 지켜나가는 능동적인 수양입니다.

이는 제11장에서 논했던 '정심(正心)'과도 연결되지만, 본질이 다릅니다. '정심'이 이미 감정에 의해 기울어진 마음을 '바로잡는' 사후적인 교정의 의미가 강하다면, '존양'은 애초에 마음이 기울어지지 않도록, 그 고요한 본바탕을 평소에 꾸준히 길러나가는 사전적이고 일상적인 공부입니다. 마치 병이 든 뒤에 약을 쓰는 것이 아니라, 평소에 꾸준히 몸을 돌보아 병을 예방하는 것과 같습니다.

다산은 이러한 '존양'의 공부를 위해, 그의 저서 『심경밀험(心經密驗)』 등에서 구체적인 방법을 제시합니다. 그 핵심은 정좌(靜坐), 즉 고요히 앉아있는 것입니다.

> "고요히 앉아 마음을 수렴하면, 흩어졌던 정신이 돌아오고
> 어지러웠던 생각이 가라앉는다.
> 이를 통해 우리는 마음의 본체를 볼 수 있다."

'정좌'가 아무것도 하지 않는 무위(無爲)의 시간을 의미한다고 생각하기 쉽습니다. 하지만 무위의 정좌는 존양이 아닙니다. 존양을 위한 정좌는 내면을 어지럽히는 온갖 생각과 감정을, 마치 강 건너 불을 보듯 한 걸음 떨어져 고요히 응시하는 관조적인 정신 활동입니다. 일어나는 생각을 억지로 누르거나 좇지 않고, 그저 왔다가 사라지도록 지켜봄으로써 생각의 주인이 아닌 관찰자가 되는 훈련입니다.

이 과정을 통해 우리는 생각과 자신을 동일시하던 상태에서 벗어나, 마음에서 어떤 상념이 피어오르고 스러지는지를 객관적으로 바라볼 수 있게 됩니다. 분노가 치밀 때 그 감정에 휩쓸리는 대신 '내 안에서 분노라는 감정이 일어나고 있구나'라고 알아차리는 힘을 얻습니다. 이 알아차림의 순간, 우리는 감정에 휘둘리는 상태를 벗어나 마음의 주인이 될 실마리를 얻게 됩니다.

존양의 가르침은 행위의 양(量)이 아니라, 그 행위를 낳는 마음의 질(質)을 문제 삼습니다. 이를 위해 밖으로만 향하던 의식의 방향을 안으로 돌이켜, 의도적인 멈춤의 시간을 가질 것을 요구합니다.

위대한 설계는 소란스러운 시장 한복판에서 탄생하지 않습니다. 그것은 모든 소음이 차단된 고요한 서재에서, 설계자의 깊고 맑은 내면의 질서로부터 비롯됩니다. 여러분의 마음은 어떻습니까? 온갖 생각과 감정의 소음으로 가득 차 있습니까, 아니면 맑은 하늘을 비추는 고요한 호수와 같습니까?

외부 세계의 질서를 설계하기에 앞서, 먼저 내면세계의 고요를 회복하는 것. 이것이 바로 흔들리지 않는 삶을 세우는, 설계의 열아홉 번째 원리입니다.

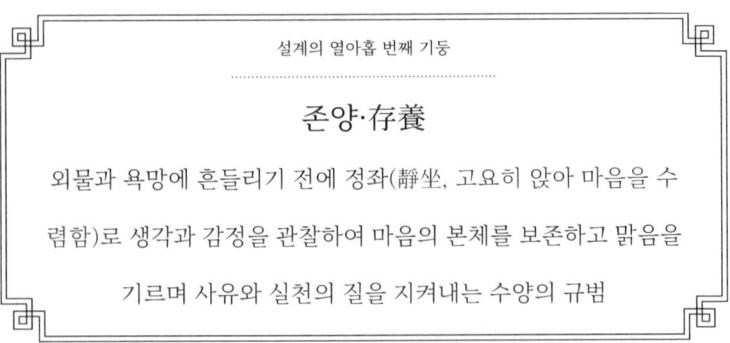

설계의 열아홉 번째 기둥

존양·存養

외물과 욕망에 흔들리기 전에 정좌(靜坐, 고요히 앉아 마음을 수렴함)로 생각과 감정을 관찰하여 마음의 본체를 보존하고 맑음을 기르며 사유와 실천의 질을 지켜내는 수양의 규범

권도 · 權道
제20장. 원칙을 현실에 맞게 적용하는 지혜

> " 원칙주의자와 지혜로운 사람은 무엇이 다른가? "

    흔들리지 않는 원칙은 굳건한 삶의 토대로서 귀하게 여겨집니다. 우리는 한번 세운 원칙을 어떤 상황에서도 일관되게 지켜야 한다고 배웁니다. 그러나 우리가 마주하는 현실의 문제들은 흑과 백으로 명확히 나뉘지 않습니다. 때로는 굳게 믿었던 원칙들이 서로 부딪히고, 하나의 원칙을 고수하는 행위가 오히려 더 해로운 결과를 낳는 어려움에 처하기도 합니다. 이처럼 원칙과 현실이 서로 다른 길을 가리킬 때, 우리는 어떻게 해야 마땅한 길을 찾아낼 수 있을까요?

    다산 정약용은 이 깊은 물음에 답하며, 학문과 수양이 무르익은 경지에서 발현되는 지혜, 권도(權道)를 제시합니다. '권도'는 '저울추(권, 權)'와 '길(도, 道)'이 합쳐진 말입니다.

이는 변치 않는 원칙의 길을 굳건히 걸어가되, 저울처럼 시시각각 변하는 현실의 무게를 저울질하여 올바른 길을 찾아내는 지혜를 뜻합니다.

'권도'는 원칙 없는 기회주의나 임기응변과 명확히 구분됩니다. 다산에게 있어, '권도'의 행사는 반드시 '경(經)', 즉 '결코 변치 않는 근본 원칙'이라는 단단한 땅 위에서만 가능했습니다. 인(仁), 의(義), 신(信)과 같은 대원칙을 저버리는 것은 '궤도(詭道)', 즉 속임수의 길일 뿐입니다. '권도'란, 더 큰 원칙을 지키기 위해, 그보다 작은 원칙을 일시적으로 융통하는 상황 판단 능력입니다.

예를 들어, '정직'은 변치 않는 원칙입니다. 그러나 흉악한 강도가 쫓아와 무고한 사람의 행방을 물을 때, 그에게 사실대로 말해주는 것은 정직이 아닌 어리석음입니다. 이때, '생명을 구한다'는 더 큰 원칙을 위해, '거짓말을 하지 않는다'는 작은 원칙을 잠시 내려놓는 것이 바로 '권도'의 지혜입니다.

이러한 '권도'의 정신은 다산의 『목민심서(牧民心書)』에 담긴 현실 정치 철학의 정수입니다. 목민관은 법률을 엄정하게 집행해야 할 의무가 있습니다. 그러나 다산은 법조문 뒤에 숨어있는 사람의 구체적인 사정을 헤아리지 못하는 자는 훌륭한 목민관이 될 수 없다고 경고합니다.

> "법이란 본래 백성을 위해 있는 것이다.
> 법을 기계적으로 적용하여 오히려 백성을 해롭게 한다면,
> 이는 법의 정신을 잃어버린 것이다."

가혹한 흉년이 들어 백성들이 굶주리고 있을 때, 법전에 적힌 대로 세금을 징수하는 것은 원칙을 지키는 것처럼 보입니다. 그러나 지혜로운 목민관은 '백성을 살린다'는 더 큰 원칙을 위해, 임금에게 상소를 올려 세금을 감면해 줄 것을 청하는 '권도'를 발휘합니다. 이것이야말로 법의 조문에 갇히지 않고, 법이 본래 지향하는 바인 사람을 살리는 길입니다.

'권도'의 지혜는 오랜 시간 수양을 거친 자에게만 허락되는 학문의 마지막 열매와 같습니다. 그것은 우리가 제2부에서 탐구했던 모든 공부, 즉 마음을 바로잡고(정심, 正心), 끊임없이 질문하며(호문, 好問), 홀로 있을 때도 자신을 경계하고(신독, 愼獨), 여러 앎을 하나로 꿰뚫는(회통, 會通) 등의 과정을 통해 얻어집니다. 사물의 이치와 인간의 마음에 대한 깊은 이해가 없는 자가 함부로 '권도'를 행하면, 그것은 원칙 없는 변명과 자기 합리화로 흐를 뿐입니다.

원칙과 현실의 사이에서 사람은 두 가지 길을 만나기 쉽습니다. 하나는 원칙이라는 이름의 성벽 안에 스스로를 가두고 변화하는 현실을 외면하는 길이며, 다른 하나는 현실의 무

게를 핑계 삼아 마땅히 지켜야 할 대의를 놓아버리는 길입니다.

위대한 설계자는 이 두 가지 길을 모두 경계합니다. 그는 예기치 못한 변수 앞에서 설계의 본질을 훼손하지 않는 지혜로운 해결책을 찾아냅니다. 원칙에 갇히는 이는 기술자에 머무르지만, 원칙을 현실 속에서 살아 숨 쉬게 하는 이는 거장의 반열에 오릅니다.

변치 않는 원칙의 별을 바라보되, 발밑의 울퉁불퉁한 현실의 땅을 잊지 않는 것. 이것이 바로 제2부 '치심의 공부'가 도달하고자 하는 최종적인 지혜의 경지이며, 흔들리지 않는 삶을 세우는, 설계의 스무 번째 원리입니다.

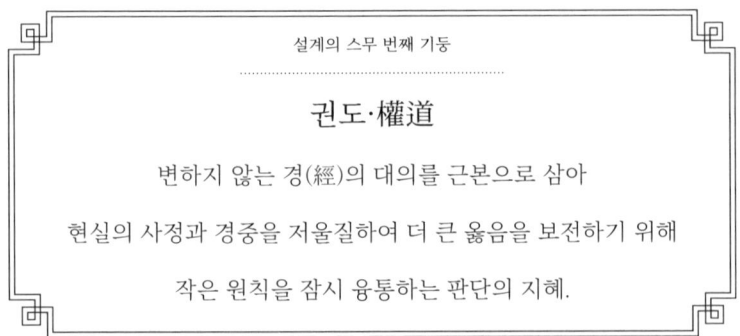

설계의 스무 번째 기둥

권도·權道

변하지 않는 경(經)의 대의를 근본으로 삼아
현실의 사정과 경중을 저울질하여 더 큰 옳음을 보전하기 위해
작은 원칙을 잠시 융통하는 판단의 지혜.

2부 마음을 다스려 학문을 이루다

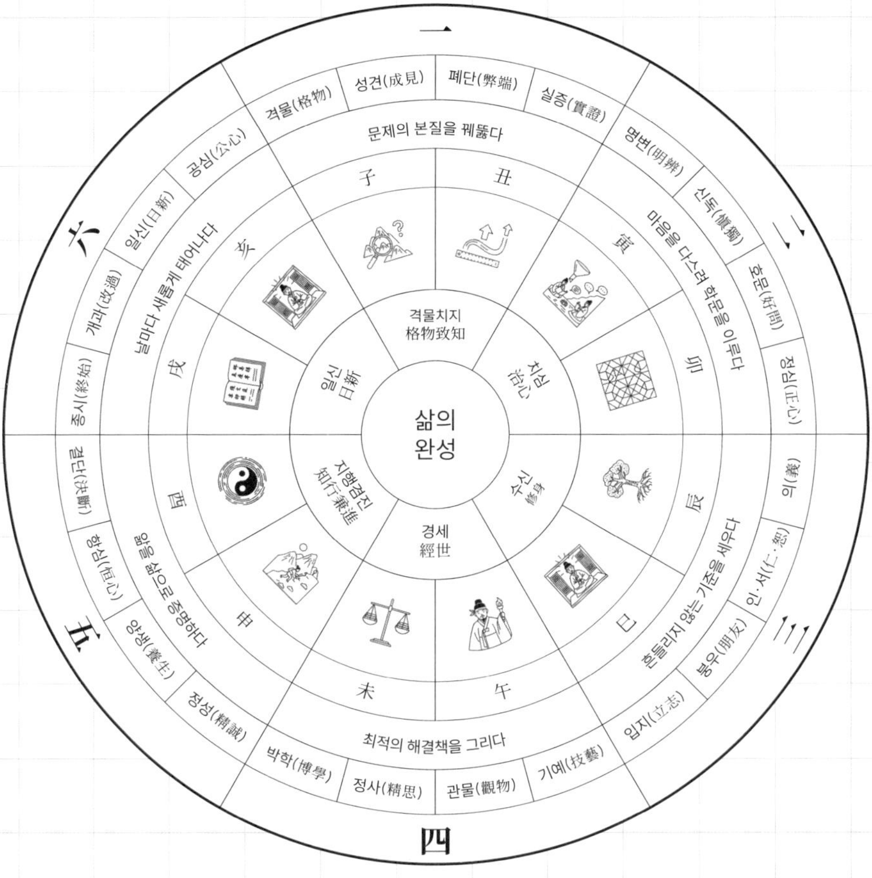

3부 흔들리지 않는 기준을 세우다

부문	수신(修身)
작성자	다산 정약용
작성지	전라 강진 다산초당, 경기도 남양주 여유당
작성시기	1801년-1825년
참고도면	논어고금주, 대학공의, 목민심서

입지·立志
제21장. 삶의 방향을 세우는 첫걸음

❝ 목적지를 모른다면,
전력질주가 무슨 의미가 있는가? ❞

    명확한 목적이 없는 행위는 아무리 많은 노력을 투입해도 무의미한 결과로 이어질 뿐입니다. 제1부에서 우리는 냉철한 분석으로 스스로가 서 있는 땅의 실체와 문제의 연원을 파악했고, 제2부 '치심의 공부'를 통해서는 그 현실에 흔들리지 않을 내면의 힘을 길렀습니다.

    그러나 굳건한 토대 위에서 잘 단련된 의지를 가졌다 한들, 그 힘을 어디에 써야 할지 알지 못한다면 무슨 의미가 있겠습니까? 명확한 목적지가 없는 노력은 힘을 한 방향으로 모으지 못하고 흩어버릴 뿐이므로, 결국 성장이 아닌 소모로 귀결될 뿐입니다. 모든 준비를 마친 지금, 우리의 모든 노력은 마침내 하나의 물음으로 귀결됩니다.

"그래서, 어디로 갈 것인가?"

이 '어디'라는 물음은 특정한 장소를 가리키지 않습니다. 그것은 인생의 끝에서 어떤 사람으로 기억되고 싶은지, 어떤 가치를 실현하며 살고 싶은지에 대한 방향성에 관한 물음입니다. 여러 갈림길 앞에서 어느 길로 나아갈지를 정하기에 앞서, 먼저 내가 도달하고자 하는 목적지 자체를 마음속에 그리는 일, 다산은 이 바탕이 되는 자기 설정의 과정을 '입지(立志)'라 불렀습니다.

'뜻(지, 志)을 세운다(입, 立)'는 이 입지 두 글자는 다산에게 각별한 의미를 지녔습니다. 입지란 텅 빈 대지 위에 인생이라는 건축물을 세우기 위해 먼저 박아 넣는 거대한 주춧돌이자, 하늘을 향해 쏘아 올리는 중심 기둥과 같았습니다. 이 기둥이 굳건히 서지 않는 한, 그 위에 아무리 현란한 기교를 더하고 값비싼 자재를 쌓아도 결국 모래 위의 성이 될 뿐이기 때문입니다.

그렇기에 다산은 학문을 시작함에 있어, 지식의 축적보다 뜻을 세우는 일을 우선했습니다. 그는 유배지에서 두 아들에게 보내는 편지를 통해 쉼 없이 물었습니다. 지금 하는 공부가 한낱 벼슬길에 오르기 위한 수단인지, 아니면 죄인의 가족이라는 처지에서 가문을 일으키고 세상에 필요한 인물이 되기 위한 고된 과정인지 말입니다. 이 물음이야말로 입지의 핵심을 드러냅니다. 입지란 행위의 목록을 정하기에 앞서, 그 모든 행위를 이끌어갈 삶의 이유를 스스로에게 묻고 답하는 일입니다. 그의 저서 『아학편(兒學編)』 서문이 이를 자세히 보여줍니다. 다산은 기존 한자 교재의 난맥상을 비판*하며, 아이들이 '이치의 뼈대를 먼저 잡도록' 의미 범주에 따라 2천 자를 새로 배열했다고 밝혔습니다. '무엇을 위한 공부인가'라는 입지를 '현실에 쓰이는 문자 교육의 재정립'으로 확고히 잡은 것입니다.

> "학문은 모름지기 먼저 뜻을 세워야 한다.
> 만약 뜻을 세우지 않으면, 썩은 나무로는 조각을 할 수 없고
> 무너진 담장에는 흙칠을 할 수 없는 것과 같다."

---

* 정약용은 『천자문(千字文)』을 중심으로 한 당시의 아동 한자 교육이 무의미한 암기 위주여서 실용성이 떨어진다고 비판했다. 그는 소리(音)보다 뜻(義)을 중시하여 개별 글자가 아닌 개념의 체계를 먼저 세우고자 했으며, 초학 교재를 현실에서 쓰이는 문자 교육으로 개혁하고자 했다. 이는 학문적 '입지'를 교육 현장에서 구체적으로 구현한 사례이다.

다산이 이토록 '뜻'을 중시한 이유는, 뜻의 크기와 깊이가 그 사람의 그릇과 삶의 격을 결정한다고 믿었기 때문입니다. 과거 급제라는 눈앞의 이익에만 뜻을 둔 사람은, 설령 시험에 합격하더라도 작은 이익에 얽매인 소인의 격을 벗어나지 못합니다. 그러나 참으로 학문을 통해 자신을 닦고 세상을 이롭게 하겠다는 원대한 뜻을 세운 사람은, 현실의 성패와 무관하게 그 뜻을 향해 나아가는 과정에서 이미 군자의 길을 걷는 것입니다. 유배 중 우리 강역에 관한 사료를 전면 재검토하여 잘못된 지리지 기록을 바로잡는 『아방강역고(我邦疆域考)』를 저술한 것은, 학자의 입지가 '나라의 현실을 바로 알리는 것'에 있어야 함을 보여준 실천이었습니다.

그의 다른 저술들도 마찬가지입니다. 다산은 『상례사전(喪禮四箋)』 서문에서 "괴이하고 왜곡된 의논이 예를 무너뜨렸다"고 한탄하며, 상례를 실용적으로 다시 구상하겠다는 편찬의 뜻을 천명했습니다. 복잡한 상복 체계와 의례 절차를 도표로 정리하여 일반 가정에서 곧바로 쓸 수 있도록 한 것은, 흩어진 예학을 백성의 생활 규범으로 되돌려 놓겠다는 입지의 구체적인 표현이었습니다.

크게는 그의 삶 자체가 그 증거입니다. 조정의 신임을 받던 시절, 그의 입지는 왕을 보좌하여 부강한 나라를 만드는 것이었습니다. 그러나 유배라는 가혹한 운명은 그의 첫 번째 뜻을 꺾었습니다. 모든 것이 끝났다고 여길 법한 절망의 구렁텅이에서, 다산은 주저앉는 대신 새로운 '뜻'을 세웁니다. '벼슬길이 막혔다면, 붓으로 후세에 남을 학문의 체계를 완성하여 세상을 구하겠다.' 이 두 번째 입지야말로, 그의 남은 생을 불멸의 시간으로 만든 꺼지지 않는 동력이었습니다.

우리의 '뜻'은 어디를 향하고 있습니까? 사람은 누구나 높은 벼슬, 부귀영화, 안락한 삶과 같은 목표를 세웁니다. 그러나 다산의 입지는 그 목표들이 가리키는 더 높은 곳을 보게 합니다. "무엇을 위해 높은 자리에 오르려 하는가? 그 권세로 어떤 사람이 되고 싶은가?", "부를 쌓아 어떤 가치를 이루려 하는가?"

다산은 입지를 구체적이고 실행 가능한 형태로 정립했습니다. 『흠흠신서(欽欽新書)』 서문에서 그는 형벌을 다루는 수령이 삼가고 또 삼가도록(흠흠, 欽欽) 판례와 증거주의에 입각한 참고서를 만들겠다는 뜻을 밝혔습니다. 이는 억울한 죽음을 막겠다는 명확한 목표를 지닌 실천적 입지*였으며,

---

* 조선 후기 사법 체계는 자백에 의존하는 수사와 고문 남용, 수령의 자의적 판결, 환곡 비리 등 심각한 폐단을 안고 있었다. 정약용은 이러한 문제를 해결하기 위해 실무 관리들이 따라야 할 판례, 증거주의, 검시 절차 등을 표준화한 지침서가 절실하다고 보았다. 그는 분절된 형정(刑政) 관행을 하나의 체계로 통합하여 억울한 죽음을 막는 것을 목표로 삼았으며, 이는 그의 '입지'가 생명을 구하는 학문으로 구체화되었음을 보여준다.

책의 전체 체계 또한 수령의 실무 절차를 따라 구성되었습니다.

입지란, 여러 인생의 갈림길 앞에서 방향을 잃지 않게 하는 내면의 지표입니다. 그것은 흔들리는 마음의 중심축을 잡아주는 힘이며, 고난 앞에서 다시 일어서게 하는 근원이 되는 의지입니다.

인생이라는 건축을 시작하기에 앞서 우선해야 할 일은, 자신의 대지 깊은 곳에 어떤 뜻의 기둥을 세울 것인지 결정하는 것입니다. 우리가 세우고자 하는 그 뜻의 높이와 깊이가, 앞으로 지을 집의 모든 것을 결정하기 때문입니다. 이것이 바로 흔들리지 않는 삶을 세우는, 설계의 스물한 번째 원리입니다.

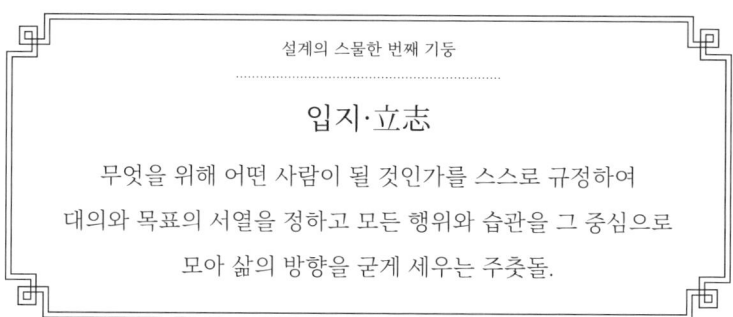

설계의 스물한 번째 기둥

입지·立志

무엇을 위해 어떤 사람이 될 것인가를 스스로 규정하여
대의와 목표의 서열을 정하고 모든 행위와 습관을 그 중심으로
모아 삶의 방향을 굳게 세우는 주춧돌.

교우·交友
제22장. 좋은 벗이 좋은 나를 만든다

❝ 내 인생에 어떤 사람을 두고,
어떤 사람을 멀리해야 하는가? **❞**

    사람은 많은 만남과 맺음 속에서 살아가지만, 그 관계의 양이 삶의 질을 보장하지는 않습니다. 우리는 관계의 다채로움에 취해, 어떤 인연이 나의 삶을 풍요롭게 하고 어떤 인연이 나의 삶을 병들게 하는지 분별하는 지혜를 잊곤 합니다. 사람과의 사귐은 때로 더 없는 안식처가 되지만, 때로는 영혼을 잠식하는 독이 되기도 합니다.
    다산 정약용이 말하는 벗은 마음을 나누는 동무를 포함하여, 학문과 인격을 함께 완성해나가는 또 다른 나이자 삶이라는 운명의 동반자였습니다. 그렇기에 다산에게 벗을 사귀는 일, 즉 교우(交友)는 인생의 향방을 결정하는 중요한 수신(修身)의 행위였습니다.

다산이 제시한 벗을 사귀는 기준은 『논어』 계씨(季氏)편의 가르침에 깊이 뿌리내리고 있습니다. 공자는 유익한 벗이 셋 있고, 해로운 벗이 셋 있다(익자삼우 손자삼우, 益者三友 損者三友)*며 정직한 벗(友直), 신실한 벗(友諒), 견문이 넓은 벗(友多聞)을 가까이하고, 편벽된 벗(友便辟), 아첨하는 벗(友善柔), 말만 앞세우는 벗(友便佞)을 멀리하라 가르쳤습니다. 다산은 『논어고금주』에서 이 구절의 옛 주석과 새 주석을 모아 비교하고, '질의(質疑)'와 '고이(考異)'의 방식으로 각 항목을 엄밀히 검토하여, 벗을 고르는 기준을 실증적 학문의 대상으로 삼았습니다.

그가 궁극적으로 제시한 기준은 하나, 바로 서로의 성장에 도움이 되는가입니다. 감정적 친밀함이나 일시적인 유희, 세속적 이익을 위한 관계는 참된 우정의 범주에 두지 않았습니다. 그는 벗을 크게 두 종류로 나누었습니다.

---

* "익자삼우 손자삼우(益者三友 損者三友)"는 『논어』 계씨편 16.4의 구절이다. 원문은 "익자삼우 손자삼우 우직 우량 우다문 익의 우편벽 우선유 우편녕 손의(益者三友 損者三友 友直 友諒 友多聞 益矣 友便辟 友善柔 友便佞 損矣)"로, 정직과 신실을 이로운 벗으로, 편벽과 변설을 해로운 벗으로 규정한다.

첫째는 이로운 벗(익우, 益友)입니다. 이들은 나의 잘못을 정직하게 지적해주고, 나의 가능성을 믿어주며, 내가 알지 못하는 것을 가르쳐주는 사람들입니다. 이러한 벗은 나를 비추는 거울과 같아서, 스스로 보지 못하는 장점과 단점을 명확히 보게 해줍니다.

그들의 직언은 귀에 거슬릴 수 있으나, 결과적으로 나의 인격을 담금질하여 더 단단하게 만드는 숫돌과도 같은 존재입니다. 강진 유배 시절 그가 길러낸 황상(黃裳), 이학래(李鶴來) 등 18명의 제자들이 바로 그러한 벗이었습니다. 다산은 이들과의 교유를 통해 학문적 성취를 이루었을 뿐 아니라, 그들을 탁월한 '익우'로 성장시켜 훗날 『치원유고(巵園遺稿)』*, 『대동수경(大東水經)』**과 같은 학문적 결실로 이어지게 했습니다.

둘째는 해로운 벗(손우, 損友)입니다. 이들은 나의 비위

---

* 황상 저, 『치원유고』. 다산의 제자 황상의 시문 유고집으로, 치원이라는 호는 다산이 지어 주었다는 내증이 시편에 보인다. 1977년 유고가 발굴되어 전모가 알려졌고, 강진 일속산방 등 제자 시절의 교유와 삶의 흔적이 수록된다.

** 정약용 저, 『대동수경』 (1814). 조선의 주요 하천을 북부 6대 수계를 중심으로 원류에서 하구까지의 흐름, 지명, 관방과 전고를 체계적으로 정리한 지리서다.

를 맞추기 위해 아첨하고, 앞에서는 복종하나 뒤에서는 헐뜯으며, 오직 말뿐이고 행동이 없는 사람들입니다. 이러한 벗은 달콤한 독과 같아서, 함께하는 동안에는 즐겁고 자존심이 높아지는 듯하지만, 결국 나의 오만을 키우고 나태에 빠지게 하여 서서히 삶을 좀먹게 됩니다.

이처럼 다산에게 벗을 선택하는 것은 자신의 삶을 세울 것인가 무너뜨릴 것인가를 결정하는 공부의 과정이었습니다. 그는 술 마시고 잡담하며 시간을 허비하는 무리와 어울리지 말 것을 신신당부했습니다. 그는 1810년, 유배지에서 부인의 붉은 치마를 잘라 만든 서첩인 『하피첩』에 직접 두 아들에게 경계하는 구절을 써서 준다고 밝히며, 교우 관계의 규범을 평생의 지침으로 삼을 것을 명문화하여 아들들에게 남겼습니다. 이는 벗을 가리는 일이 그의 삶에서 얼마나 절실한 문제였는지를 보여줍니다.

나아가 다산은 좋은 우정을 지속하기 위한 구체적인 방법까지 고민했습니다. 그는 1818년 유배에서 풀려나기 직전, 18명의 제자들과 함께 차를 마시며 신의를 나누는 모임 '다신계(茶信契)'*를 결성하고, 그 운영 규칙인 「다신계절목(茶信

---

* 1818년 전라남도 강진에서 정약용과 제자 18인이 결성한 신의의 결사다. 해배 이후에도 스승과 제자 사이의 학문 교류와 도의적 결속을 지속하기 위한 목적이었다. 운영 규칙은 『다신계절목』에 정리되어 있다.

契節目)」*을 만들었습니다. 이 규약에는 매년 정해진 시기에 시를 지어 보내 학문을 교류하고, 찻잎을 따서 서로에게 보내는 등의 구체적인 절차는 물론, 계의 재산을 마련하는 재정 규칙까지 담겨 있습니다. 이는 흩어지기 쉬운 우정의 도를 규약, 주기적인 교류, 재정이라는 제도로 설계하여 평생 이어가려 한 그의 실천적 노력이었습니다.

인격이란 만나는 벗을 통해 끊임없이 빚어진 결과입니다. 따라서 어떤 벗과 사귀고 어떤 벗을 멀리할지 결정하는 것은, 일부 관계를 덜어내는 소극적인 행위와 구별됩니다. 이는 좋은 벗이라는 거울에 자신을 비추어 더 나은 나를 만들고, 해로운 벗의 영향으로부터 자신을 지켜내는 자기 수양의 과정입니다. 나를 최고의 나로 이끌어 줄 벗을 곁에 두는 것이야말로 성장을 바라는 이가 마땅히 짊어져야 할 책임입니다.

결국 한 사람의 삶은, 어떤 벗을 곁에 두기로 선택했는가의 총합으로 나타납니다. 나를 단련시키는 '숫돌' 같은 벗과

---

*   정약용 저, 『다신계절목』(1818). 해배 직전 제자 18인과 맺은 다신계의 규약 문서로, 결성 취지와 계원 명단, 시기별 교유 및 차 제작과 발송, 재정 운영을 조목별로 규정했다. 매년 청명과 한식에 운을 정해 지은 시를 정학연에게 부치고, 곡우에 어린 잎차 한 근을, 입하 전에 떡차 두 근을 만들어 시찰과 함께 보내도록 했다. 계의 재정은 각자 1냥을 2년간 납입해 불린 35냥으로 밭을 사 계물로 삼아 지속성을 담보했다. 기록으로 확인되는 한국 최초의 다회 형태로 평가된다.

함께 더 높은 길을 걸을 것인가, 나를 안주시키는 '달콤한 독' 같은 벗과 함께 서서히 잠식될 것인가. 이 선택들이 모여 한 사람의 인격을 결정하고, 그 인격이 마침내 운명의 모습을 빚어냅니다. 이것이 바로 흔들리지 않는 삶을 세우는, 설계의 스물두 번째 원리입니다.

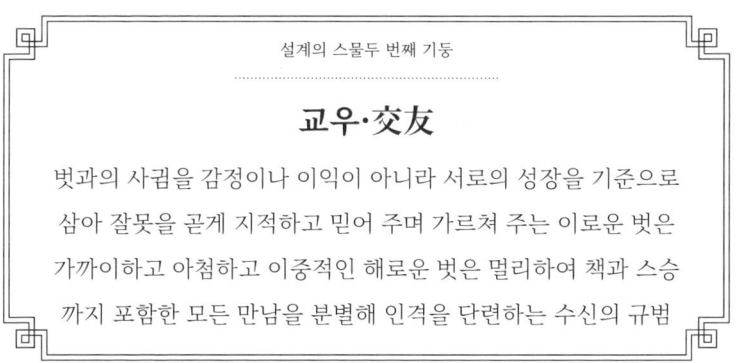

설계의 스물두 번째 기둥

교우·交友

벗과의 사귐을 감정이나 이익이 아니라 서로의 성장을 기준으로 삼아 잘못을 곧게 지적하고 믿어 주며 가르쳐 주는 이로운 벗은 가까이하고 아첨하고 이중적인 해로운 벗은 멀리하여 책과 스승까지 포함한 모든 만남을 분별해 인격을 단련하는 수신의 규범

인서·仁恕

제23장. 마음을 다스리는 두 개의 기둥

" 모든 인간관계의 문제를 해결하는 단 하나의 원칙이 있다면? "

우리는 왜 관계 속에서 상처받고 지쳐갈까요? 사람 사이의 문제가 풀리지 않는 까닭은, 우리가 그 해법을 마음의 바깥에서 찾기 때문입니다. 우리는 상대의 말을 바꾸려 하고, 상황을 유리하게 만들려 하며, 관계를 풀어갈 온갖 기교를 동원합니다. 그러나 이 모든 노력은 뿌리를 외면한 채 가지만을 돌보는 것과 같습니다. 나무의 뿌리가 깊고 튼튼하면 수많은 가지와 잎은 저절로 무성해지듯, 마음의 바탕이 바로 서면 어지러운 관계의 문제들은 그 본디의 질서를 되찾게 됩니다.

다산 정약용이 도달한 인간관계의 본질이자 문제의 해법은, 바로 인(仁)과 서(恕)라는 두 글자였습니다. 이 두 개념은 유교의 덕목에 머무는 대신, 모든 관계의 성패를 결정짓는 대단히 강력하고 실용적인 마음의 원리로 작용합니다.

먼저 인(仁)이란 무엇일까요. 흔히 '어짊'이나 '사랑'으로 인지되고는 하지만, 다산은 이를 훨씬 더 구체적이고 실천적인 개념으로 파악했습니다. 그에게 인이란, 나의 형제자매를 사랑하는 마음을 타인에게까지 확장해나가는 범용적인 사랑입니다. 즉, 인은 나와 가까운 사람에게서 시작하여 동심원을 그리듯 점차 더 넓은 세계로 퍼져나가는 구체적인 '행위'인 것입니다.

다산은 인을 두 가지 핵심 요소로 나누어 설명합니다. 하나는 나 자신을 바로 잡는 것이고, 다른 하나는 남을 바로 잡는 것입니다. 즉, 바른 형태의 사랑이란 나 스스로를 먼저 옳은 길로 이끈 후에, 그 힘으로 다른 사람 또한 바로 설 수 있도록 돕는 것입니다. 나 자신은 엉망인 채로 남을 돕겠다고 나서는 것은 위선이며, 나 자신만 세우고 남을 돌보지 않는 것은 이기심입니다. '인'이란 바로 이 두 가지가 균형을 이룰 때 비로소 완성되는, 성숙한 형태의 사랑입니다.

그러나 이 '인'의 경지는 너무나 높고 아득하여, 평범한 우리가 일상 속에서 실천하기란 결코 쉽지 않습니다. 바로 이 지점에서, 다산은 우리에게 '인'으로 가는 확실하고 현실적인 실천법 하나를 놓아줍니다. 그것이 바로 서(恕)입니다.

'서(恕)'는 '같을 여(如)'와 '마음 심(心)'이 합쳐진 글자로, 글자 그대로 나의 마음을 미루어 남의 마음을 헤아린다는 뜻입니다. 즉, '내가 당해서 싫은 일은 남에게도 하지 않는 것(기소불욕물시어인, 己所不欲 勿施於人)'이 바로 '서'의 핵심입니다. 다산은 이 '서'야말로, 평생을 노력해도 다다르기 어려운 '인'을 실천할 수 있는 방법이라고 강조했습니다.

> "서(恕)는 인(仁)을 행하는 방법이다.
> 서를 행하면 인은 그 가운데에 있다."

사람 사이의 갈등은 바로 이 '서'의 마음이 부족하기에 일어납니다. 우리는 타인의 처지에서 자신을 헤아리기보다, 남의 행동을 자신의 기준으로 재단하고 비판하는 데 익숙합니다. 아랫사람의 잦은 실수를 꾸짖기 전에 나의 가르침이 불명확하지는 않았는지 돌아보는 윗사람, 어버이의 걱정에 짜증 내기 전에 홀로 남겨질 그분들의 외로움을 먼저 헤아리는 자식, 나의 이익을 주장하기 전에 이 결정이 상대에게 어떤 해를 끼칠지 먼저 생각하는 동반자. 이것이 바로 다산이 말한 '서'의 실천입니다.

'서'를 자신의 주장을 굽히는 나약함으로 오인해서는 안 됩니다. '서'는 나의 좁은 시야를 벗어나 갈등의 연원을 파악하고 상황 전체를 조망하는 지혜입니다. 나의 마음을 미루어 상대의 마음을 얻는 이는, 결국 갈등을 화합으로 이끄는 힘을 얻습니다.

  사람과의 관계에서 어려움을 겪는다면, 여러 해법을 찾기에 앞서 오직 하나의 물음으로 돌아가야 합니다.

  "나는 과연 그의 마음을 나의 마음처럼 헤아려보았는가?" 이 물음에 대한 성찰이야말로, 얽힌 관계를 푸는 열쇠입니다. 이것이 바로 흔들리지 않는 삶을 세우는, 설계의 스물세 번째 원리입니다.

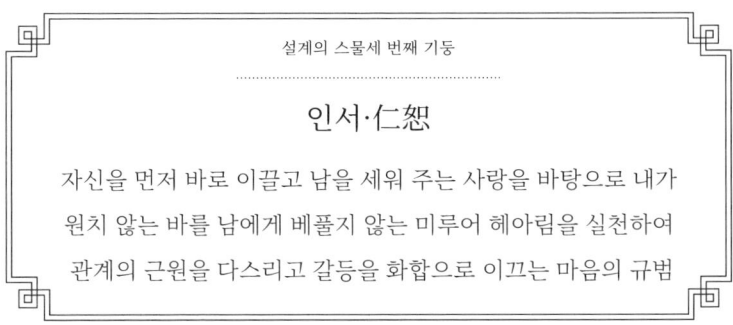

설계의 스물세 번째 기둥

인서·仁恕

자신을 먼저 바로 이끌고 남을 세워 주는 사랑을 바탕으로 내가 원치 않는 바를 남에게 베풀지 않는 미루어 헤아림을 실천하여 관계의 근원을 다스리고 갈등을 화합으로 이끄는 마음의 규범

신언 · 愼言
제24장. 말에도 품격이 있다

❝한 인간의 평생에 걸쳐 쌓아 올린 공덕과 명예가 어찌하여 한순간에 무너져 내릴 수 있는가?❞

　인간이 행하는 모든 실천 가운데 제일 즉각적이고 빈번한 것이 바로 말입니다. 우리는 말을 통해 관계를 맺고, 생각을 드러내며, 세계에 영향을 미칩니다. 그러나 그만큼 쉽게 잊는 것 또한, 한번 뱉어진 말은 결코 사라지지 않는다는 사실입니다. 그것은 허공에 흩어지는 소리에 불과하다고 생각하기 쉽지만, 무형(無形)의 생각을 유형(有形)의 사건으로 바꾸어놓는 창조의 행위이자, 한번 일어나면 되돌릴 수 없는 역사의 일부가 됩니다.

　다산 정약용에게 말의 문제는 한 인간의 수양(修身)이 얼마나 깊고 올바른지를 드러내는 시금석(試金石)이었습니다. 다른 행위가 의복이라면 말은 맨몸과 같아서, 한 사람의 내면은 말을 통해 직접적이고 적나라하게 드러나기 때문입니다. 그는 마음에 담긴 것이 맑지 못하면 그 말이 맑을 수 없으며,

마음에 성실함이 없으면 그 말 또한 공허할 수밖에 없다고 보았습니다. 따라서 말을 신중히 하는 공부, 즉 '신언(愼言)'이란 오직 말의 근원이 되는 마음을 먼저 닦음으로써 비로소 시작되는 수양의 과업입니다.

다산은 그의 여러 저술, 특히 『소학주관(小學珠串)』*과 같은 수신서에서 말을 삼가는 것의 중요성을 반복하여 강조합니다. 그는 말이 『소학』의 핵심 규범인 네 가지 경계 중 하나임을 역설했습니다. '신언'의 참뜻은 입을 닫고 침묵하는 데 있는 것이 아닙니다. 자신의 내면을 쉬지 않고 성찰하며 마음의 상태를 고요히 살피는 윤리적 실천이 바로 신언입니다. 따라서 신언은 말의 근원인 마음의 샘을 정화하려는 노력입니다. 소음으로 가득 찬 마음에서는 고요한 말이 나올 수 없습니다. 분노에 휩싸여 터져 나오는 말, 시기심에 사로잡혀 던지는 말, 얄팍한 지식을 드러내기 위한 말은 모두 수양되지 않은 마음이 내는 소란스러운 소음일 뿐입니다.

더 나아가 다산은 말이 곧 그 사람의 행실과 일치해야 함을 중시했습니다. 유교 전통의 언행일치(言行一致) 윤리에 따라, 말은 그 자체로 하나의 분명한 '행위'였습니다. 실천할

---

* 정약용 저, 『소학주관(小學珠串)』. 유교 아동 및 청소년 교범인 『소학』을 항목별로 주해하고 정리한 수신서로, '신언(愼言)'을 일상 규범의 핵심 덕목으로 강조한다.

수 없는 바를 약속하는 말은 그릇된 행위이며, 이치에 닿지 않는 말은 어지러운 행위입니다. 특히 『목민심서(牧民心書)』에서는 지도자의 말이 지니는 책임의 무게를 강조합니다. 지도자에게 말이란 공동체의 질서를 세우고 허무는 통치 '행위' 그 자체였습니다. 목민관의 말 한마디는 법령과 같은 무게를 지녀 백성의 삶을 좌우하기에, 마땅히 천금보다 무겁게 여겨야 한다고 하였습니다.

그렇다면 이 중차대한 '신언'의 원리를 우리는 어떻게 삶에서 구현할 수 있을까요? 다산의 여러 가르침 속에서 우리는 다음과 같은 구체적인 지침을 발견할 수 있습니다.

먼저, 앎의 경솔함을 경계해야 합니다. 이는 정직함의 문제와 직결됩니다. 『논어』는 이 도리에 대해 다음과 같이 가르칩니다.

> "아는 것을 안다고 하고, 모르는 것을 모른다고 하는 것, 이것이 곧 아는 것이다(知之爲知之, 不知爲不知, 是知也)."

어설픈 앎을 전부인 양 드러내는 말처럼 사람의 신망을 잃게 하는 지름길은 없습니다. 얕은 지식을 과시하려는 말은 지혜로움을 드러내기보다 오히려 그 밑천의 부족함을 폭로할 뿐입니다.

또한 제 손으로 자신의 공을 내세워 자랑하는 누추함을 피해야 합니다. 참된 공덕은 말이 아닌 결과로써 증명될 때 오래도록 밝게 빛나는 법입니다.

마지막으로 타인을 해하는 말을 끊어내야 합니다. 남의 허물을 들추어 자신의 의로움을 꾸미거나, 험담을 통해 위안을 얻으려는 마음은 궁색한 심성의 발로입니다. 타인의 처지를 미루어 헤아리는 서(恕)의 마음을 지닌 이는 함부로 남을 재단하지 않습니다.

시대와 장소를 막론하고 자신의 이름을 감춘 그늘에 숨어 내뱉는 말들이나, 아무런 책임감 없이 떠도는 뜬소문들은 언제나 공동체의 신의를 좀먹고 이성을 마비시켜 왔습니다. 사려 깊은 성찰 없이 쏟아내는 말의 파편들은 타인에게 씻을 수 없는 상처를 남길 뿐 아니라, 종국에는 자기 자신의 인격을 허물어뜨립니다. 말하는 자는 자신이 뱉은 말의 세계에 갇히게 되기 때문입니다. 거친 말은 거친 관계를 낳고, 그 관계가 다시 자신의 마음을 거칠게 만드는 악순환의 고리를 만듭니다.

말을 신중히 다스리는 일은 스스로를 얽매는 구속과 다르며, 오히려 혼탁한 세파 속에서 자신의 존엄과 신뢰를 굳건히 지키는 큰 힘이 됩니다. 사람의 입에서 나오는 모든 말이 결국 그 사람 자신을 빚어내고 있음을 기억하는 것, 우리가 내뱉는 한마디 한마디가 바로 자기 자신을 빚어내는 정(釘)과 끌임을 아는 것, 이것이 바로 흔들리지 않는 삶을 세우는 설계의 스물네 번째 원리입니다.

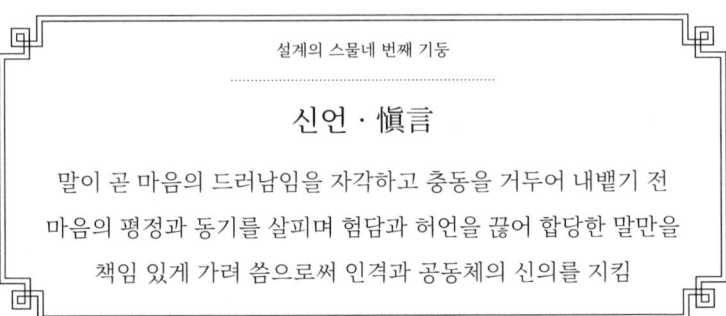

설계의 스물네 번째 기둥

신언 · 愼言

말이 곧 마음의 드러남임을 자각하고 충동을 거두어 내뱉기 전 마음의 평정과 동기를 살피며 험담과 허언을 끊어 합당한 말만을 책임 있게 가려 씀으로써 인격과 공동체의 신의를 지킴

위기지학 · 爲己之學
제25장. 오직 나를 위한 공부를 하라

❝ 타인의 인정과 시선에서 자유로워지는 법 ❞

　인간은 타인의 시선이라는 거울에 자신의 모습을 비추며 살아가는 존재입니다. 타인의 칭찬에 기뻐하고 비난에 상처받으며, 세상의 평판으로 자신의 가치를 매기곤 합니다. 타인의 인정을 얻으려는 노력은 성장의 동력이 되기도 하지만, 그것이 삶의 목적이 되는 순간, 우리는 삶의 주권을 타인에게 내어준 채 불안과 공허를 느끼게 됩니다. 모든 행위가 타인을 향한 연극이 될 때, 삶의 유일한 관객이어야 할 자기 자신은 사라지게 됩니다.

　다산 정약용은 이러한 인간 본성의 문제를 깊이 통찰하

여, 학문하는 이가 걸어갈 두 갈래의 길을 『논어』의 가르침을 빌려 설명했습니다. 하나는 남에게 보이기 위한 공부인 위인지학(爲人之學)이며, 다른 하나는 오롯이 자기 자신을 닦는 공부인 위기지학(爲己之學)입니다. 이 두 갈래 길의 선택에 따라 한 사람의 생이 군자의 길로 향하기도 하고, 소인배의 길로 향하기도 한다고 그는 보았습니다.

먼저 '위인지학', 즉 남을 위한 공부란 무엇일까요? 그것은 자신의 내면을 닦는 것에는 관심이 없고, 오직 자신의 지식을 과시하여 명성을 얻거나, 남과의 논쟁에서 이기거나, 벼슬길에 오르는 것을 목적으로 하는 모든 공부를 의미합니다. 이러한 공부는 화려한 옷과 같아서, 겉보기에는 그럴듯하지만 결코 자신의 살과 피가 되지 못합니다. 지식은 인격으로 체화되지 않고, 얄팍한 지적 유희의 도구로 전락하고 맙니다.

반면, '위기지학', 즉 나를 위한 공부란 무엇일까요. 이는 『논어』에서 공자가 "옛날의 학자들은 자신을 위해 공부했는데(古之學者爲己)*, 요즘 학자들은 남을 위해 공부한다(今之學者爲人)"고 한탄했던 그 배움의 길입니다. '위기지학'의 유

---

* 공자 저, 『논어』 헌문편 25장. "지학자위기, 금지학자위인(古之學者爲己, 今之學者爲人)" 구절에서 '위기지학'과 '위인지학'의 대조가 제시된다. 조선의 성리학 교육은 주자 『사서집주』를 표준으로 삼아 『논어』 강독을 과거 준비의 기본 교과로 삼았고, 이 대목은 학문의 목적을 점검하는 핵심 경구로 인용되었다.

일한 목적은 오직 자기 자신의 인격을 완성하는 것에 있습니다. 타인의 인정이나 사회적 성공은 그 과정에서 따라올 수도 있는 부수적인 결과일 뿐, 결코 공부의 목적이 될 수 없습니다. 이러한 공부는 음식을 섭취하여 몸을 살찌우는 것과 같아서, 앎이 곧 나의 인격이 되고 삶이 되는 앎과 삶의 일치에 이르게 됩니다.

다산은 그의 아들들에게 보낸 편지에서 이 '위기지학'의 자세를 처절할 만큼 강조합니다. 죄인의 가족이라는 멍에로 인해 벼슬길이 막혀버린 아들들에게, 그는 세상의 인정을 받기 위한 '위인지학'의 길은 이제 끊겼음을 명확히 합니다. 그리고 바로 그 절망으로부터, 오히려 진짜 학문을 할 수 있는 기회가 열렸음을 역설합니다. 그는 아들들에게 이제 과거나 벼슬에 대한 생각은 깨끗이 끊어버리고, 오직 '위기지학'에만 마음을 다할 수 있게 되었으니, 이는 오히려 하늘이 우리 집안을 도운 것이라는 가르침을 주었습니다.

이러한 가르침은 세상의 기대를 모두 내려놓고 오직 자기 자신을 바로 세우기 위해 매진하는 공부야말로 순수하고 값지다는 뜻이었습니다. 다산 자신의 18년에 걸친 유배 생활 또한, 그 자체가 인류의 역사에서 위대한 '위기지학'의 실천이었습니다.* 알아주는 이도, 보상해 줄 조정도 없는 고독의 땅에서 그가 오백여 권의 방대한 저술을 남길 수 있었던 힘은, 타인의 인정이 아닌 학문 자체의 기쁨과 스스로를 완성하려는 불굴의 의지에서 비롯되었습니다.

이에 다산의 가르침은 우리 각자의 삶에 하나의 물음을 던집니다. 지금 기울이는 그 노력은 과연 무엇을 향하고 있습니까? 어떤 이가 밤새워 일하는 까닭은 주변의 칭송을 얻기 위함입니까, 혹은 자신의 소임을 다하여 스스로의 역량을 한층 높이기 위함입니까? 책을 읽고 지혜를 구하는 이유는 타인 앞에서 유식함을 뽐내기 위함입니까, 혹은 어제보다 더 나은 사람이 되기 위함입니까? 덕을 베푸는 이유는 선한 사람이라는 평판을 얻기 위함입니까, 혹은 그것이 마땅히 따라야 할 내면의 원칙이기 때문입니까?

'위기지학'의 길은 더딜 수 있습니다. 세상의 박수갈채가 아예 오지 않을 수도 있습니다. 허나 이 길의 끝에서 얻게 될 것은 타인의 평가에 따라 흔들리지 않는 굳건한 자존과 그 무엇과도 바꿀 수 없는 내면의 충일함입니다.

---

* 1801년 신유박해로 전라도 강진에 유배되었다가 1818년 해배되었고, 유배 중 강진 다산초당·다산동암을 거점으로 주요 저술을 집대성하였다. 그의 문집 『여유당전서』는 활자본 기준 154권 76책으로 정리되어, 유배기 학문이 '위기지학'의 실천이었음을 뒷받침한다.

모든 행위의 마지막 물음에 답할 이는 오직 자기 자신이어야 합니다. 내면에 확고한 기준을 세우고, 오직 그 길을 향해 묵묵히 나아가는 것. 이것이야말로 타인의 시선이라는 굴레에서 벗어나 참된 자유에 이르는 길이며, 흔들리지 않는 삶을 세우는 스물다섯 번째 원리입니다.

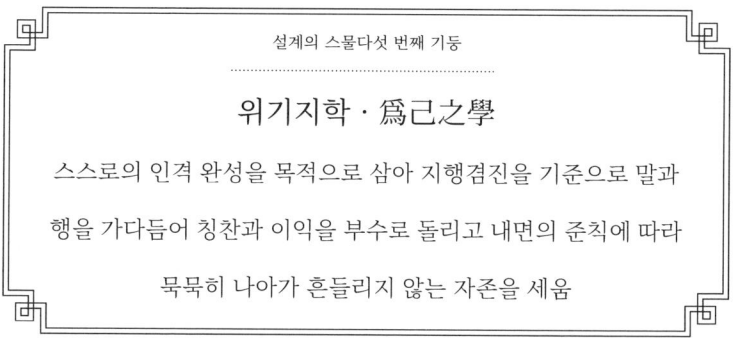

설계의 스물다섯 번째 기둥

위기지학 · 爲己之學

스스로의 인격 완성을 목적으로 삼아 지행겸진을 기준으로 말과 행을 가다듬어 칭찬과 이익을 부수로 돌리고 내면의 준칙에 따라 묵묵히 나아가 흔들리지 않는 자존을 세움

경 · 敬
제26장. 매 순간을 받드는 깨어있는 마음

❝ 나를 지켜낼 단 하나의 마음 상태는 존재하는가? ❞

어찌하여 인간이 세운 원대한 뜻과 굳은 다짐은 세월의 흐름 앞에서 그토록 쉽게 스러지는 것일까요? 이는 인간의 의지란 본래 형체가 없는 물과 같아서, 그것을 온전히 담아낼 견고한 그릇이 없다면 현실의 무게와 무상한 시간에 밀려 흩어지고 말기 때문입니다. 아무리 숭고한 이치와 원칙을 깨달았다 할지라도, 그것을 붙들어 매 순간 실천으로 이어갈 마음의 힘이 없다면, 결국 공허한 이상에 머물게 됩니다.

다산 정약용은 학문과 수양의 길이 마음의 힘을 기르는 과정과 결코 분리될 수 없다고 보았습니다. 그리고 그 힘을 지탱하는 자세를 경(敬)에서 찾았습니다. 흔히 경(敬)을 공경의 의미로 풀이하지만, 다산이 말한 경(敬)은 그보다 훨씬 깊고 근원적인 뜻을 품고 있습니다. 이는 마음을 한곳에 오롯이 두어 다른 곳으로 쏠리지 않게 하는 주일무적(主一無適)의 자세이며, 매사에 정신을 집중하여 온전히 깨어있는 마음의 각성 상태를 의미합니다.

다산은 이 경(敬)을 일상의 모든 동작에 적용되는 구체적인 규범으로 구조화했습니다. 그는 두 아들에게 보낸 편지에서 「제경(齊敬)을 만드는 법」을 일러주며, 기거, 음식, 언어 등 하루의 모든 행위를 '경'의 훈련 표준으로 삼아 스스로 세세한 조목을 만들라고 지시했습니다. 가령 "문 한가운데 서지 말 것", "안 들리는 말을 숨어서 듣지 말 것"과 같이, 매 순간의 행동거지에 주의를 기울이는 훈련을 통해 흩어지기 쉬운 마음을 붙들고자 한 것입니다.

다산에게 경(敬)은 모든 덕을 담아내는 그릇과 같았습니다. 이 경(敬)의 상태가 굳건히 유지될 때, 인간은 부지런할 수 있고, 홀로 있을 때에도 자신을 엄격히 삼갈 수 있으며, 타인의 처지를 깊이 헤아릴 수 있습니다. 마음이 다른 곳에 머무는데 어찌 맡은 바 소임에 충실할 수 있으며, 정신이 흐트러진 상태에서 어찌 내면을 살피고 타인을 돌아볼 수 있겠습니까. 경(敬)은 이 모든 덕행을 가능하게 하는 뿌리이며, 삶의 모든 순간을 의미로 채우는 태도였습니다.

이러한 다산의 철학은 절망의 유배지에서 아들들에게 보

낸 편지에서 더욱 간절하게 드러납니다. 모든 것이 무너져 내린 현실에서 아들들이 쉽게 빠져들 수 있는 위험은 바로 '마음을 놓아버리는 것(방심, 放心)', 곧 무기력과 정신적인 방황이었습니다. 다산은 이를 무엇보다 깊이 경계했습니다.

"오직 경(敬) 한 글자를 마음에 새겨야 한다.
아침에 일어나서부터 잠자리에 들 때까지, 보고 듣고 말하고
행동하는 모든 순간에 이 경(敬)을 놓치지 말아라.
그리하면 마음이 안정되고 지혜가 생겨날 것이다."

다산은 아들들에게 세상을 뒤흔들 공을 세우라 이르지 않았습니다. 대신 지금 눈앞에 놓인 일, 그것이 글공부이든 밭일이든, 그 하나에 온전히 마음을 쏟으라고 가르쳤습니다. 세상이 너희를 버렸다고 하여 너희 자신마저 삶의 존엄을 소홀히 대하지 말라는 가르침이었습니다. 경(敬)의 태도로 하루하루를 살아내는 것만이 절망 속에서 스스로를 지키고, 훗날을 기약할 수 있는 유일한 힘이라 믿었던 것입니다.

다산은 이 경(敬)의 자세를 삶 속에서 구현하고자 스스로에게 끊임없이 각성의 도구를 마련했습니다. 기나긴 유배에서 돌아온 후 거처하던 남양주 본가의 당호(堂號)를 여유당(與猶堂)이라 지은 것이 그 대표적인 예입니다. 이는 '겨울에

시내를 건너는 듯 신중하고, 사방의 이웃을 두려워하듯 경계한다(유, 猶)는 노자(老者)의 구절에서 따온 것입니다. 그는 「여유당기(與猶堂記)」*에서 이 뜻을 구체화하여, 마음이 흔들릴 때 즉시 제동을 거는 두 가지 규칙을 세웠습니다. 할 만해 보여도 의롭지 않으면 멈추고, 남에게 숨겨야 할 일이라면 곧바로 멈추는 것이 그것입니다. 자신이 머무는 공간의 이름에 평생의 좌우명을 새겨, 드나들고 생활하는 모든 순간에 그 뜻을 되새기려 한 것입니다.

인간의 마음은 본래 고요히 머물지 못하고 외물의 자극에 쉽게 흔들리기 마련입니다. 따라서 우리의 삶을 관통하는 견고한 심법(心法)을 세우는 일은 시대와 무관하게 중요합니다. 이는 한 번에 한 가지 일에만 온전히 임한다는 원칙일 수도 있고, 고요히 앉아 하루의 번잡함을 돌아본다는 스스로와의 약속일 수도 있습니다. 중요한 것은 추상적인 가치를 각자에게 울림을 주는 단 하나의 문장으로 벼려내는 일입니다.

그리고 그 문장을 삶의 지표로 삼아 늘 가까이해야 합니다. 책상머리에 붙여두거나, 매일 펼치는 책의 첫 장에 새겨

---

* 정약용 저, 「여유당기(與猶堂記)」. 여유당(與猶堂) 당호의 연원을 『노자(老子)』 제15장 "겨울에 내를 건너는 듯 조심하고, 사방 이웃을 두려워하듯 경계한다(豫兮若冬涉川, 猶兮若畏四鄰)"에서 취해 '여(與)'와 '유(猶)'를 딴 것이라 밝힌 글이다. 남양주 마현 고택 사랑채에 '여유당(與猶堂)' 현판을 걸고, 삶의 규율로 "의로움이 아니면 멈추고, 남에게 숨겨야 할 일이라면 멈춘다(可爲而止, 可隱而止)"를 제시하였다.

두는 것도 좋은 방도입니다. 다산은 아들들에게 「주서여패(晝書夜佩)」라는 개인 규범집을 직접 만들도록 했습니다. 그는 책의 이름까지 정해주고, 뜻을 세우는 법, 낡은 습관을 버리는 법, 흩어진 마음을 거두는 법 등 12개의 편목까지 정해주며 아침저녁으로 암송하고, 책상 위에 항상 두라고 지시했습니다. 이는 흩어지는 마음을 단일한 표적에 붙들어 매 순간 반복하여 되새기는 '경'의 실천을 구체적으로 설계한 것입니다. 그 문장은 마음이 세상의 소란함에 흩어지려 할 때 다시 중심을 잡아줄 추가 될 것이며, 무기력에 잠식당하려 할 때 우리를 다시금 현재로 불러올 경종이 될 것입니다.

수많은 표적이 난립하여 우리를 유혹하는 세상에서 과녁을 잃은 궁수는 화살을 허공에 날릴 뿐입니다. 흩어진 마음을 불러 모아 조준해야 할 단 하나의 과녁을 정하는 것, 이것이 바로 흔들리지 않는 자신을 세우는 또 한 가지의 수신의 원칙입니다.

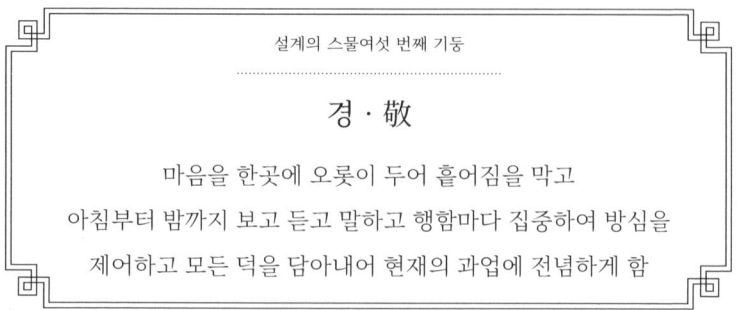

설계의 스물여섯 번째 기둥

경 · 敬

마음을 한곳에 오롯이 두어 흩어짐을 막고
아침부터 밤까지 보고 듣고 말하고 행함마다 집중하여 방심을
제어하고 모든 덕을 담아내어 현재의 과업에 전념하게 함

청렴·清廉
제27장. 스스로에게 떳떳한 삶의 기준

❝ 무엇을 얻든,
결코 무엇과도 바꾸지 말아야 할 것은 무엇인가? ❞

인간은 정말 많은 것을 욕망하며 살아갑니다. 더 많은 부, 더 높은 지위, 더 넓은 명예를 얻고자 스스로를 다그칩니다. 그러나 그 모든 것을 손에 쥔다 한들, 매일 밤 자신의 그림자 앞에 부끄러워 고개 숙여야 한다면 그 삶을 어찌 온전하다 할 수 있겠습니까. 외적인 성취가 아무리 빛나도 내면의 떳떳함을 잃는 순간, 인간은 자기 삶의 귀한 근간을 잃게 되는 것과 같습니다.

다산 정약용에게 청렴(清廉)의 본질은 한 인간이 지켜야 할 최후의 보루이자, 인격의 무게를 가늠하는 저울추와 같았습니다. '청(清)'은 맑음이며, '렴(廉)'은 검소함과 더불어 부끄러움을 아는 마음입니다. 따라서 청렴이란 물질적 탐욕에서 자유로워지는 것을 포함하여, 자신의 행위가 하늘과 스스로의 양심 앞에 한 점 거리낌 없기를 바라는 마음가짐입니다.

다산의 저서 가운데 널리 알려진 『목민심서(牧民心書)』의 핵심을 단 하나의 단어로 압축한다면, 그것은 바로 '청렴'입니다. 그는 목민관이 갖추어야 할 수많은 덕목 가운데, 이 청렴이야말로 '으뜸가는 본래의 직무(本務)'라고 단언했습니다.

"청렴은 수령의 본래 직무이니, 맑은 선(善)의 원천이며 여러 덕(德)의 바탕이다. 청렴하지 않고서 목민관 노릇을 제대로 할 수 있는 자는 아직 없었다."

다산은 청렴하지 못한 자는 백성의 신뢰를 얻을 수 없으며, 그의 정책은 사사로운 이익을 위한 방편으로 여겨져 결국 아무것도 이룰 수 없게 된다고 보았습니다. 그는 뇌물을 탐하는 행위를 어리석은 상사에 빗대었습니다. 작은 이익을 위해 평생 쌓아온 명예와 인격을 한순간에 팔아넘기는 일이기 때문입니다. 오히려 청렴을 '천하의 큰 장사'라 역설적으로 표현하며, 눈앞의 이익을 탐하지 않음으로써 얻게 되는 영원한 명예와 내면의 떳떳함이야말로 값진 결실임을 강조했습니다.

다산의 가르침은 비단 공직자의 길에만 머무르지 않습니다. 저울을 속이지 않는 상인, 배운 바를 왜곡하여 아첨하지 않는 학자, 정직한 솜씨로 물건을 빚는 장인의 모습에서 우리는 청렴의 가치를 발견할 수 있습니다. 이들은 당장의 부당한 이익을 얻을지는 모르나, 결국 자신의 소임에서 중요한 자산인 신뢰를 저버리고 스스로의 존엄을 무너뜨리는 길을 걷게 될 것입니다.

우리의 삶 또한 다르지 않습니다. 인간은 살아가며 크고 작은 유혹의 시험대 위에 섭니다. 누구도 보지 않는 곳에서 원칙을 저버리고 싶은 마음, 작은 거짓으로 곤경을 피하고 싶은 마음, 정당하지 않은 이익의 기회 앞에서 우리는 무엇을 택해야 할까요?

다산은 청렴을 지키는 길이 때로는 손해처럼 보이고 더디게 가는 길임을 알고 있었습니다. 그러나 그는 말합니다. 그 길을 묵묵히 걷는 자만이, 결코 재물로 얻을 수 없는 값진 것을 얻게 된다고 말입니다. 그것은 바로 스스로에 대한 떳떳함과 그로 인한 마음의 평화입니다.

어떠한 외적인 성공도 내면의 부끄러움을 가릴 수 없으며, 어떠한 부귀영화도 스스로를 존경할 수 없는 마음의 고통을 덜어주지 못합니다. 인생이라는 건축물을 세움에 있어, 화려한 장식보다 먼저 갖추어야 할 것이 바로 이 '청렴'이라는 반석입니다. 이 반석 위에 세워진 집만이, 세월의 풍파에도 흔들리지 않는 깊은 가치를 지니게 될 것입니다.

모든 선택과 행위의 준거는 외부에 있지 않고, 바로 자기 내면의 떳떳함에 두어야 합니다. 이것이 바로 흔들리지 않는 삶을 이루는, 설계의 스물일곱 번째 원리입니다.

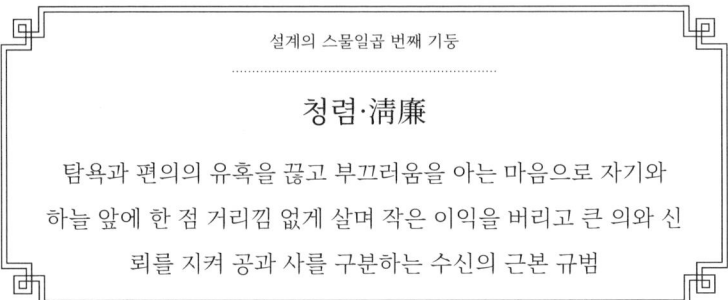

설계의 스물일곱 번째 기둥

청렴·淸廉

탐욕과 편의의 유혹을 끊고 부끄러움을 아는 마음으로 자기와 하늘 앞에 한 점 거리낌 없게 살며 작은 이익을 버리고 큰 의와 신뢰를 지켜 공과 사를 구분하는 수신의 근본 규범

근검·勤儉
제28장. 삶을 다시 일으키는 두 글자

❝ 모든 것이 무너졌을 때,
가장 먼저 손에 쥐어야 할 두 개의 무기 ❞

    인생에는 예기치 않은 몰락의 순간이 찾아옵니다. 공들여 쌓아 올린 사업이 무너지거나, 평생을 바칠 것이라 믿었던 직장에서 밀려나거나, 예기치 못한 재난으로 삶의 기반이 송두리째 흔들릴 때, 우리는 거대한 무력감과 절망에 휩싸입니다. 이처럼 모든 것이 흩어지고 무너져 내린 폐허에서, 우리는 과연 무엇부터 시작해야 할까요?

    수많은 철학적 원리와 고상한 덕목들이 공허하게 들리는 바로 그 절망의 때, 다산 정약용은 우리에게 단 두 글자를 굳게 쥐어줍니다. 그것은 바로 근(勤, 부지런함)과 검(儉, 검소함)입니다. 다산에게 있어 이 두 글자는 삶을 다시 일으키는 현실적이고 강력한 방도였습니다. 그는 특히 '검소함'이란 재물을 아끼는 것에 그치지 않고, 시간과 정신을 갉아먹는 불필요한 관계를 끊어내는 것까지 포함해야 한다고 보았습니다.

『목민심서』에서 쓸데없는 방문과 청탁을 제도적으로 막는 '병객(屛客)' 조항을 둔 것은, 몰락의 시기일수록 체면을 위한 관계 유지 비용부터 단호히 끊어내야 한다는 지혜를 보여줍니다.

근(勤)의 참된 의미는 어지러운 마음을 다스리기 위해 먼저 몸을 움직여 작은 질서라도 세우는 의지의 표현에 있습니다. 마음이 무너져 아무것도 할 수 없을 때, 억지로라도 일어나 주변을 정돈하고, 책상에 앉아 한 글자라도 익히는 행위. '근'은 흩어진 정신을 한데 모으는 밧줄이며, 절망의 무기력에 맞서는 근원적인 힘입니다.

검(儉)의 본질은 타인에게 의존하지 않고 자신의 존엄을 지키는 방편입니다. 검소함은 불필요한 욕망을 줄여, 가진 것만으로 살아갈 수 있는 자립의 토대를 마련합니다. 다산은 이 '검소함'이 사회의 기강을 바로잡는 운영 원리가 되어야 한다고 믿었습니다. 그는 『목민심서』의 「절용(節用)」 조항에서 "절약하여 쓰는 것은 목민관의 첫째가는 임무"라 규정하고, 관청의 물품을 월초에 일괄 납품받아 사용 내역을 명확히 하는 등 구체적인 세칙까지 제시했습니다. 이는 '검'이 필연적인 체계임을 보여줍니다.

이 '근'과 '검'의 가르침이 그토록 절실하게 빛을 발하는 까닭은, 그것이 '폐족(廢族)'이라는 나락으로 떨어진 한 인간, 정약용의 처절한 삶에서 길어 올린 지혜이기 때문입니다. 그는 유배지에서 두 아들에게 보내는 편지에 다른 가르침보다 앞서 이 두 글자를 유언처럼 반복하여 강조했습니다.

> "내가 폐족(廢族)이 된 이후로, 너희들에게 늘 지성으로 타이르는 말이 오직 '근'과 '검' 두 글자뿐이었다. 이 두 글자는 좋은 밭이나 기름진 땅보다도 나은 것이니, 한평생 써도 다 쓰지 못할 복이 될 것이다."

다산은 역적의 자식이 되어 아무런 사회적 기반도 물려받지 못할 아들들에게, '근'과 '검'이야말로 기댈 수 있는 견고한 자산임을 설파했습니다. 부지런히 스스로의 쓸모를 일구고, 검소하게 스스로를 지켜낼 수만 있다면, 세상의 어떤 환난 속에서도 결코 무너지지 않으리라는 아버지의 간절한 믿음이었습니다.

이 두 글자가 지닌 힘은 예기치 않은 좌절을 겪는 이들에게 스스로를 일으켜 세울 방도를 일러줍니다. 캄캄한 절망에 빠졌을 때, 먼저 해야 할 일은 거창한 계획을 세우는 것이 아닙니다. 먼저 '근'의 원리에 따라 정해진 시간에 몸을 일으키고, 흩어진 주변을 정돈하며, 묵혀둔 책의 한 구절이라도 읽는 것입니다. 이처럼 작은 행동으로 하루의 질서를 회복하는 것이, 무너진 삶의 질서를 되찾는 첫걸음이 됩니다.

동시에 '검'의 원리에 따라 분수에 넘치는 욕심을 경계하고 의식주를 간소히 하여, 타인에게 의탁하지 않을 기반을 다져야 합니다. 이는 다시 일어설 시간을 벌고 삶의 본질에 집중하겠다는 굳은 결단입니다.

'근'이 새로운 길을 내는 공격의 창이라면, '검'은 나의 자립을 지키는 수비의 방패입니다. 이 두 가지만 손에 굳게 쥘 수 있다면, 우리는 어떤 폐허 위에서도 다시 살아갈 힘과 시간을 얻게 됩니다. 재산을 잃고 명예를 잃었다고 생각되는 순간에도, 결코 놓지 말아야 할 마지막 두 글자. 이것이 바로 흔들리지 않는 삶을 축조하는 설계의 스물여덟 번째 원리입니다.

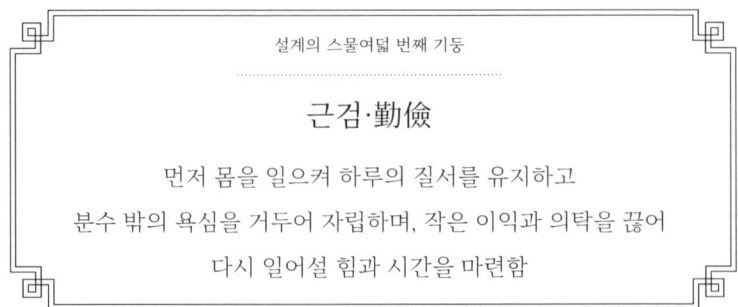

설계의 스물여덟 번째 기둥

근검·勤儉

먼저 몸을 일으켜 하루의 질서를 유지하고
분수 밖의 욕심을 거두어 자립하며, 작은 이익과 의탁을 끊어
다시 일어설 힘과 시간을 마련함

의 · 義
제29장. 사사로움을 이기는 의로움의 힘

❝ 이익과 원칙이 충돌할 때,
무엇을 선택할 것인가?❞

인간의 모든 행위는 하나의 가치를 선택하고 다른 가치를 포기하는 결단의 연속으로 이루어집니다. 그 결단의 기로에서 우리는 언제나 두 갈래의 길과 마주합니다. 하나는 눈앞의 이득과 안락을 향한 길이며, 다른 하나는 불편과 손해를 감수하더라도 마땅히 지켜야 할 원칙의 길입니다. 자신의 이익을 위해 타인의 손해를 외면하는 마음과, 불편한 진실 앞에서 기꺼이 손실을 감내하는 마음 사이의 갈등. 이 모든 대립은 결국 '이로움(리, 利)'을 추구할 것인지, 아니면 '의로움(의, 義)'을 지킬 것인지를 묻는 하나의 근원적 물음으로 집약됩니다.

다산 정약용에게 '의(義)'와 '리(利)'의 갈등은 한 인간의 인격 전체를 걸고 벌이는 중요한 싸움이었습니다. 의(義)는 양 양(羊) 아래 나 아(我)를 받친 글자로, 자신을 희생해서라도 마땅히 지켜야 할 올바름을 뜻합니다. 반면 리(利)는 사사로운 이익과 욕망을 가리킵니다. 다산은 군자와 소인을 구별 짓는 기준이 바로 이 갈림길에서의 선택에 있다고 보았습니다. 군자는 의로움을 좇고, 소인은 이로움을 좇기 때문입니다.

물론 현실주의자인 다산은 의로움을 맹목적인 이상으로만 제시하지는 않았습니다. 그는 인간이 본능적으로 이익을 추구하는 존재임을 인정하며, 의로움을 저버리고 얻은 이로움이 결국 더 큰 화를 부르는 어리석은 선택임을 현실의 관점에서 논증하고자 했습니다.

『목민심서(牧民心書)』에서 그는 지방관들에게 이렇게 경고합니다.

"뇌물은 매우 비밀스럽게 오고 가지만, 결국 드러나지 않는 경우가 없다. [...] 이로움을 탐하다가 몸을 망치는 자는 예나 지금이나 똑같으니, 어찌 지혜롭다 하겠는가?"

눈앞의 뇌물이라는 '리(利)'를 탐하는 것은 청렴이라는 '의(義)'를 저버리는 행위입니다. 이는 잠깐의 이익처럼 보일지 모르나, 발각되었을 때 관직과 명예는 물론 목숨까지 잃게 되는 위험한 거래입니다. 다산은 오히려 '의(義)'를 지키는 행위가 확실하고 장기적인 이익을 가져온다고 역설합니다. 청렴하고 의롭게 소임을 다하는 이는 당장의 재물은 얻지 못할지라도, 사람들의 신뢰와 존경을 얻어 어떤 위기에서도 자신의 자리를 굳건히 지킬 수 있기 때문입니다. 의로움이야말로 안전하고 큰 이익을 남기는 길이라는 통찰이었습니다.

다산 자신의 삶이 바로 이 '의(義)'의 무게를 극적으로 보여주는 증거입니다. 그는 정적들의 압박 앞에서 동료를 저버리고 거짓을 고하면 유배를 면할 수 있는 '이(利)'의 유혹을 받았습니다. 그러나 그는 그 길 대신 신념을 지키는 '의(義)'의 길을 택했고, 그 대가로 18년의 고난을 감수해야 했습니다. 그는 눈앞의 안위를 버리고 모든 것을 잃었지만, 그 선택을 통해 '의로운 사상가'라는 영원한 이름을 얻었습니다.

인간의 삶은 매 순간 의(義)와 리(利)의 시험대 위에 놓입니다. 상인이라면 이익을 위해 저울을 속이고픈 유혹과 정직한 상도를 지켜야 하는 원칙 사이에서 갈등하고, 관원이라면 사사로운 청탁에 따라 판결을 바꾸고픈 충동과 공정한 법도를 따라야 하는 신념 사이에서 번민합니다.

'의(義)'를 지키는 길은 때로 손해처럼 보이고, 고독하며, 세상 물정 모르는 어리석음으로 비칠지도 모릅니다. 그러나 그 모든 단기적인 손실을 감수하고서라도 '의(義)'를 지켜냈을 때, 재물이나 지위와는 비교할 수 없는 값진 자산, 곧 스스로에 대한 존경심과 타인으로부터의 흔들리지 않는 신뢰를 얻습니다.

신뢰를 잃은 부는 모래 위의 성이며, 존경을 잃은 권력은 칼날 위에서 춤을 추는 것과 같습니다. 인생이라는 건축물은 지켜온 의로움의 총합을 주춧돌 삼아 굳건히 섭니다. 그 위에 쌓아 올린 이익은 장식일 뿐입니다. 한 인간의 모든 행위는 결국 이 주춧돌을 더욱 단단히 다지는 일이거나, 스스로 갉아 먹는 일이 될 뿐입니다. 이것이 바로 흔들리지 않는 삶을 세우는, 설계의 스물아홉 번째 원리입니다.

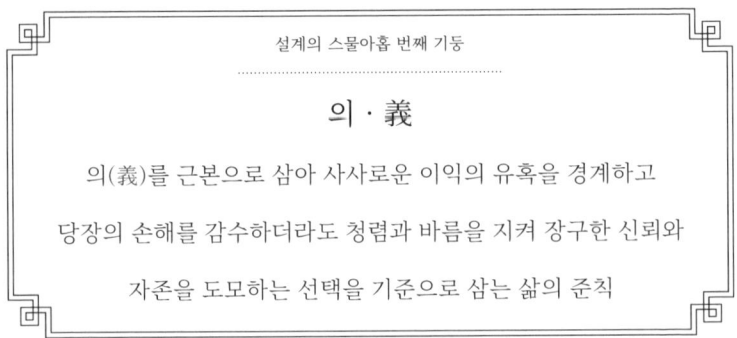

설계의 스물아홉 번째 기둥

의 · 義

의(義)를 근본으로 삼아 사사로운 이익의 유혹을 경계하고
당장의 손해를 감수하더라도 청렴과 바름을 지켜 장구한 신뢰와
자존을 도모하는 선택을 기준으로 삼는 삶의 준칙

좌우명 · 座右銘
제30장. 마음을 묶어두는 나만의 약속

" 나태해질 수 있는 모든 가능성을 차단하는 법 "

인간은 항상 굳은 결심을 합니다. 새로운 뜻을 세우고 원칙을 지키겠다 다짐하며 더 나은 존재가 되겠다고 맹세합니다. 그러나 인간의 마음이란 얼마나 쉽게 변하는 것입니까. 어제의 굳은 결심은 오늘의 안일함 앞에서 희미해지고, 내일의 유혹 앞에서는 속절없이 무너져 내리곤 합니다. 오늘의 '현명한 나'는, 내일 나타날 '나약한 나'를 통제할 방법이 없는 것일까요?

다산 정약용은 인간 의지의 본질적 한계를 다스리기 위한 구체적이고 강력한 방도를 제시합니다. 그것은 바로 자신의 중요한 원칙을 한 문장으로 벼려내어, 그것을 물리적인 형태로 곁에 두고 평생을 경계하는 것, 곧 좌우명(座右銘)을 갖는 일입니다.

　좌우명이란 글자 그대로 자리(좌, 座)의 오른쪽(우, 右)에 새겨두는(명, 銘) 글을 의미합니다. 좌우명의 참된 가치는 '명(銘)', 즉 '새긴다'는 행위 자체에 있습니다. 새긴다는 것은 돌이나 쇠에 글자를 파넣듯 결코 지워지지 않을 흔적을 남기는 것입니다. 다산에게 좌우명이란, 오늘의 강한 내가 미래의 나약한 나에게 보내는 지워지지 않는 명령서이자, 자신의 마음을 스스로 묶어두는 견고한 족쇄였습니다.

　이 좌우명은 다산 사상의 근간을 이루는 경(敬)의 자세와 만날 때 비로소 온전한 힘을 발휘합니다. '경'이 순간순간 마음을 깨어있게 하는 무형(無形)의 '상태'이자 동력이라면, 좌우명은 그 깨어있는 마음이 나아가야 할 방향을 알려주는 유형(有形)의 '지침'이자 방향타입니다. 경의 자세가 없는 좌우명은 힘없는 장식품에 그치고, 좌우명이라는 푯대가 없는 경의 마음은 목적지를 잃기 쉽습니다. 둘은 이처럼 서로를 보완하며 온전한 하나를 이룹니다.

　다산은 좌우명을 스스로를 경계하는 글로 보았습니다. 좌우명이란 자신의 치명적인 약점과 빠지기 쉬운 유혹을 겨냥하여, 그것을 끊임없이 감시하고 채찍질하는 날카로운 경고문이어야 합니다. 마음이 나태해지려 할 때, 불의와 타협하려 할 때, 좌우명은 곁에 앉은 침묵의 스승이 되어 우리를 꾸짖고 본래의 길로 되돌려 놓습니다.

그렇기에 좌우명은 타인에게 보이기 위한 장식품이 될 수 없습니다. 그것은 개인적이고 절실한 약속의 증표가 되어야 합니다.

다산 자신의 삶을 돌아볼 때, 그의 평생을 지배한 하나의 좌우명이 있었다면 그것은 '경세치용(經世致用)'과 '실사구시(實事求是)'였을 것입니다. 그는 자신의 모든 학문이 반드시 세상을 이롭게 하고 현실에서 증명되어야 한다는 대원칙을 잊지 않았습니다. 조정의 관료였을 때도, 절망의 유배지에 있었을 때도, 이 원칙은 그의 삶이라는 배가 나아갈 방향을 일러주는 등대와 같았습니다.

그렇가면 우리는 어떤 좌우명을 가져야 할까요? 그 답은 각자의 삶에서 바로잡고 싶은 허물에서 찾을 수 있습니다. 타인의 시선에 자주 흔들리는 이라면 나를 위한 공부, 위기지학(爲己之學)을, 이익의 유혹에 약한 이라면 '의로움을 지키는 삶(義)'을 곁에 둘 수 있을 것입니다. 게으름이 문제인 이는 '부지런함(勤)'을, 낭비가 심한 이는 '검소함(儉)'을, 말이 앞서는 이는 '말을 삼가는 것(신언, 愼言)'을 새길 수 있습니다.

중요한 것은 그 원칙을 자신만의 절실한 문장으로 만들고, 그 문장을 물리적인 형태로 '새기는' 일입니다. 서책의 첫 장에 적어 매일 스스로를 일깨우거나, 나무판에 새겨 책상 위에 두거나, 벼루나 인장에 새겨 늘 곁에 두는 행위. 이처럼 추상적인 다짐을 눈으로 보고 만질 수 있는 사물로 만드는 것이 바로 '명(銘)'의 본질입니다. 좌우명은 우리가 세운 내면의 원칙들이 시간의 흐름에 부식되지 않도록 지켜주는 방부제이며, 삶이라는 건축물이 설계도대로 지어지도록 감시하는 감독관이 되어줄 것입니다.

미래의 자신에게 어떤 약속을 새겨주는가에 따라, 앞으로 살아갈 인생의 무게가 결정됩니다. 이것이 바로 흔들리지 않는 삶을 세우는, 설계의 서른 번째 원리입니다.

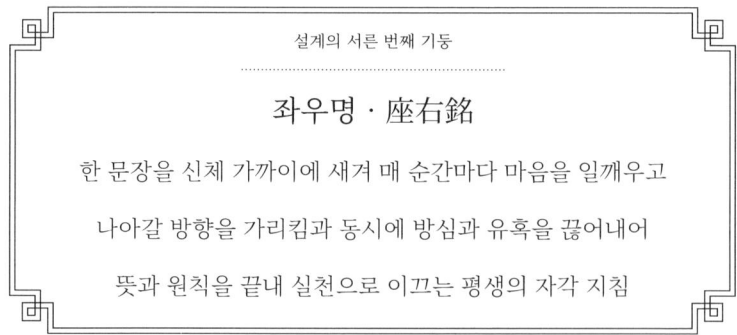

설계의 서른 번째 기둥

좌우명 · 座右銘

한 문장을 신체 가까이에 새겨 매 순간마다 마음을 일깨우고
나아갈 방향을 가리킴과 동시에 방심과 유혹을 끊어내어
뜻과 원칙을 끝내 실천으로 이끄는 평생의 자각 지침

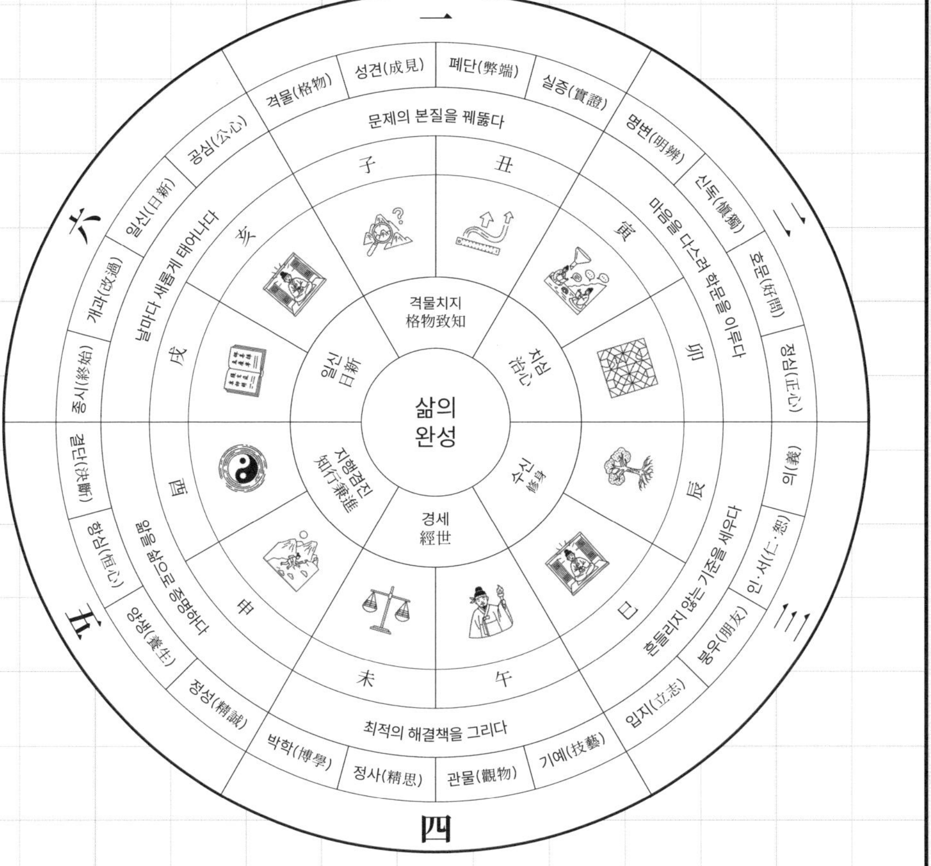

4부 — 최적의 해결책을 그리다

부문	경세(經世)
작성자	다산 정약용
작성지	전라 강진 다산초당, 경기도 남양주 여유당
작성시기	1801년-1825년
참고도면	경세유표, 목민심서, 흠흠신서, 아방강역고

물유본말·物有本末
제31장. 모든 것에는 이치가 있다

❝ 문제를 해결하기 전에
반드시 먼저 알아야 할 것은 무엇인가? **❞**

1장에서 보았던 '격물(格物)'이 우리로 하여금 문제의 실체를 바로 보게 하고, '근본(根本)'이 그 속에서 핵심 원인을 가려내게 한다면, 이 두 가지를 활용하여 해결책의 길을 내는 설계 원리가 바로 '물유본말(物有本末)'입니다. 꿰뚫어 본다는 것과 해결한다는 것은 별개의 문제입니다. 문제의 핵심을 정확히 조준했다 해도, 어느 지점에서 어떻게 힘을 가해야 최소의 노력으로 최대의 효과를 얻을 수 있는지 알지 못하면 모든 수고는 헛되이 흩어지고 맙니다.

선한 의지가 나쁜 결과를 낳는 경우가 바로 이 때문입니다. 먼저 힘을 가해야 할 뿌리를 놓아둔 채, 눈앞에 보이는 가지의 문제부터 해결하려 할 때 우리의 모든 노력은 방향을 잃게 됩니다.

　다산 정약용은 바로 이 해결책 설계의 순서를 위해 『대학(大學)』의 '물유본말(物有本末)', 즉 '사물에는 근본과 말단이 있다'는 가르침을 가져옵니다. 이는 반드시 근본(本)을 먼저 다스리면 말단(末)은 저절로 해결된다는, 일의 선후(先後) 관계를 밝히는 전략적 원리입니다.

　억울한 옥사(獄事)를 다루는 그의 법제 원리가 이를 명확히 보여줍니다. 먼저 다산은 격물(格物)의 자세로 사건의 실체를 파악합니다. 그는 『흠흠신서(欽欽新書)』에서 감정이나 심증이 아닌 실증을 찾으라 이르며, 법의학 지식을 동원해 시신을 검증하는 구체적인 지침을 제시합니다. 목을 맨 흔적이 목 전체를 둘렀는지, 독을 확인하기 위해 은비녀를 사용하는 법 등 객관적 사실을 수집하는 절차를 첫머리에 둡니다. 다음으로 그는 근본을 규명합니다. 여러 상처가 있다면 어느 것이 결정적 사인인지 가려내 주범과 종범을 나누고, 자백이나 풍문보다 검시 결과를 확고한 사실관계의 뿌리로 삼습니다. 이 과정을 거쳐 그는 마침내 해결책의 순서를 설계합니다. 먼저 시신을 검시하여 기록하고 물증으로 사인을 확정한 뒤, 마지막 단계로 피의자 신문으로 나아가는 것입니다. 자백부터 받아내려는 말단 우선의 관행이 고문과 오판을 낳기에, 근본을 먼저 세우는 이 순서를 뒤집어서는 안 된다는 것이 그의 결론이었습니다.

흉년을 다스리는 구휼 정책 또한 마찬가지입니다. 다산은 『목민심서』「진황육조(賑荒六條)」에서 먼저 격물의 자세로 현지의 실태를 정확히 계량하라고 말합니다. 고을의 곡물 보유량, 흉작의 정도, 유민의 상황 등을 실지 보고하게 하여 재난의 규모를 파악하는 것입니다. 이어서 그는 문제의 근본을 규명합니다. 굶주림의 근본적인 원인은 배급 기술에 있는 것이 아니라 '곡물의 확보 체계와 분배 원칙의 부재'에 있다고 보고, 대처의 첫 단계를 '비자', 즉 예비 물자를 비축하고 조달 경로를 확보하는 것으로 못 박습니다. 그리고 이를 바탕으로 해결책의 순서를 설계합니다. 먼저 비축과 조달 체계를 확립하고 분배의 원칙과 대상을 설계한 연후에야, 비로소 구호 시설을 설치하여 집행하고 사후 결산으로 나아가는 것입니다. 처벌과 단속만으로는 구휼이 지속될 수 없으니, 먼저 '곡물과 재원'이라는 근본 동력을 확보하라는 것입니다.

이처럼 먼저 근본을 다루는 다산의 태도는, 해결책을 설계하는 이가 갖추어야 할 자세를 보여줍니다. 그가 『목민심서』에서 관직에 부임하는 첫날부터 미리 규모를 세운 뒤 업무를 시작하라 이른 것 또한 같은 맥락입니다. 눈앞의 현상을 해결려는 조급한 욕망보다, 그 현상을 낳은 이치를 해결할 단 하나의 과업을 설계하려는 지혜가 먼저 와야 한다는 가르침입니다.

한 사람과의 관계가 어긋날 때, 반복되는 다툼을 멈추려 애쓰는 것은 올바른 순서가 아닙니다. 먼저 서로의 성정과 기질이라는 근본을 이해하는 과정을 거쳐야 합니다. 새로운 것을 익히려 할 때에도 빠른 성과를 좇기보다, 그 배움의 기초가 되는 체계를 세우는 일이 먼저입니다. 주춧돌을 놓지 않고 기둥부터 세우려는 시도는 반드시 실패하게 마련입니다.

근본을 먼저 다루지 않는 모든 노력은 헛될 뿐 아니라, 오히려 말단의 상황을 더욱 악화시키는 독이 될 수 있습니다. 해결하고자 하는 문제의 현상들을 잠시 내려놓고, 그 모든 것을 일으키는 단 하나의 근본을 찾아내야 합니다. 그리고 오직 그것을 해결하기 위한 첫 번째 행동을 설계해야 합니다.

문제의 근본과 말단을 판별하고, 근본을 해결하는 일을 첫 번째 순서로 삼는 것. 이것이야말로 최적의 해결책을 그리는 핵심적인 첫 번째 설계 방법입니다.

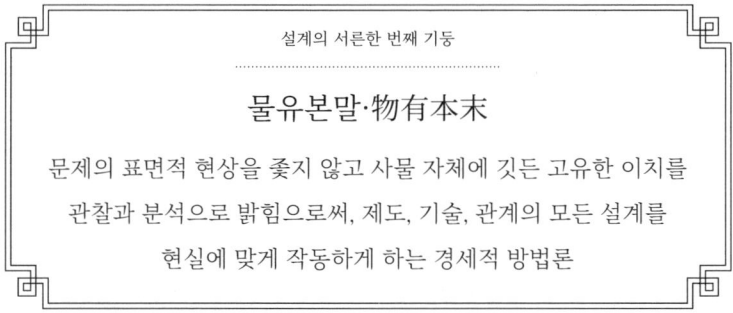

설계의 서른한 번째 기둥

물유본말·物有本末

문제의 표면적 현상을 좇지 않고 사물 자체에 깃든 고유한 이치를 관찰과 분석으로 밝힘으로써, 제도, 기술, 관계의 모든 설계를 현실에 맞게 작동하게 하는 경세적 방법론

절차탁마 · 切磋琢磨
제32장. 넓게 배우고 정밀하게 생각하라

> **❝** 정보와 지식을
> 어떻게 통찰력 있는 아이디어로 바꾸는가?**❞**

때로는 앎이 쌓일수록 도리어 지혜가 흩어지는 역설이 나타납니다. 수많은 경전과 사서, 제자백가의 가르침이 눈앞에 펼쳐져 있어도, 그것들이 낱장의 지식으로 흩어져 있다면 사유의 깊이를 더하기보다는 오히려 판단을 마비시키는 방향으로 작용할 수도 있습니다. 수많은 것을 '알고 있다'고 여길지라도, 정작 그 앎들을 꿰어 하나의 의미 있는 '통찰'로 만들지 못할 수 있습니다. 이러한 상황에서는 흩어진 지식의 더미에서 길을 잃지 않고, 그것들을 빛나는 지혜로 깎고 다듬어내는 방도가 절실히 요구됩니다.

다산 정약용은 평생에 걸쳐 이 문제를 고뇌했고, 그 해법을 절차탁마(切磋琢磨)라는 네 글자에서 찾았습니다. 본래 『시경(詩經)』*에서 유래한 이 말은, 뼈와 옥돌을 자르고(절,

---

* 『시경』 위풍 「기오」. "여절여차 여탁여마(如切如磋 如琢如磨)" 구절에서 '절차탁마'의 관용어가 유래한다. 본디 뼈와 옥을 자르고 갈아 다듬는 장인의 공정을 비유하여, 학문과 덕을 날로 연마한다는 뜻으로 확장되었다.

切), 쓸고(차, 磋), 쪼고(탁, 琢), 가는(마, 磨) 과정을 통해 하나의 예술품을 빚어내는 장인의 작업을 비유합니다. 다산에게 앎의 완성이란, 바로 이처럼 거친 원석을 깎고 다듬어 영롱한 보배를 만드는 것과 같은 고된 연마의 과정이었습니다.

물론, 위대한 장인이라도 다듬을 원석(原石) 없이는 아무것도 만들 수 없습니다. 절차탁마의 첫걸음은 바로 학문의 재료가 될 지식을 편견 없이 널리 모으는 박학(博學)의 단계입니다. 다산은 어떤 사물의 이치(理致)를 파악하기 위해, 결코 하나의 관점이나 학설에만 매몰되어서는 안 된다는 회통의 학문을 추구했습니다. 그는 하나의 경전을 연구하고자 수백 종의 서로 다른 주석서를 비교 검토하는 집요함을 보였는데, 가능한 모든 원석을 모아 펼쳐놓고 비교할 때 비로소 각 재료의 특징과 흠결을 알 수 있듯, 모든 견해를 살필 때 진리의 실마리가 드러난다고 믿었기 때문입니다.

가령 그는 『아방강역고(我邦疆域考)』*에서 고대사의 강역을 밝히기 위해 『삼국사기』, 『동국여지승람』 등 관련 문헌을 촘촘히 대조하여 지명과 위치를 비정(比定)해 나갔습니

---

* 정약용 저, 아방강역고(我邦疆域考)』 (1811). 사료 대조와 지명 비정의 방법으로 삼국 시대 이래 한반도의 강역과 고지명을 체계적으로 고증한 역사지리서. 『삼국사기』, 『동국여지승람』 등 국내 사서와 중국 사료를 촘촘히 대조하여 지명과 위치를 비정하는 방법론을 구사하였다.

다. 이는 먼저 가능한 모든 자료를 끌어모아 원석의 질과 흠을 가리는 '박학'의 공정을 끝까지 밀어붙인 것입니다.

그러나 좋은 원석을 모았다고 저절로 보배가 되는 것은 아닙니다. 바로 이 대목에서 다산은 본격적인 연마의 과정, 즉 '절차탁마'의 힘을 강조합니다. 그는 널리 배우는 것은 정밀하게 생각하기 위함이라 하여, 박학이 곧 절차탁마를 위한 준비라 했습니다. 이 과정은 네 단계로 이루어집니다. 먼저 날카롭게 잘라내듯 거짓된 지식과 불필요한 정보를 쳐내고, 줄로 쓸어내듯 거친 논리를 반듯하게 다듬습니다. 그 후 정으로 쪼아내듯 여러 견해 속에 숨은 핵심을 찾아내고, 마지막으로 부드럽게 갈아내듯 자신만의 통찰을 빛나는 보석으로 완성하는 것입니다.

그렇다면 이 지성의 연마는 구체적으로 어떻게 이루어질까요? 먼저 절(切)이란 흩어진 자료를 분석해 '이것이 참인가?'를 묻는 실증(實證)의 과정입니다. 출처가 불분명하거나 이치에 맞지 않는 앎을 과감히 덜어내는 것입니다. 차(磋)는 남은 앎의 논리적 결함을 살피는 과정입니다. 전제와 결론이 타당하게 연결되는지, 감정이나 비약에 기대고 있지는 않은지를 따져 이성의 숫돌에 반듯하게 갈아냅니다. 탁(琢)은 반듯하게 다듬어진 지식들 속에서 핵심 원리, 즉 근본(根本)을 꿰뚫는 과정입니다. 여러 현상을 관통하는 단 하나의 이치를 밝혀내는 것입니다. 마지막으로 마(磨)는 그렇게 찾아낸 핵심을 자신만의 언어로 명료하게 벼려내고 다른 문제에도 적용해보는 과정입니다. 이 단계를 거칠 때, 비로소 타인의 지혜는 나의 것이 됩니다.

다산은 이러한 연마의 과정을 감각에만 의존하지 않고 엄밀한 방법론으로 구현하고자 했습니다. 『주역사전(周易四箋)』*에서 그는 추이(推移)와 물상(物象) 등 네 가지 해석 원칙인 역사법(易四法)을 제시하고, 서두에 〈괄례표(卦例表)〉라는 도표로 독해 절차를 도식화했습니다. 이는 '자르고 쓸고 쪼고 가는' 순서를 하나의 규범으로 만들어, 절차탁마를 학문의 방법론으로 체계화한 시도였습니다.

다산은 이 박학과 절차탁마가 분리될 때 발생하는 위험을 명확히 알고 있었습니다. 박학이 없는 절차탁마는 허공에 조각을 하려는 시도와 같아서 근거 없는 공상(空想)으로 흐르기 쉽습니다. 충분한 재료의 검토 없이 자신의 머릿속에서만 나온 생각은 독단과 편견에 빠집니다. 반대로, 절차탁마가 없

---

* 정약용 저, 『주역사전(周易四箋)』(1808,). 역학 해석의 절차를 '추이·물상·호체·효변'의 네 가지 원칙으로 정식화하고, 서두에 〈괄례표(卦例表)〉를 제시해 독해 순서와 절차를 도식화하였다. 주역사전은 널리 모은 자료를 정밀한 사유로 정련하는 체계적 방법론을 제시한 역작이다.

는 박학은 쓸모없는 원석 더미를 쌓아두는 것에 머무르고 맙니다. 아무리 많은 돌을 모아도 그것을 꿰고 다듬어 예술로 만들지 못하면, 그는 학자가 아니라 무거운 돌무더기를 이고 가는 지게꾼에 불과합니다.

그의 예학(禮學) 연구는 박학과 절차탁마가 완벽한 균형을 이룬 대표적인 사례입니다.

그는 『상례사전(喪禮四箋)』*에서 방대한 상례(喪禮) 논의를 체계적으로 정리하고, 요약서인 『상의절요(喪儀節要)』에는 〈오복연혁표(五服沿革表)〉와 같은 도표를 실어 복잡한 이론을 한눈에 파악할 수 있는 '공정표'처럼 압축했습니다. 여기서 더 나아가 상복에 쓰는 관(冠)의 구조까지 직접 고증하여 그 형태와 용법을 바로잡는 개선안을 제시했으니, 흩어져 있던 전례들을 널리 모으고(博學), 실제 사용 가능한 규범으로 정련(精鍊)한 것입니다.

인간의 지적 활동은 한쪽으로 치우치기 마련입니다. 어떤 이는 방대한 원석을 모으는 데서 만족감을 얻을 뿐, 그것을 깎고 다듬는 수고를 꺼립니다. 또 어떤 이는 조각칼만 든 채

---

* 정약용 저, 『상례사전(喪禮四箋)』(1807). 『의례』 및 주자 예학 등을 광범히 대조해 상례 항목을 조목별로 정리한 예학 총서로, 요약본 『상의절요(喪儀節要)』에 〈오복연혁표(五服沿革表)〉 등 도표를 실어 복잡한 상복 체계를 일람 가능하게 정리하였다.

다듬을 돌 하나 없이 사색에만 잠겨 있습니다. 전자는 다듬지 않은 돌만 가득 쥔 채 자랑하는 이요, 후자는 보석 하나 없이 빈 조각칼만 들고 있는 이와 같습니다.

하나의 문제를 해결하고자 한다면, 먼저 그와 관련된 모든 견해를 편견 없이 살피고(박학), 그 후에 고요히 앉아 앎의 원석 더미를 자르고, 쓸고, 쪼고, 갈아내는 절차탁마의 과정으로 하나의 빛나는 이치를 꿰뚫어야 합니다. 수많은 원석을 모으는 능력보다, 그것들을 하나의 보배로 빚어내는 능력이 중요한 법입니다.

자르고, 쓸고, 쪼고, 갈아내는 지성의 연마. 이것이야말로 혼돈 속에서 질서를 창조하고, 평범한 지식 속에서 비범한 통찰을 길어 올리는 설계의 서른두 번째 원리입니다.

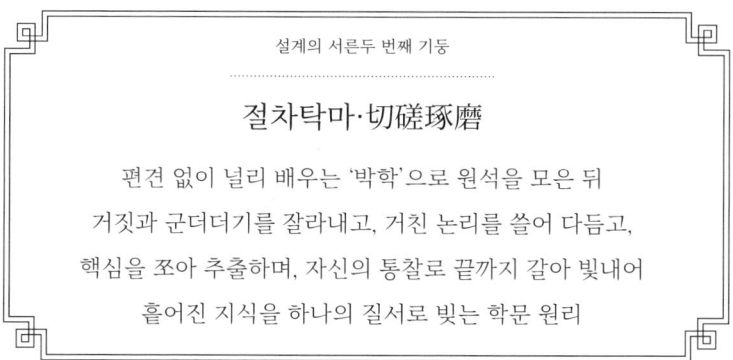

설계의 서른두 번째 기둥

절차탁마・切磋琢磨

편견 없이 널리 배우는 '박학'으로 원석을 모은 뒤
거짓과 군더더기를 잘라내고, 거친 논리를 쓸어 다듬고,
핵심을 쪼아 추출하며, 자신의 통찰로 끝까지 갈아 빛내어
흩어진 지식을 하나의 질서로 빚는 학문 원리

체계·體系
제33장. 해결의 뼈대를 세우는 법

> **" 머릿속에 흩어진 지식을
> 어떻게 실용적인 무기로 만드는가? "**

우리의 삶과 세상은 풀어야 할 크고 작은 문제들로 가득 차 있습니다. 가끔은 여러 문제가 거대한 하나의 덩어리처럼 느껴져 어디서부터 손을 대야 할지 막막하고, 그 무게에 짓눌려 주저앉기도 합니다. 그러나 문제의 어려움은 그 크기 자체가 아니라, 그것이 얼마나 뒤엉켜 있는가에 있습니다. 해결의 실마리는 문제의 핵심을 꿰뚫어 보고, 얽혀있는 요소들을 하나씩 풀어내는 분류(分類)와 체계(體系)의 힘에서 비롯됩니다.

다산은 나라가 직면한 부패, 민생의 피폐함과 같은 거대한 문제 앞에서 한탄만 하지 않았습니다. 그는 문제의 현상을 기록하고, 원인을 분석하며, 각 사안에 맞는 해결책을 조목조목 나누어 『목민심서』, 『경세유표』와 같이 해결을 위한 체계를 세웠습니다. 다산에게 분류와 체계는 혼란한 세상을 바로잡는 실천의 설계도였습니다.

다산이 분류와 체계를 통해 해결의 길을 만들어간 이유는 다음과 같습니다.

첫째, 문제의 본질을 드러내기 위함이었습니다. 거대해 보이는 문제일수록 그 안에는 핵심 원인, 파생된 현상, 부수적인 문제들이 뒤섞여 있습니다. 다산은 이들을 엄격히 분류하여 문제의 지도를 그렸습니다. 가령 백성이 굶주리는 문제가 있다면, 그것이 가혹한 수탈 때문인지, 농업 기술의 부재 때문인지, 아니면 재해 때문인지를 명확히 나누어 살폈습니다.* 이렇게 문제의 뼈대를 드러내면, 먼저 힘을 쏟아야 할 곳이 어디인지 명확해지며 헛된 노력을 막을 수 있습니다.

둘째, 가장 효과적인 해결책을 찾기 위함이었습니다. 문제의 원인이 밝혀지면, 그에 맞는 해결책 또한 분류하여 최적의 방안을 찾아야 합니다. 다산은 하나의 문제를 두고 단기적인 처방과 장기적인 대책, 인력을 써야 할 일과 제도를 바꾸

---

* 조선의 구휼 체계는 의창, 상평창, 진휼청으로 운영되었다. 다산은 『목민심서』 구황 조목에서 기근 시 창곡 방출 절차, 급양 순서, 장부 서식을 고을 단위로 명시했다.

어야 할 일을 구분했습니다. 당장 굶주리는 백성에게는 창고를 여는 것이 급선무일 것이나, 근본적인 해결을 위해서는 조세 제도를 개혁하고 새로운 농법을 보급하는 체계적인 접근이 필요했기 때문입니다. 이처럼 해결책을 분류하면, 상황과 역량에 맞는 이치에 맞는 길을 선택할 수 있습니다.

셋째, 해결책을 지속 가능한 제도로 만들기 위함이었습니다. 한 번의 해결은 임시방편에 그치기 쉽습니다. *다산은 해결의 과정을 절차와 규범으로 체계화하여, 누가 그 자리에 있더라도 동일한 원칙에 따라 문제를 처리할 수 있는 제도를 만들고자 했습니다.『목민심서』는 다산이라는 한 명의 천재가 없더라도, 목민관이라면 누구나 따를 수 있는 표준화된 해결책의 체계였습니다.** 잘 세워진 체계는 특정 개인의 역량을 넘어, 공동체 전체를 지탱하는 견고한 구조가 됩니다.

여기서 얻는 깨달음은 문제를 나눠 분류하는 순간, 해결이 이미 시작된다는 사실입니다. 문제의 실체도 모른 채 불안과 조급함에 휩싸여 있을 때, 우리는 문제의 노예가 됩니다. 그러나 차분히 앉아 문제의 구성 요소를 나누고, 원인과 결과

** 다산은『목민심서』에서 송사, 호적, 역역, 구휼, 권농 등 업무를 12목 72조로 세분하고 항목별 점검표를 붙였다. 편제의 근거가 된 사례는 강진 (전남, 1801-1818) 강학과 서간에서 축적되었다.

를 기록하며, 할 수 있는 일과 할 수 없는 일을 분류하기 시작하면, 우리는 비로소 문제의 주인이 됩니다. 대상을 파악하고 정의하는 행위 자체가 강력한 통제이기 때문입니다.

따라서 분류와 체계의 측면에서 다산의 지혜를 현실에서 구현하는 길은 다음의 두 가지 방법으로 요약할 수 있습니다.

그 첫 번째 방법은 문제를 해부(解剖)하고 이름을 붙이는 것입니다. 어떤 어려움에 직면했을 때, "일이 복잡하다"라고 뭉뚱그리지 마십시오. 백지를 꺼내 그 복잡함을 이루는 조각들을 모두 적어 보십시오. '자원의 부족', '관계의 갈등', '계획 부재'와 같이 각 조각에 이름을 붙여 보십시오. 정체를 알 수 없던 거대한 괴물은, 이름을 붙이는 순간 다룰 수 있는 여러 마리의 작은 짐승으로 변모합니다.

그 두 번째 방법은 병증에 따라 약재를 나누는 것입니다. 명의가 환자의 병증에 따라 각기 다른 약재를 꺼내어 처방을 내리듯, 해부된 문제들에 맞는 해결의 방책들을 나누어 정리하는 것입니다. 즉시 취해야 할 응급 처방, 시간을 들여 다스려야 할 근본적인 치료, 외부의 힘을 빌려야 할 협력의 방안 등으로 방책의 성격을 나누어 보십시오. 이렇게 각 문제와 그에 맞는 해결책을 짝지어 두면, 우왕좌왕하지 않고 침착하게 다음 행동으로 나아갈 수 있습니다. 이는 막연한 불안을 구체적인 처방전으로 바꾸는 과정입니다.

복잡한 문제 앞에서 무작정 헤매는 것은 용기라고 할 수 없습니다. 한 걸음 물러나 그것을 분류하고 체계를 세워 길을 찾는 것이 지혜입니다. 눈앞의 난관을 해부하고, 해결의 방안들을 체계적으로 엮어내는 것. 이것이야말로 혼돈을 질서로 바꾸고, 문제를 성취로 이끄는, 서른세 번째 설계의 원리입니다.

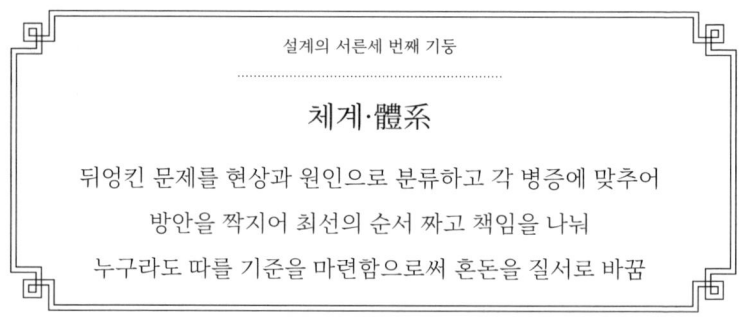

설계의 서른세 번째 기둥

체계·體系

뒤엉킨 문제를 현상과 원인으로 분류하고 각 병증에 맞추어
방안을 짝지어 최선의 순서 짜고 책임을 나눠
누구라도 따를 기준을 마련함으로써 혼돈을 질서로 바꿈

솔선수범·率先垂範
제34장. 스스로 모범을 보여 이끌다

> **❝ 어떻게 하면 따르는 이들이
> 마음에서 우러나온 동의로 따르게 만들 수 있을까?❞**

사람을 이끄는 자리에는 명령할 권리가 주어지지만, 그 명령에 따르는 이들의 마음까지 얻는 것은 별개의 문제입니다. 지도자의 지위는 사람들을 움직이게 할 수는 있어도, 그들의 자발적인 헌신을 이끌어내지는 못합니다. 이끄는 자와 따르는 자 사이에 놓인 불신과 냉소의 깊은 골은 예나 지금이나 메우기 어려운 과제입니다. 그렇다면 다른 이들이 기꺼이 따르고자 하는 마음을 불러일으키는 힘은 과연 어디에서 비롯되는 것일까요?

이 근원적인 물음에 대해, 다산 정약용은 하나의 대원칙으로 답합니다. 바로 수기치인(修己治人), 즉 먼저 자기 자신을 닦은 후에야 남을 다스릴 수 있다는 원리입니다. 그리고

이 원리가 현실에서 구체적인 행동으로 나타나는 모습이 바로 솔선수범(率先垂範)입니다. '솔선(率先)'이란 남보다 앞장서서 행하는 것이요, '수범(垂範)'이란 다른 이가 따를 만한 본보기를 보이는 것입니다.

다산에게 솔선수범은 이끄는 이가 갖추어야 할 여러 덕목 가운데 하나가 아니라, 사람을 이끄는 힘의 근원이자 전부였습니다. 그는 지도자의 권위가 그가 앉은 자리의 힘에서 나오는 것이 아니라, 오직 그의 인격과 실천이 보여주는 힘에서 나온다고 보았습니다. 아무리 높은 자리에 앉아 우레와 같은 명령을 내린다 한들, 그 자신의 행실이 그 명령을 뒷받침하지 못할 때, 그 명령은 공허한 메아리가 되고 따르는 이들의 마음속에서 조롱거리로 전락하고 맙니다.

솔선수범의 덕목에 대한 다산의 철학은 대표 저작인 『목민심서(牧民心書)』에서 잘 드러납니다. 지방 행정을 다루는 이 지침서의 첫머리를 장식하는 것은 목민관의 부임 절차나 행정 기술이 아닙니다. 가장 먼저 등장하는 편은 '율기', 즉 자기 자신을 다스리는 법입니다. 이는 다산이 공동체를 이끄는 길의 시작 지점으로 무엇을 보았는지를 명확히 보여줍니다. 백성을 다스리는 방법을 논하기에 앞서, 먼저 다스리는 자 자신의 내면과 행실부터 바로 세워야 한다는 것입니다.

『목민심서』「율기육조(律己六條)」에서 다산은 목민관 스스로가 먼저 청렴하고, 절제하며, 부지런해야 함을 거듭 강조합니다.

> "그 몸가짐이 바르면 명령하지 않아도 행해지고,
> 그 몸가짐이 바르지 않으면 비록 명령을 내려도 따르지 않는다
> (其身正, 不令而行; 其身不正, 雖令不從)."

『논어』의 이 구절을 인용하며 다산은, 부패한 지도자가 청렴을 외치고 나태한 지도자가 근면을 독려하는 것만큼 위선적이고 무력한 것은 없다고 보았습니다. 지도자가 공동체가 나아가길 바라는 이상적인 모습이 있다면, 마땅히 그 모습을 먼저 자신의 몸으로 살아내야 합니다. 그것이 바로 말이 아닌 행동으로 가르치는 강력한 '교화(敎化)'입니다. 사람들은 지도자의 '말'을 따르는 것이 아니라, 지도자의 '삶'을 따르기 때문입니다.

다산의 통찰은 세월의 흐름과 무관하게, 사람을 이끌고자 하는 모든 이에게 물음을 던집니다. 한 가정의 어른으로서 다음 세대가 학문에 힘쓰기를 바란다면, 스스로 먼저 책을 손에 들고 사유하는 본보기를 보이고 있습니까? 한 공동체의 지도자로서 구성원들의 헌신을 바란다면, 어렵고 궂은일에 자신이 먼저 팔을 걷어붙이는 실천을 보이고 있습니까?

사람을 이끄는 일을 '지시하고 위임하며 평가하는 기술'로 오해하기 쉽습니다. 그러나 지도자 자신의 인격이라는 근본이 결여된 채 구사되는 모든 방법론은 허상에 지나지 않습니다. 사람을 이끄는 참된 길은 나 자신을 다른 이들이 기꺼이 닮고 싶어 하는 존재로 바꾸어 나가는 수양의 과정입니다.

현재 꿈꾸고 있는 이상적인 공동체의 모습은 무엇입니까? 그리고 지금, 그 모습을 자신의 삶으로 직접 살아내고 있습니까? 스스로가 살아있는 모범이 될 때, 비로소 그 말은 무게를 얻고 제시하는 미래는 생명력을 갖게 될 것입니다. 이것이 바로 흔들리지 않는 삶을 세우는, 서른네 번째 설계의 원리입니다.

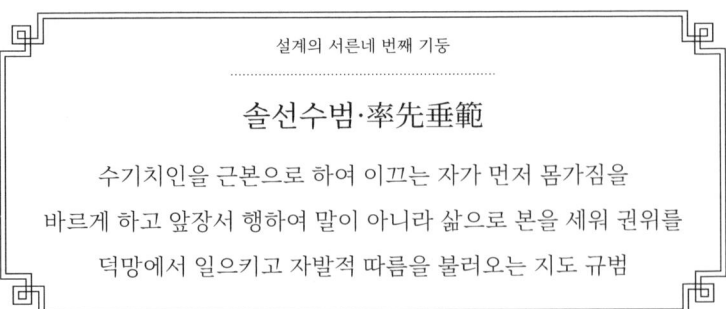

설계의 서른네 번째 기둥

솔선수범·率先垂範

수기치인을 근본으로 하여 이끄는 자가 먼저 몸가짐을
바르게 하고 앞장서 행하여 말이 아니라 삶으로 본을 세워 권위를
덕망에서 일으키고 자발적 따름을 불러오는 지도 규범

계획·計劃
제35장. 시간의 주인이 되는 법

❝ 왜 우리는 바쁘지 않은 날에도
시간이 없다고 느끼는가? ❞

　시간에 쫓기듯 하루를 보내고도, 손에 잡히는 결실 없이 공허함을 느끼는 경험은 누구에게나 낯설지 않습니다. 이러한 삶의 반복은 우리가 시간의 본질을 올바르게 이해하지 못한 채 그저 흘려보내고 있기 때문일지 모릅니다. 다산 정약용에게 시간은 한 인간이 자신을 닦아 군자의 길을 이루도록 하늘이 허락한 유한하고 신성한 기회의 총체였습니다. 그렇기에 시간을 헛되이 낭비하는 것은 자신의 가능성을 저버리는 행위이자, 하늘이 부여한 기회를 외면하는 태만이 됩니다. 다산은 한 나라의 행정을 설계하듯, 자신의 삶 또한 엄격한 원칙으로 다스리고자 했는데, 그 실천을 떠받치는 두 기둥이 바로 절제(節制)와 계획(計劃)입니다.

　우선 시간의 주인이 되기 위한 대전제는 절제입니다. 다산에게 절제는 학문과 수양이라는 삶의 핵심을 훼손하는 모든 것으로부터 자신의 시간을 지켜내는 정신적인 방어 행위였습니다. 그가 사용한 엄중하게 단속한다는 뜻인 검속(檢束)이라는 표현 그대로, 절제란 흩어지려는 마음과 헛되이 쓰이려는 시간을 단단히 단속하고 붙들어 매는 행위였습니다. 유배지에서 아들에게 보낸 편지에는 시간을 지키려는 의지가 절실하게 담겨 있습니다.

> "나는 가경 임술년 봄부터 저술을 업으로 삼아,
> 담장 안에서 붓을 잡고 새벽부터 밤까지 쉬지 않았다.(吾自嘉慶壬戌之春, 便以著書爲業……藩牆筆硯, 蚤夜不息.)"

이러한 절제의 원칙은 그가 『목민심서』「부임육조」에서 제시한 지방관의 시간 설계법에서 더욱 구체화됩니다. 그는 새로 부임하는 수령은 길일(吉日)을 기다리지 말고 도착 즉시 업무를 시작해야 한다고 못 박았습니다. 부임 첫날의 지연이 이후 모든 행정의 해이를 부른다고 보아, 관습이라는 이름의 시간 낭비를 원천적으로 차단한 것입니다. 나아가 부임 이튿날에는 동틀 무렵부터 아침 조회를 열고, 오전에는 문서 인계인수를, 오후에는 민원 실태를 파악하도록 업무를 구획했습니다. 이는 아전들의 변명과 지연의 틈을 없애고, 공적인 시간을 보전하기 위한 것이었습니다.

이렇듯 절제를 통해 확보한 시간의 성곽 안에서는 계획(計劃)을 통해 의미의 씨앗을 뿌려야 합니다. 다산에게 계획은 하루라는 시간을 자신의 뜻을 실현하기 위한 구체적인 설계 행위였습니다. 계획이 없는 하루는 뚜렷한 목적지 없이 힘을 흩뜨리는 것과 같아서, 아무리 부지런히 노력해도 결국 제자리를 맴도는 운명을 피할 수 없습니다. 그는 모든 민원과 사업에 처리 기한을 먼저 공시하고, 이를 어기면 약속한 벌로 다스리게 하여, 결과가 아닌 기한을 중심으로 시간을 통제하는 운영 원칙을 보여주었습니다.

그의 유배지인 다산초당에서의 삶은 계획의 힘을 여실히 증명합니다. 그는 새벽부터 밤까지 하루의 시간을 정교하게 나누어 경전 연구, 저술, 자녀 교육, 채소 가꾸기 같은 명확한 과업에 온전히 집중했습니다. 특히 '경집(經集)'과 '문집(文集)'을 합쳐 500여 권에 달하는 저술 목표를 세우고, 이를 완수하기 위해 하루의 분량을 정하여 스스로를 이끌었던 일화는 유명합니다.

이러한 계획의 힘은 평온한 일상뿐 아니라, 삶이 가장 큰 혼돈에 빠졌을 때 더욱 빛을 발합니다. 다산이 『상례사전(喪禮四箋)』 등에서 정리한 상례(喪禮) 절차는, 슬픔이라는 격한 감정 속에서도 인간이 어떻게 질서를 지킬 수 있는지를 보여줍니다. 그는 장례 당일 저녁의 초우(初虞), 이튿날의 재우(再虞), 사흘째의 삼우(三虞)를 거쳐 석 달 무렵의 졸곡(卒哭)과 이튿날의 부제(祔祭), 그리고 1년 뒤의 소상(小祥)과 2년 뒤의 대상(大祥)에 이르기까지, 수년에 걸친 애도의 과정을 명확한 시간표로 제시했습니다.

다산은 우리가 살아가는 시간이 과연 스스로의 의지에서 비롯되는 것인지, 아니면 환경에 단순히 반응한 결과에 불과한 것인지 깊이 고민했습니다. 삶에서 의미 없는 요소들을 과감히 덜어내고, 매 순간을 뚜렷한 목표에 기반해 재구성하는 것이야말로 한정된 생 안에서 인간으로서의 가치와 삶의 방향을 분명히 하는 데 꼭 필요한 일입니다. 이것이 견고하고 흔들림 없는 삶을 구축하기 위한, 서른다섯 번째 설계 원칙에 해당합니다.

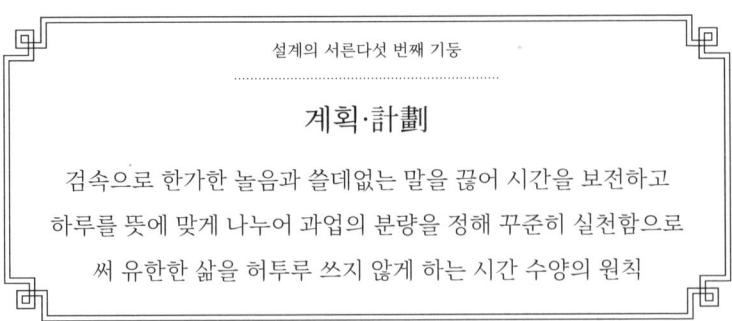

설계의 서른다섯 번째 기둥

계획·計劃

검속으로 한가한 놀음과 쓸데없는 말을 끊어 시간을 보전하고 하루를 뜻에 맞게 나누어 과업의 분량을 정해 꾸준히 실천함으로써 유한한 삶을 허투루 쓰지 않게 하는 시간 수양의 원칙

용인술·用人術
제36장. 사람을 바로 보고 바로 쓰는 법

❝어떻게 최고의 공동체를 만들고 성과를 내는가?❞

모든 위대한 설계는 결국 사람을 통해 구현됩니다. 그러나 세상에서 다루기 어렵고 예측 불가능한 존재 또한 사람입니다. 이때문에 인간은 두 가지의 극단적인 오류 속에서 관계와 조직의 문제를 그르치곤 합니다. 하나는 모든 사람의 선의와 잠재력을 맹신하여, 맞지 않는 자리에 사람을 앉히고 그저 노력만을 강조하는 감상적 인본주의입니다. 다른 하나는 사람을 목적 달성을 위한 부품이나 자원으로 취급하며, 그들의 감정과 욕망을 무시한 채 효율성만을 추구하는 냉소적 공리주의입니다.

다산 정약용은 이 두 가지 관점의 한계를 모두 극복하는 제3의 길, 즉 철저한 현실주의에 기반한 인간 존중의 철학으로서 그만의 새로운 용인술(用人術)을 제시합니다. 용인술이란 글자 그대로 '사람(인,人)을 쓰는(용, 用) 기술(술, 術)'을 의미하지만, 다산에게 있어서는 한 인간의 고유한 성향과 그릇을 있는 그대로 꿰뚫어 보고, 그가 가장 빛날 수 있는 자리에 배치하여 공동체의 성과를 극대화하는, 경세(經世)의 높은 경지였습니다.

다산의 용인술은 두 가지 핵심적인 단계로 이루어집니다.

첫째는 지인(知人), 즉 '사람을 아는 것'입니다. 이는 모든 용인술의 기초이자 가장 어려운 과정이기도 합니다. 다산은 사람을 알려면, 그 사람의 배경이나 말, 혹은 주변의 평판에만 의존해서는 결코 안 된다고 경고했습니다. 훌륭한 지도자는 사람을 알기 위해 구체적인 '격물(格物)'의 과정을 거쳐야 합니다. 즉, 작은 일을 맡겨 일 처리의 꼼꼼함을 살피고, 위급한 상황에 던져 넣어 그 담대함과 책임감을 시험하며, 재물을 다루게 하여 그 청렴함을 확인해야 한다는 것입니다. 이처럼 구체적인 사건 속에서 드러나는 행동이야말로, 그 사람의 진짜 본모습을 보여주는 정직한 증거라고 보았습니다.

둘째는 '선임(善任)', 즉 '맡은 바를 잘하게 하는 것'입니다. 이는 사람의 본질을 정확히 파악한 뒤, 그에게 적합한 자리를 찾아주는 것입니다. 다산 용인술의 특이점이 바로 이 점에서 빛을 발합니다. 그는 세상에 버릴 사람은 아무도 없다고 단언했습니다. 모든 사람이 선하다는 맹자의 성선설(性善說), 인간은 본래 선한 본성을 지녔다는 유가의 전통적 입장을 그대로 따른 것이 아닙니다. 다산은 인간의 기질과 재능이 제각기 다름을 전제로 하였습니다. 모든 목재에는 그 결에 맞는 고유한 쓰임새가 있듯, 모든 인간에게도 그의 기질과 재능에 맞는 자리가 있다는 '적합성'에 대한 통찰인 것입니다. 즉, 본성을 선하다고 가정하더라도, 그것이 현실에서 잘 드러나기 위해서는 그 사람에게 '맞는 자리'를 찾아주는 배려와 통찰이 반드시 뒤따라야 한다는 것입니다.

『목민심서(牧民心書)』「이전(吏典)」에서 그는 이러한 원리를 구체적으로 설명합니다. 성품이 너그럽고 부드러운 사람은 백성을 가르치고 이끄는 교화의 직책에 적합하고, 성품이 강직하고 결단력 있는 사람은 법을 집행하고 기강을 세우는 직책에 적합합니다. 지도자의 무능은, 성품이 부드러운 사람에게 억지로 칼을 쥐여주거나, 강직한 사람에게 인정을 베풀라고 강요하는 데서 비롯됩니다. 이는 사람을 쓰는 것이 아니라, 사람을 망치는 길입니다.

이러한 다산의 사유는 우리에게 모든 인간관계와 우리가 속한 모든 공동체에 대한 관점의 전환을 요구합니다. 가정에서 부모는 자녀의 고유한 기질과 재능이라는 '사물'을 존중해야 합니다. 물고기에게 하늘을 날라고 강요하는 대신, 그가 가장 자유롭게 헤엄칠 수 있는 강을 찾아주는 것이 부모의 '용인술'입니다. 하나의 공동체를 이끄는 지도자의 중요한 책무는 구성원들을 바꾸려 애쓰는 것이 아니라, 그들 각자가 가진 고유한 강점이 잘 발휘될 수 있는 '판'을 설계하는 것입니다. 모든 사람을 똑같은 기준으로 평가하고 동일한 역할을 강요하는 조직은 결코 최고의 성과를 낼 수 없습니다.

사람을 바꿀 수 있다는 것은 오만입니다. 사람을 버려야 한다는 것은 태만입니다. 지도자는 모든 인간의 불완전함을 인정하되, 그 불완전함 속에서도 각자의 쓸모를 찾아내어 하나의 조화로움을 잘 유지할 수 있어야 합니다.

곁에 있는 사람의 결점을 한탄하기 전에, 그의 장점이 빛날 수 있는 자리는 어디일지를 먼저 고민해보십시오. 이것이야말로 사람을 통해 세상을 움직이는 경세의 핵심이며, 흔들리지 않는 삶을 세우는, 설계의 서른여섯 번째 원리입니다.

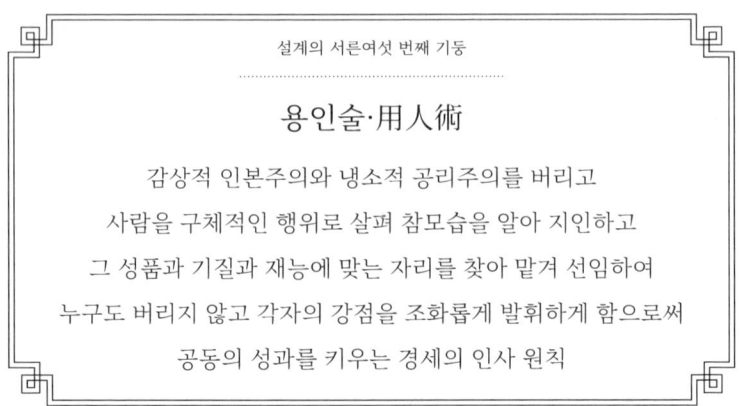

설계의 서른여섯 번째 기둥

용인술·用人術

감상적 인본주의와 냉소적 공리주의를 버리고
사람을 구체적인 행위로 살펴 참모습을 알아 지인하고
그 성품과 기질과 재능에 맞는 자리를 찾아 맡겨 선임하여
누구도 버리지 않고 각자의 강점을 조화롭게 발휘하게 함으로써
공동의 성과를 키우는 경세의 인사 원칙

이용후생·利用厚生
제37장. 부를 다스리는 철학

“ 돈의 노예가 아닌, 돈의 주인으로 사는 법 ”

　부를 소유하려는 인간의 열망은 끝이 없지만, 그 끝에는 늘 불안이 함께합니다. 재물이 쌓일수록 그것을 잃을지 모른다는 두려움 또한 커지기 때문입니다. 재물을 모으고 지키는 일이 삶을 지배하게 될 때, 인간은 오히려 가난한 노예가 됩니다. 다산 정약용의 시선에서, 이처럼 부를 개인의 금고에 가두려는 생각은 부의 본질을 오해한 편협한 태도였습니다.
　다산에게 재물의 문제란 공동체 전체의 삶과 직결되는 경세(經世)의 문제였습니다. 그러한 그가 부를 다루는 대원칙으로 삼은 것은 경전의 오랜 지혜인 이용후생(利用厚生)입니다.
　이용(利用)은 천지만물의 쓸모를 이롭게 하여 생산을 늘리는 것을 뜻합니다. 기술을 혁신하고 제도를 개선하여 공동체 전체의 부의 총량을 키우는 모든 실천적인 행위를 포괄합니다. 후생(厚生)은 그렇게 창출된 부를 통해 백성의 삶을 두텁게 하고 풍요롭게 만드는 것입니다. 이는 공정한 분배와 사회적 안정을 통해 삶의 질을 높이는 정책적 지향을 의미합니다.

이 두 원리의 순서는 매우 중요합니다. 다산은 먼저 '이용'을 통해 부를 일구지 않은 상태에서 '후생'을 논하는 것은 공허하다고 보았습니다. 이는 생산 활동의 가치를 낮게 보고 맑은 가난만을 내세우던 일부 유학자들의 관념을 비판한 것이기도 합니다. 다산은 『목민심서』에서 다음과 같이 말합니다.

"하늘과 땅이 만물을 낳은 것은 사람이 누려 쓰게 하려는 것이다. 한 물건이라도 버림이 없게 해야 재물을 잘 쓴다 할 수 있다."

이 인용문은 다산의 경제관을 잘 보여줍니다. 그에게 부란 한 누군가의 창고에 가두는 고인 물이 될 수 없었습니다. 그것은 끊임없이 흘러 공동체 전체를 적시는 살아있는 강물이어야 했습니다. '이용'이라는 샘에서 솟아난 물이 '후생'이라는 강을 따라 흐를 때, 비로소 부는 그 본래의 가치를 다하게 됩니다. 부를 축적하는 것 자체보다, 그 부가 흐름을 멈추고 고이기 시작할 때 공동체를 병들게 하는 독이 된다고 보았습니다.

그의 국가 설계서인 『경세유표(經世遺表)』에 담긴 수많은 개혁안들은 모두 이 '이용후생'의 원리를 구현하기 위한 구체적인 방법론이었습니다. 그는 상업을 억누르던 낡은 관념에서 벗어나 기술 개발을 장려하고 화폐 유통을 활성화하여 국가의 부를 증대시키는 '이용'의 길을 제시했습니다. 동시에, 불공정한 조세 제도를 바로잡고 굶주리는 백성을 구제하는 제도를 정비하여, 그 부의 혜택이 백성에게 고루 돌아가는 '후생'의 체계를 설계했습니다.

이러한 거시적인 원리는 우리가 부를 대하는 미시적인 자세에도 꽤 쓸모있는 통찰을 줍니다. 다산의 관점에서 부의 주인이 되는 길은 소유의 크기로 결정되지 않습니다. 그것은 나를 통해 흐르는 부가 어떻게 더 큰 가치를 만들고(이용, 利用), 나와 주변의 삶을 함께 풍요롭게 하는지(후생, 厚生)를 실천하는 삶의 태도에 달려 있습니다.

자신의 부가 세상에 새로운 가치를 더하는 '이용'의 결과물인지, 혹은 타인의 것을 가져오는 다툼의 산물인지 돌아보아야 합니다. 또한 그 부를 자신만의 안위를 위해 가두어 두는지, 아니면 소중한 사람의 성장과 발전을 위해 지혜롭게 흘려보내는지 성찰해야 합니다.

부를 축적의 대상에서 순환의 통로로 바라보는 관점의 전환은, 우리를 재물에 대한 불안과 집착으로부터 자유롭게 할 것입니다. 나의 부가 나를 통해 세상을 이롭게 하는 더 큰 흐름의 일부가 될 때, 우리는 재물로 얻을 수 없는 큰 가치, 곧 삶의 의미와 존중을 얻게 됩니다.

인간은 부라는 강물을 가두는 둑이 될 수도, 더 넓은 세상을 향해 물길을 내는 지혜로운 이가 될 수도 있습니다. 이것이 바로 흔들리지 않는 삶을 세우는, 설계의 서른일곱 번째 원리입니다.

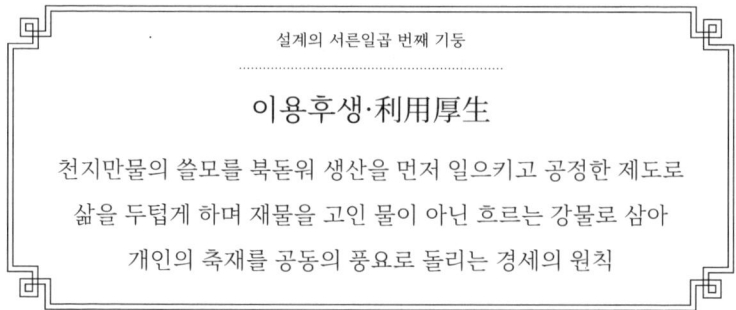

설계의 서른일곱 번째 기둥

이용후생·利用厚生

천지만물의 쓸모를 북돋워 생산을 먼저 일으키고 공정한 제도로
삶을 두텁게 하며 재물을 고인 물이 아닌 흐르는 강물로 삼아
개인의 축재를 공동의 풍요로 돌리는 경세의 원칙

유비무환·有備無患
제38장. 최악을 대비해야 최선을 만든다

❝ 아직 일어나지 않은 일에 대해
어디까지 대비해야 하는가?❞

인간의 삶은 예측할 수 없는 변화로 가득하여, 순탄하던 길이 위기로 인해 단절되고 견고해 보이던 안정은 세월의 흐름에 흔들리고는 합니다. 이러한 불확실성으로 인해 인간은 두 가지의 그릇된 태도를 취하기 쉽습니다. 하나는 모든 가능성에 대한 끝없는 걱정으로 스스로를 마비시키는 것이고, 다른 하나는 근거 없는 낙관에 기대어 마땅한 대비를 외면하는 것입니다. 전자는 두려움의 포로가 되는 길이며, 후자는 파멸을 향해 무방비로 나아가는 길입니다.

다산 정약용은 이 태도를 모두 경계했습니다. 그는 인간의 삶과 세상사가 결코 평온하기만 한 곳이 아님을 냉철히 인식했기에, 사회를 이끄는 이가 갖추어야 할 중요한 덕목으로 유비무환(有備無患)을 제시했습니다. '미리 준비하면 근심할 것이 없다'는 이 오랜 경구는 다산의 사상 안에서, 책임 있는 자가 짊어져야 할 무겁고 신성한 의무로 되살아납니다.

다산에게 유비무환은 지도자가 마땅히 품어야 할 우환의식(憂患意識)의 실천적 발현이었습니다. '우환의식'이란, 아직 닥치지 않은 재앙과 근심을 항상 마음에 두고 경계하는 태도입니다. 평화로울 때 다가올 위기를 걱정하고 대비하는 마음은, 자신이 책임져야 할 공동체를 향한 성숙한 애정에서 비롯됩니다. 진정으로 공동체를 지킬 자격은 평온한 시기에도 백성의 근심을 먼저 헤아리는 이에게만 주어진다고 보았습니다.

목민관의 임무는 눈앞의 사건을 처리하는 데에만 머물러서는 안 되며, 앞으로 닥칠지 모를 모든 재난을 미리 대비하는 데 있어야 합니다. 그의 저서『목민심서』는 이 우환의식과 유비무환의 철학이 국가 경영의 구체적인 제도로 어떻게 설계될 수 있는지를 보여주는 보고와 같습니다. 특히 「진휼(賑恤)」편에서 그는 흉년이 든 후에야 구제에 나서는 것을 하책이라 말합니다. 그리고는 흉년이 들기 전에 곡식을 비축하고, 구휼이 필요한 백성을 미리 파악하며, 재물을 공정하게 분배할 원칙을 세워두는 정교한 대비책을 제시합니다.

> "흉년이 든 뒤에 구휼하는 것은, 비록 은혜를 베풀더라도 원망을 면키 어렵다. […] 풍년이 들었을 때 흉년을 걱정하는 것이 목민관의 마음이다."

가뭄이 오기 전에 수리 시설을 정비하고, 홍수가 나기 전에 제방을 점검하며, 역병이 돌기 전에 의약을 확보하는 일 모두가 지도자가 공동체의 미래를 위해 마땅히 짊어져야 할 '근심'의 무게였습니다.

나라를 다스리는 이 원리는 삶을 다스리는 방식과 다르지 않습니다. 우리의 삶에서 유비무환이란, 건강할 때 몸을 단련하여 훗날의 질병에 대비하는 지혜입니다. 수입이 안정적일 때 절약하여 예기치 못한 어려움에 대비하는 현명함입니다. 현재의 역할에 안주하지 않고 꾸준히 자신을 연마하여, 변화하는 세상의 요구에 응할 준비를 하는 자세입니다.

어떤 계획을 세울 때, 다산의 관점은 우리로 하여금 스스로에게 묻게 합니다.

'이 계획이 어긋날 수 있는 가능성은 무엇인가?', '어려운 상황이 닥쳤을 때, 나는 어떤 대비책을 가지고 있는가?'

이것은 실패의 가능성까지 설계도 안에 포함시키는, 철저하게 현실적인 설계자의 태도입니다.

근거 없는 낙관은 태만을 가리는 허울 좋은 희망일 뿐입니다. 희망이란 최악의 가능성을 직시하고, 그것을 막아낼 단단한 방비를 갖추는 이에게만 주어지는 권리입니다. 훌륭한 건축가는 화창한 날씨만을 그리며 집을 짓지 않습니다. 최악의 경우 지진이 올 것을 염두에 두며 기초를 파고 기둥을 세웁니다.

여러분의 인생이라는 건축물 또한 예기치 않은 풍파를 견뎌낼 만큼 튼튼하게 설계되고 있습니까? 이것이 바로 흔들리지 않는 삶을 축조하는, 설계의 서른여덟 번째 원리입니다.

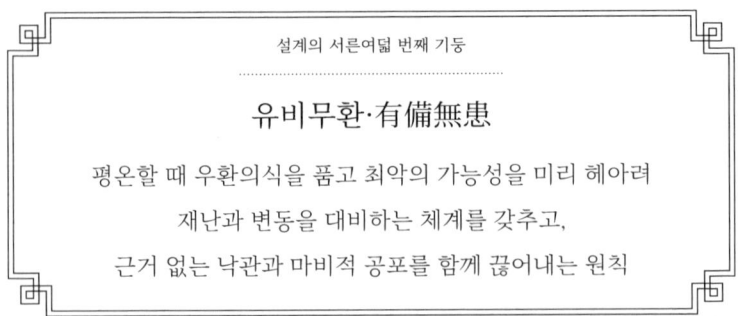

설계의 서른여덟 번째 기둥

유비무환·有備無患

평온할 때 우환의식을 품고 최악의 가능성을 미리 헤아려
재난과 변동을 대비하는 체계를 갖추고,
근거 없는 낙관과 마비적 공포를 함께 끊어내는 원칙

관물·觀物
제39장. 관찰이 통찰을 낳는다

❝ 천재들은 어떻게 평범한 일상에서 비범한 기회를 찾아내는가? ❞

인간은 같은 세계를 공유하나, 저마다 다른 깊이로 세상을 경험합니다. 대다수에게는 그저 스쳐 가는 무심한 대상이 어떤 이에게는 세상의 이치를 드러내는 장엄한 계시가 되기도 합니다. 비범한 통찰이 특출난 재능의 결과물이라고 여기기 쉽지만, 그 비밀의 열쇠는 보이는 대상 자체보다 대상을 마주하는 방식에 있습니다.

다산 정약용은 바로 이 '보는 행위'를 통찰의 원천으로 삼았습니다. 그는 이를 '관물(觀物)', 즉 사물을 깊이 헤아려 관조하는 행위라 명명했습니다. '관(觀)'이라는 글자는 대상을 눈으로 인지하는 '견(見)'과 그 결을 달리합니다. '견'이 눈앞의 사물을 감각적으로 받아들이는 작용이라면, '관'은 마음의 눈을 동원하여 사물의 표면을 꿰뚫고 그 안에 깃든 내재적 원리와 의미를 성찰하는 과정입니다.

다산에게 세상 만물은 그 자체로 살아 숨 쉬는 학습의 원천이었습니다. 유배지 강진의 다산초당에 머물며, 그는 서재에 갇힌 학문에서 벗어나 자연이라는 거대한 문헌을 읽어 내기 시작했습니다. 뜰 앞의 채소가 자라는 모습, 냇가에서 물고기가 헤엄치는 자태, 계절의 순환에 따라 피고 지는 꽃 한 송이에 이르기까지, 그 무엇 하나 예사롭게 넘기지 않았습니다. 그에게 이러한 관찰은 구체적인 '사물(事物)'로부터 보편적인 '이치(理致)'를 길어 올리는 격물(格物)의 과정이었습니다.

그의 시(詩) 「탐진어가(耽津漁歌)」에는 이러한 관물의 철학이 유려하게 담겨 있습니다. 그는 바다와 바람을 온몸으로 겪어내며 살아가는 어부들의 삶에 주목했습니다. 그들에게 자연은 순응하고 화합해야 할 거대한 질서였습니다. 다산은 그들의 거친 손마디와 그을린 얼굴에서 책에는 없는 살아있는 지혜를 읽어냈습니다. 오랜 관찰과 경험으로 체득한, 생존과 직결되는 그들의 불문율은 다음과 같은 한 문장으로 응축되어 전해집니다.

> "높새바람이 들면 일제히 출항하고,
> 마파람이 거세지면 돌아올 때다."

이처럼 다산은 구체적인 현상에 대한 관찰을 통해, 인간과 사회를 관통하는 보편 원리를 도출했습니다. 닭을 보며 새벽을 알리는 성실함과 먹이를 나누는 의로움, 적에 맞서는 용맹함 등 군자가 갖추어야 할 다섯 가지 덕을 읽어냈고, 썩은 복숭아 씨앗에서 다시 싹이 돋아나는 모습을 통해 절망적인 상황에서도 희망을 찾아야 하는 인간의 도리를 깨달았습니다.

지금은 헤아릴 수 없이 많은 사물이 쉼 없이 감각을 스쳐 지나가는 시대입니다. 그러나 이토록 분주한 자극으로 인해, 우리는 대상을 깊이 응시하는 '관(觀)'의 능력을 잃어가고 있지는 않은지 성찰할 필요가 있습니다. 수많은 것을 눈으로 훑을 뿐, 그 어느 것 하나에도 온전히 마음을 집중하여 그 참된 의미를 헤아리지 못하는 경우가 많습니다.

다산의 '관물'은 우리에게 깊이 보는 법을 일깨워줍니다. 바로 세상의 빠른 흐름에 휩쓸려 모든 것을 서둘러 지나치는 대신, 잠시 걸음을 멈추고 하나의 대상을 온전하게 마주하는 것입니다. 매일 마시는 차 한 잔에서, 찻잎이 머금은 햇살과 바람, 그것을 끓여낸 물의 온기, 그리고 차를 마시는 이의 마음이 어우러지는 미묘한 조화를 '관'해본 적이 있습니까? 늘 지나치는 길가, 척박한 돌 틈을 뚫고 생명을 피워낸 이름 모를 풀 한 포기의 경이로운 원리를 '관'해본 적이 있습니까?

통찰은 세상에 없던 것을 새로이 만드는 행위와는 다릅니다. 통찰이란 모두가 보고 있었으나 아무도 주목하지 않았던 것들 사이의 관계와 의미를 발견하는 힘입니다. 그리고 그 힘은 오직 깊고 성실한 관찰, 곧 '관물'의 실천을 통해서만 길러질 수 있습니다.

우리의 일상을 이루는 무수한 사물 앞에 잠시 멈추어 서서, 마음의 눈으로 그것을 깊이 들여다보아야 합니다. 우리가 찾고 있는 삶의 지혜와 해답은, 어쩌면 매일 무심코 지나치던 바로 그 평범한 대상 안에 고요히 자리하고 있을지도 모릅니다. 이것이 바로 흔들리지 않는 삶을 세우는, 설계의 서른아홉 번째 원리입니다.

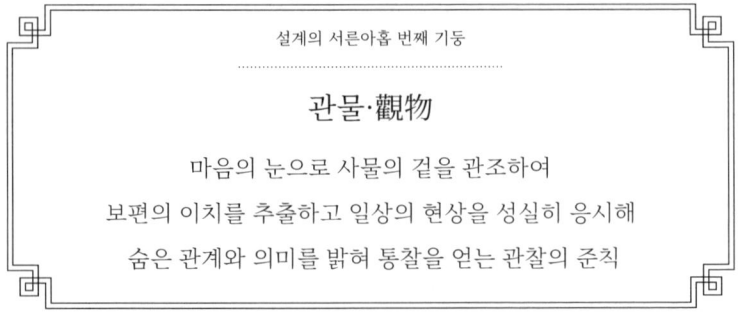

설계의 서른아홉 번째 기둥

관물·觀物

마음의 눈으로 사물의 겉을 관조하여
보편의 이치를 추출하고 일상의 현상을 성실히 응시해
숨은 관계와 의미를 밝혀 통찰을 얻는 관찰의 준칙

기예·技藝

제40장. 쓸모 있는 사람이 되는 길

> "인공지능 시대,
> 무엇이 나를 대체 불가능하게 만드는가?"

    우리는 한 인간의 가치가 그가 가진 능력으로 평가받는 시대에 살고 있습니다. 그러나 동시에, 인간이 평생에 걸쳐 연마한 수많은 능력들이 기계와 인공지능에 의해 대체될 수 있다는 불안감에 휩싸여 있습니다. 지식은 넘쳐나고 기술은 하루가 다르게 발전하지만, 정작 '나'라는 존재의 고유한 쓸모와 가치는 어디에서 찾아야 할까요? 이 근원적인 질문 앞에서 우리는 길을 잃고 방황합니다.
    이러한 시대적 불안에 대해, 다산 정약용의 사상은 하나의 명쾌하고도 강력한 화두를 던집니다. 그것이 바로 기예(技藝)입니다. 기예는 사람이 자신의 삶을 영위하기 위해 습득하는 기술, 예술, 또는 재주라는 뜻으로, 흔히 '기술'이나

'재주'로 번역되는 이 단어는, 다산의 사유 체계 안에서 한 인간이 세상 속에서 자신의 존재 가치를 증명하는 확고한 방식으로 격상됩니다.

다산이 살았던 시대의 지배적인 관념은 사(士)와 공(工)의 엄격한 분리였습니다. 글을 읽는 선비(士)는 고결한 존재로, 손으로 무언가를 만드는 장인(工)은 낮은 존재로 여겨졌습니다. 학문은 현실과 분리된 형이상학적 담론에 머물렀고, 실용적인 기술은 학자들의 관심 밖이었습니다. 다산은 바로 이 앎과 만듦의 분리야말로, 국가를 병들게 하고 개인의 삶을 공허하게 만드는 큰 폐단(弊端) 중 하나라고 보았습니다.

그가 설파한 대표적인 학문인 실학(實學)은 반드시 현실 세계의 구체적인 문제를 해결하는 '쓸모'로 이어져야 했습니다. 그리고 그 쓸모가 구현되는 구체적인 형태가 바로 '기예'였습니다. 즉, 기예란 한 인간의 내면적 사유와 지식이 외부 세계와 만나 실질적인 결과물로 나타나는 접점입니다.

다산은 기예를 복잡한 과업을 해결하는 '운영 설계'의 영역까지 끌어올렸습니다. 정조의 능행을 위해 한강에 배다리를 놓을 때 쓴 정책서 『주교지남(舟橋指南)』이 그 사례입니다. 이 책에는 사공과 선박을 어떻게 동원하고 배치할지, 통행과 안전은 어떻게 관리할지 등 행정 운영의 절차까지 항목별로 설계되어 있습니다. 이는 기예가 현장에서 사용되는 실무 기술인 동시에, 체계를 세우는 학술 지식이었음을 보여줍니다.

또한 다산은 뛰어난 실학자였지만, 동시에 조선의 손꼽히는 공학자이기도 하였습니다. 수원화성을 축조할 때, 그는 서양의 기계 도설인 『기기도설(奇器圖說)』을 연구하여 도르래 원리를 응용한 거중기(起重機)를 설계했습니다. 나아가 그 구조와 작동법을 「기중도설(起重圖說)」에 상세히 남겨 기술의 보급까지 꾀했습니다. 그의 머릿속에 있던 '경세(經世)'의 이상이 '수원화성'이라는 압도적인 '기예'의 결과물로 나타난 것입니다.

다산은 별도의 논설 「기예론(技藝論)」*에서, 기예란 하늘이 인간에게 부여한 생존 수단이며, 배워서 익혀 삶을 이롭게 해야 한다고 논증했습니다. 그는 기예를 백성의 노고를 덜어주고, 그들의 삶을 풍요롭게 만드는 국가 사회의 핵심 동력으로 규정했습니다.

나아가 그는 기예를 국가 제도로 뒷받침하려 했습니다. 선진 기술의 체계적인 도입과 장인 육성을 위해 이용감(利用

---

* 정약용 저, 「기예론(技藝論)」. 다산은 기예론에서 기예가 하늘이 인간에게 부여한 생존 수단이며, 배워 익혀 백성의 노고를 덜고, 삶을 두텁게 한다고 논증한다. 문(文)과 공(工)의 결합, 곧 지식의 기술화와 제도화가 국가 번영의 핵심임을 밝힌 소논이다.

監)이라는 기술 총괄 관청과, 선박 기술을 담당하는 전함사(戰艦司) 등의 설치를 구체적으로 제안했습니다. 이는 그의 기예에 대한 청사진이 국가 구조의 혁신에까지 닿아 있었음을 보여줍니다.

우리는 습득하는 모든 지식과 경험에 대해 '그래서 이것으로 무엇을 만들 수 있는가?'라고 끊임없이 질문해야 합니다. 여러 책을 읽고 지식을 쌓는 것에 만족해서는 안 됩니다. 그 지식을 활용하여 한 편의 글을 완성하거나, 하나의 문제를 해결하는 기획안을 제시하거나, 다른 사람을 설득하는 논리를 구축하는 등, 자신만의 '기예'로 전환시킬 수 있어야 합니다. 머릿속 지식은 오직 구체적인 결과물로 증명될 때 비로소 가치를 갖게 됩니다.

또한 다산이 보여주었듯, 기예란 서로 다른 분야의 지식을 융합하여 자신만의 독창적인 해결책을 만들어내는 통섭(統攝)의 능력이기도 합니다. 글쓰기 능력과 분석 능력을 결합하여 설득력 있는 보고서를 만드는 사람, 공감 능력과 코딩 능력을 결합하여 사용자 친화적인 프로그램을 만드는 사람이 바로 현대적인 의미의 '기예'를 갖춘 인재입니다. 인공지능이 대체할 수 없는 것은 바로 이러한 고유한 융합의 영역입니다.

한 사람의 내면세계가 아무리 깊고 풍요롭다 한들, 그것이 구체적인 기예를 통해 외부 세계에 증명되지 않는다면, 결국 자기 안에 갇힌 미완의 존재로 남게 될지도 모릅니다.

지성과 노력을 하나의 날카로운 '기예'로 벼려내는 것. 이것이야말로 인간이라는 존재의 가치를 세상에 증명하는 길이며, 흔들리지 않는 삶을 세우는, 설계의 마흔 번째 원리이자, 최적의 해결책을 그리는 마지막 원리입니다.

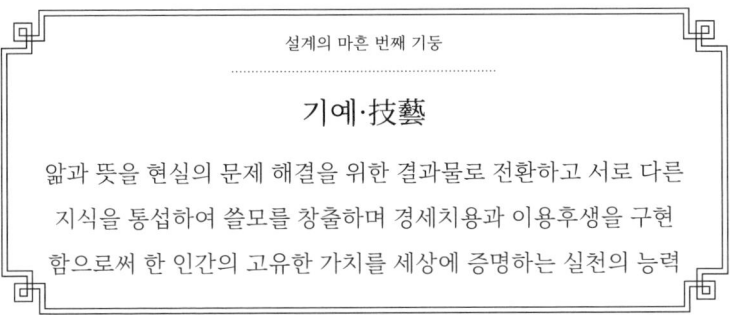

설계의 마흔 번째 기둥

기예·技藝

앎과 뜻을 현실의 문제 해결을 위한 결과물로 전환하고 서로 다른 지식을 통섭하여 쓸모를 창출하며 경세치용과 이용후생을 구현함으로써 한 인간의 고유한 가치를 세상에 증명하는 실천의 능력

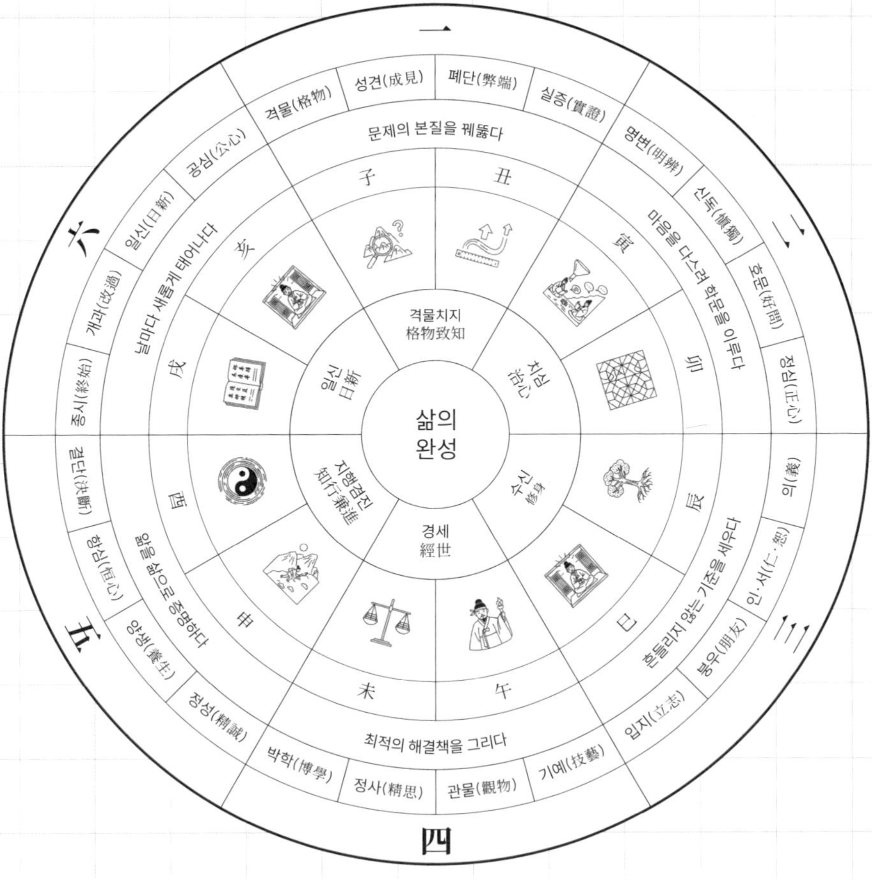

5부 앎을 삶으로 증명하다

부문	지행겸진(知行兼進)
작성자	다산 정약용
작성지	전라 강진 다산초당, 경기도 남양주 여유당
작성시기	1801년-1836년
참고도면	경세유표, 목민심서, 흠흠신서, 아방강역고

지행겸진·知行兼進
제41장. 오직 실천만이 증명한다

❝ 언제까지 계획만 세울 것인가,
생각의 감옥에서 탈출하는 법 ❞

　인간의 사유는 때로 완벽한 구상이라는 이름의 밀실을 짓고, 그 안에서 미완의 진리들을 기꺼이 숭배합니다. 현실의 변수와 마찰이 제거된 관념의 세계에서, 우리의 지성은 실패의 가능성이 없는 이론을 구축하며 전능감에 도취됩니다. 허나 한 인간의 삶으로 살아내지 않은 앎은, 아직 증명되지 않은 가능성이자 빌려온 생각에 불과합니다.
　머릿속의 앎이 현실의 변화로 이어지지 못하고, 삶과 분리되어 맴도는 상태. 다산 정약용은 이를 극복하는 길이자 학문과 삶이 도달해야 할 경지로 지행겸진(知行兼進)을 제시했습니다. 지행겸진이란 앎(知)과 행동(行)이 서로를 이끌며 함께 발전해야 한다는 원리입니다. 다산에게 앎과 행동은 서로를 증명하는 변증법적 합일였습니다. 행동으로 이어지지 않는 앎은 공허한 관념에 그치고, 앎이 없는 행동은 맹목적인 몸짓에 불과합니다. 발전은 앎과 행동이 함께 나아갈 때 이루어지는 것입니다.

다산이 당대의 학자들을 비판한 이유도 바로 여기에 있습니다. 그들은 여러 경전을 통달하여 앎의 방대함을 자랑했지만, 다산의 관점에서 그들의 앎은 현실과 유리된 죽은 지식이었습니다. 백성의 고통을 외면하는 그들의 모습이야말로, 그들의 앎이 행동으로 나아가지 못하고 정체되어 있음을 보여주는 명백한 증거였습니다.

> "그리하여 군자의 학문은 수신이 반이고, 나머지 반은 백성을 다스리는 것이다… 오늘날 백성을 다스리는 자들은 오직 거두어들이는 데만 급급하고 백성을 부양하는 방법은 알지 못한다."

그렇다면 생각의 감옥에서 탈출하여 지행겸진의 길로 나아가는 구체적인 방법은 무엇일까요? 그 방법은 하나의 작은 실천을 통해 현실의 변화를 만들고, 변화의 결과를 통해 앎을 얻은 뒤, 다시 그 앎으로 더 큰 실천을 빚어내는 세 단계의 순환으로 요약할 수 있습니다. 다산이 『흠흠신서』에 남긴 함봉련 옥사 사건의 재심 과정이 바로 이 순환의 과정을 명확히 드러내는 좋은 예시입니다.

사건의 발단은 이러했습니다. 정조 시절 한양 북부에서 환곡 징수 문제로 다툼이 벌어져 아전 한 명이 사망했습니다. 초기 수사는 주변 진술에만 의존하여 머슴 함봉련을 범인으로 지목했고, 그는 억울하게 옥에 갇힌 채 사건은 굳어지고 있었습니다. 하지만 사건의 의문점을 발견한 정조는 당시 형조참의였던 정약용에게 재조사를 명했고, 다산은 이 지점에서 지행겸진의 첫발을 내딛습니다. 이후 과정은 크게 세 단계로 이루어집니다.

첫째, 다산은 거대한 구상이 아닌, 실마리가 될 하나의 행위를 포착했습니다.

다산은 처음부터 사건 전체를 뒤집을 거대한 논리를 구상하지 않았습니다. 그의 첫 행동은 이미 존재하는 1, 2차 검안서와 초기 진술 기록들을 원문 단위로 다시 읽고 서로 대조하는 구체적인 행위였습니다. 그는 '피해자의 최초 진술'과 '검시 결과', 그리고 '증인 확인서'라는 세 가지 증거가 반드시 일치해야 한다는 원칙을 세웠습니다. 대조 결과, 함봉련이 등을 한 번 밀었다는 행위와 시신의 가슴 부위 손상 간의 사실 불일치가 드러났습니다. 비용과 권력 소모가 거의 없는 이 작은 행위 하나가 굳건해 보였던 사건 전체를 흔드는 실마리가 된 것입니다.

둘째, 그 행위를 '증명'이 아닌 '탐문(探問)'으로 삼았습니다.

다산은 첫 단계에서 발견한 모순을 함봉련 무죄 증거로 단정하지 않았습니다. 대신 그는 그것을 바탕으로 현실의 진실을 묻는 날카로운 탐문의 도구로 삼았습니다. "가슴의 상처는 어떤 힘으로 가능한가?", "그 상황을 만들 동기와 기회를 가진 이는 누구인가?" 이 질문들이 수사의 방향을 사건의 실제 주역이었던 주인 김태명에게로 향하게 했습니다. 그는 이 과정을 통해 거짓을 무력화하려면 검안, 진술, 공증의 세 가지가 합치되어야 한다는 수사 원칙을 정립했습니다. 최초의 행위가 낳은 작은 앎이, 현실을 심문하여 더 큰 앎을 이끌어낸 것입니다.

셋째, 그 응답으로 얻은 '앎'으로 다음 행위를 빚어내야 합니다.

탐문을 통해 확신을 얻은 다산의 앎은 곧바로 임금에게 올리는 보고문이라는 다음 행동으로 이어졌습니다. 이 보고서를 근거로 수사의 방향이 전환되었고, 함봉련은 오랜 옥살이 끝에 누명을 벗게 되었습니다. 그러나 다산의 마지막 행동은 사건 해결에 그치지 않았습니다. 그는 이 재심의 전 과정을 『흠흠신서』에 상세히 기록하여, 자신이 정립한 증거주의 수사 규범을 모든 관리가 따를 수 있는 하나의 제도로 완성했습니다. 한 사건의 해결 경험이, 수많은 미래의 사건을 위한 살아있는 지식으로 환류된 것입니다.

이러한 3단계의 과정에 기반하여, 앎은 행동을 통해 지혜로 거듭납니다. 머릿속의 고결한 원칙들은 행동이라는 용광로를 거칠 때 비로소 순수한 신념이 됩니다. 지(知)는 행(行)이라는 실천을 통해 현실적인 힘을 얻고, 행(行)은 지(知)라는 지침을 통해 올바른 방향으로 나아가기 때문입니다. 이것이 바로 앎과 삶의 동반 성장을 추구한 다산의 설계도에 새겨진, 앎을 성장으로 바꾸는 원리입니다.

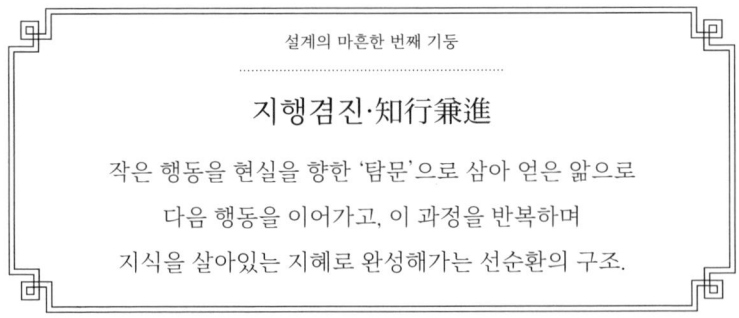

설계의 마흔한 번째 기둥

지행겸진·知行兼進

작은 행동을 현실을 향한 '탐문'으로 삼아 얻은 앎으로
다음 행동을 이어가고, 이 과정을 반복하며
지식을 살아있는 지혜로 완성해가는 선순환의 구조.

설시·設施
제42장. 치밀하게 설계하여 현실에 베풀다

❝ 관념은 어떻게 현실의 제도가 되는가? ❞

머릿속의 완벽한 설계도, 서재에 꽂힌 수많은 이론서는 그 자체로 지적인 위안을 줍니다. 그러나 그 앎이 단 한 번도 현실의 문제를 해결하는 구체적인 형태로 구현되지 못했다면, 그것은 과연 살아있는 지혜라 할 수 있을까요? 계획과 현실 사이의 깊은 골짜기에서 길을 잃는 무력감은 많은 이들이 마주하는 고질적인 문제입니다.

이 간극을 메우고 앎을 삶으로 이끌어내는 다산 정약용의 방법론은 바로 설시(設施), 즉 '치밀하게 설계하여(설, 設) 현실에 베풀어 실행하는(시, 施)' 힘입니다. 다산에게 설시는 구체적인 실천 원리였습니다. 일례로, 『목민심서』의 기근 구제 지침인 「진황(賑荒)」편에서 그는 구호 정책을 재원 비축부터 사후 결산까지 6단계의 완결된 실행 지침서로 설계했습니다. 그중 핵심인 '설시' 항목에서는 구휼창고의 설치, 배급

동선, 책임 체계까지 구체적으로 마련하게 하여, 계획이 반드시 실행으로 이어지도록 했습니다.

다산의 저술들은 바로 이 '설시'를 위한 위대한 설계도였습니다. 그의 대표작 『목민심서(牧民心書)』는 백성을 사랑하라는 선언을 구체화한 실천서에 가깝습니다. 이 책은 지방관이 마주할 모든 행정 절차를 위한 완벽한 운영 지침서입니다. 특히 세금 문제를 다루는 「호전(戶典)」편을 보면 그의 설계가 얼마나 집요했는지 드러납니다. 그는 당시 만연했던 환곡 회계 부정 수법인 번작(反作)의 전형적인 수순, 즉 아전이 곡식을 빼돌리고 수령은 허위 보고를 올리는 과정을 정확히 지적하고 이를 막기 위해 구체적인 회계 감사 절차를 제시했습니다. 이는 공정 과세라는 앎을 부패의 고리를 끊어내는 현실적인 구조로 '설계(設)'하여 현장에서 '실행(施)'하도록 만든 것입니다.

다산의 '설시' 원칙은 사법 정의의 영역에서도 드러납니다. 그의 저서 『흠흠신서(欽欽新書)』는 억울한 죽음을 막기 위한 사법 구조의 설계도입니다. 특히 시신을 검시하는 방법에 대한 부분은 놀라울 정도로 체계적입니다. 그는 상처의 형태, 색깔, 깊이에 따라 사인을 구별하는 등 과학적인 감식 지침을 상세히 기술했습니다. 이러한 원칙이 실제로 어떻게 작동했는지는 '평산 박조이*와 41장에서 언급한 함봉련 사건'의 재심리 과정에서 확인할 수 있습니다. 다산은 처음 자살로 처리된 이 사건에서, 목에 남은 끈 자국(삭흔)의 형상과 매듭 방향 등 물증을 기반으로 타살임을 논증하며 판결을 뒤집었습니다. 이는 공정한 재판이라는 앎이, 고문을 배제하고 증거를 우선하는 구조로 설계되어 한 인간의 억울함을 풀어주는 강력한 현실로 실행된 극적인 사례입니다. 이렇게 앎에 기반한 체계적인 설계를 현실에 실천적으로 적용하는 것, 이것이 바로 설시입니다.

설시는 잠들어 있던 지식을 적극적으로 활용하고자 하는 의지에서 시작됩니다. 우리의 머릿속에는 어떤 '설계도'가 잠자고 있을까요? 더 나은 삶, 더 건강한 관계, 더 성장하는 모습을 위한 계획은 얼마나 구체적인가요? 그리고 그 계획을 현실에 옮기기 위해 어떤 실행을 하고 있나요?

삶으로 앎을 증명하는 길은 작지만 구체적인 '설시'의 과정을 통해 구현됩니다. 머리와 삶 사이의 거리는 오직 치밀하게 설계하고 꾸준히 실행하는 반복적인 걸음을 통해서만 좁

---

* 1785년 황해도 평산에서 양반가 며느리 박조이가 자살로 처리되었으나, 유가족 상소로 재검시가 이뤄져 목의 삭흔 방향 등 물증을 근거로 타살로 뒤집힌 사건이다. 재수사 과정에서 집안 내부 비행이 드러나며 초기 결론이 번복되었다.

혀질 수 있습니다.

우리는 모두는 각자의 삶에 대한 설계자이자 시공자입니다. 각각의 고유한 앎으로 삶의 계획을 세우고, 두 발로 그것을 현실에 구현해야 합니다. 그렇게 우리의 하루하루가, 가장 견고한 '설시'의 결과물이 되게 해야 합니다.

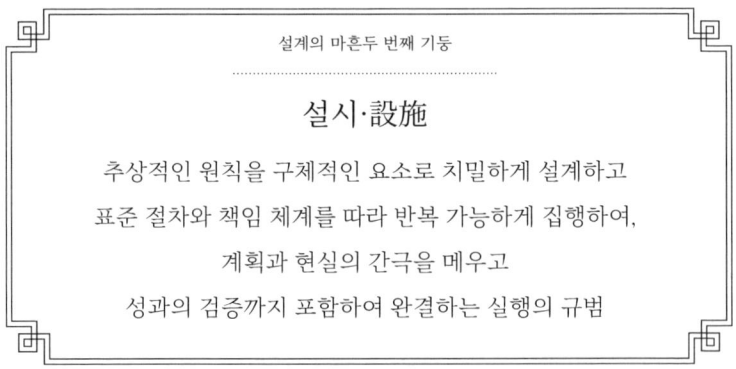

설계의 마흔두 번째 기둥

설시·設施

추상적인 원칙을 구체적인 요소로 치밀하게 설계하고
표준 절차와 책임 체계를 따라 반복 가능하게 집행하여,
계획과 현실의 간극을 메우고
성과의 검증까지 포함하여 완결하는 실행의 규범

결단·決斷
제43장. 때를 아는 자가 기회를 얻는다

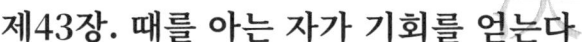

> 해야 할 줄 알면서도,
> 왜 우리는 행동하지 못하는가?

많은 경우에 우리는 알아야 할 모든 것을 알고, 세워야 할 모든 계획을 세운 뒤에도, 정작 마땅히 해야 할 행위를 실행하지 못하고 제자리에서 맴돌곤 합니다. 더 나은 선택지가 있을지 모른다는 미련, 실패할지도 모른다는 두려움, 완벽한 때를 기다리는 유예. 이러한 망설임이라는 이름의 장애물은 우리의 시야를 흐리고, 행동의 발목을 붙잡아 우리를 영원한 준비 상태에 머무르게 합니다.

다산 정약용은 이러한 우유부단과 주저함을 개인의 성향 문제와 다른 차원으로 인식하여, 지도자가 경계해야 할 큰 악덕의 하나로 규정했습니다. 그에게 행동해야 할 때 행동하지 못하는 태도는 선(善)을 가장한 위선(僞善)이었고, 신중함의 탈을 쓴 무책임이었습니다. 이 망설임의 병을 치유할 처방으로 그가 제시한 것이 바로 결단(決斷)입니다.

'결단'이란 무엇일까요. 결(決)은 둑을 터뜨려 물길을 내듯, 막힌 것을 정하여 길을 여는 것을 뜻합니다. 단(斷)은 칼로 베어 끊어내듯, 여러 가능성과의 연을 끊는 것을 의미합니다. 따라서 결단이란, 여러 선택지 가운데 하나를 택하고 나머지 모든 가능성을 미련 없이 잘라내는, 용기 있는 의지의 행위입니다.

　다산은 결단을 지도자의 '덕(德)'과 '용기(勇)'가 결합된 미덕으로 여겼습니다. 특히 그는 『목민심서(牧民心書)』에서 수령의 결단력이 백성의 삶에 얼마나 지대한 영향을 미치는지 역설합니다.

> "의심스러운 옥사(獄事)를 오랫동안 결정하지 못하면, 억울한 원망이 하늘에 사무치게 된다. [...] 마땅히 끊어내야 할 때 끊어내지 못하면, 반드시 그 재앙을 받게 된다."

　억울한 혐의를 받는 백성이 옥에 갇혀 있을 때, 수령이 증거 불충분이나 판결에 대한 비난을 두려워하며 판결을 미루는 태도는 비겁함에 해당한다는 것입니다. 불완전한 정보의 한계에도 불구하고 자신이 확보한 최선의 진실(實相)에 근거하여 판결을 내리고 그 결과에 책임지는 용기, 이것이 바로 다산이 말한 지도자의 결단입니다. 그에게 때를 놓친 정의는 그 본질마저 잃어버린 것이었습니다.

다산의 철학은 선택의 기로에 선 모든 이에게 자신의 망설임을 직시하게 만듭니다. 우리는 '더 나은 선택'을 찾으려 많은 시간과 기회를 흘려보내곤 합니다. 흥미롭게도 우리의 걸음을 멈추게 하는 것은 선택지가 부족해서가 아니라, 오히려 과잉된 가능성 때문일 때가 많습니다. 하나의 길을 택하는 순간 사라져 버릴 다른 모든 길에 대한 미련, 이 '기회비용'에 대한 막연한 두려움이 우리를 어떤 선택도 하지 못하는 무력한 상태로 내몹니다.

이에 대해 다산은, 최선의 길이 애초부터 존재하는 것이라는 환상을 깨뜨립니다. 그는 가치가 있는 것은 '가장 옳은 길을 선택하는 능력'이 아니라, '하나의 길을 택하여 그것을 기어이 최선으로 만들어내는 의지'라고 가르쳤습니다. 어떤 길을 가든 시련과 후회는 있기 마련입니다. 그러므로 중요한 것은 선택의 옳고 그름을 끊임없이 저울질하는 일이 아니라, 일단 내디딘 걸음에 온전히 헌신하고 그 모든 결과를 책임지는 태도입니다.

이러한 태도는 새로운 도전을 마주했을 때 더욱 빛을 발합니다. 이때 필요한 것은 더 많은 정보나 완벽한 계획에 앞서, 불확실성을 끌어안고 나아가겠다는 결단의 용기입니다. 복잡한 인간관계의 갈등을 풀어가는 과정에서도 마찬가지입니다. 상황이 나아지기를 마냥 기다리는 인내보다, 관계를 지속하든 정리하든 문제를 정면으로 마주하겠다는 결단의 의지가 비로소 닫힌 문을 열게 합니다. 세상의 모든 이치를 아는 지혜가 있다 해도, 때를 포착하여 행동으로 옮기는 용기가 없다면 그는 아무것도 바꿀 수 없는 이념만 가진 사상가일 뿐입니다. 머릿속의 빛나는 앎을 현실의 사실로 만드는 전환의 힘, 그것이 바로 결단의 본질입니다.

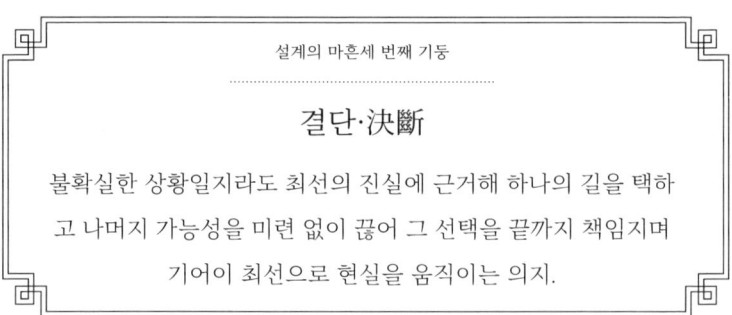

설계의 마흔세 번째 기둥

결단·決斷

불확실한 상황일지라도 최선의 진실에 근거해 하나의 길을 택하고 나머지 가능성을 미련 없이 끊어 그 선택을 끝까지 책임지며 기어이 최선으로 현실을 움직이는 의지.

불치하문·不恥下問
제44장. 아랫사람에게 묻는 것을 부끄러워 말라

> **나의 지위나 자존심이
> 더 나은 배움의 기회를 막고 있지는 않은가?**

지위가 높아지고 경험이 쌓일수록, 우리는 역설적으로 배움의 문을 스스로 닫아버리는 함정에 빠지곤 합니다. '안다'는 생각이 '알 수 있다'는 가능성을 차단하고, 권위와 체면이라는 갑옷은 새로운 지식이 스며들 틈을 막아버립니다. 우리는 가르치고 지시하는 데 익숙해진 나머지, 묻고 배우는 겸손의 자세를 잃어버립니다. 그 결과, 세상은 끊임없이 변하는데 나 자신은 과거의 성공 경험에 얽매여 서서히 낡은 존재가 되어갑니다.

다산 정약용은 이처럼 스스로를 고립시키는 지적 교만 또한 지도자가 경계해야 할 큰 위험 중 하나로 보았습니다. 그에 대한 해독제로, 공자의 가르침에서 비롯된 불치하문(不

恥下問)이라는 원칙을 평생에 걸쳐 강조하고 실천했습니다. '불치하문'이란 글자 그대로, '아랫사람에게 묻는 것을 부끄러워하지 않는다'는 뜻입니다.

다산에게 이 가르침은 겸손의 덕목을 포함하여, 진리에 도달하는 가장 실용적이고 효율적인 '실사구시(實事求是)'의 방법론이었습니다. 그에게 진리, 즉 사물의 이치(理致)는 지위의 높낮이를 가리지 않고, 구체적인 현실과 씨름하는 인물에게 가장 선명하게 드러난다고 믿었기 때문입니다. 서재에 앉아 관념적인 이론을 펼치는 고위 관료보다, 밭에서 평생 흙을 만져온 늙은 농부가 농사의 이치에 대해서는 더 깊은 지혜를 가지고 있다는 것이 그의 생각이었습니다.

따라서 '불치하문'은 진리를 향한 열정과 현실을 존중하는 태도의 증표입니다. 이는 자신의 권위보다 문제의 실상을 중히 여기는, 진정한 자신감을 갖춘 이의 역량입니다.

이러한 그의 철학은 『목민심서(牧民心書)』 곳곳에서 구체적인 지침으로 나타납니다.

"혹 의심스러운 것이 있으면, 아랫사람에게 묻기를 부끄러워하지 말고, 수장과 해당 아전을 불러, 자세히 따져 묻고 확인하여, 사건의 처음과 끝을 분명히 안 뒤에야, 비로소 문서를 완성하라."

다산은 새로 부임한 수령이 가장 먼저 해야 할 일 가운데 하나가, 그 지역의 지리와 풍속에 가장 밝은 아전(吏)이나 백성들을 찾아가 가르침을 청하는 것이라고 말합니다. 책에서 배운 원칙만으로 현실을 재단하려는 오만을 버리고, 현장의 살아있는 지식 앞에 겸손히 머리를 숙일 때 비로소 올바른 행정을 펼칠 수 있다는 것입니다. 사건을 판결할 때도 마찬가지입니다. 그는 지위가 낮은 이의 증언을 가볍게 여기지 말고, 그들의 말에서 사건의 실마리를 찾을 수 있음을 항상 유념하라고 가르쳤습니다.

다산의 불치하문은 우리에게 어떤 가르침을 줄까요? 이는 지위, 나이, 경험이라는 외피를 벗고 언제 어디서든 배우려는 열린 자세를 갖추라는 요구입니다.

부모는 자녀가 자신보다 더 잘 아는 새로운 기술이나 문화에 대해 기꺼이 물을 수 있어야 합니다. 지도자는 자신의 경험에 더하여, 현장의 실무자들이 내는 의견에 가장 먼저 귀 기울여야 합니다. '내가 전문가인데', '내가 상사인데'라는 생각이 드는 그 순간이 바로 성장을 멈추고 낡은 존재가 되기 시작하는 위험 신호임을 알아차려야 합니다.

권위란 내가 모르는 것을 인정하고 기꺼이 배우려는 태도에서 비롯됩니다. 그러한 열린 자세는 주변 사람들에게 '저 사람은 자신의 권위보다 문제 해결을 더 중시하는구나' 하는 깊은 신뢰를 주며, 오히려 그 권위를 더욱 굳건하게 만들어줍니다. 위대한 건축가는 언제나 석공의 의견에 귀를 기울이는 법입니다.

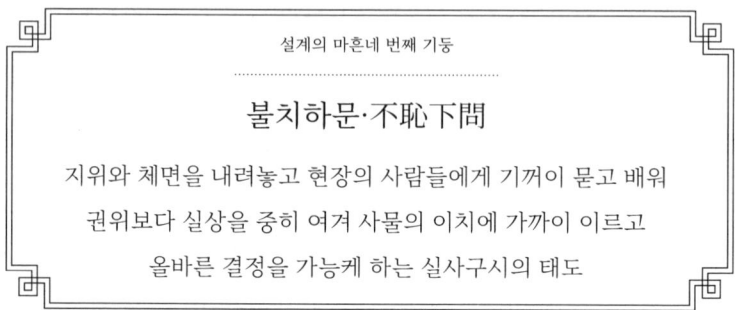

설계의 마흔네 번째 기둥

불치하문·不恥下問

지위와 체면을 내려놓고 현장의 사람들에게 기꺼이 묻고 배워
권위보다 실상을 중히 여겨 사물의 이치에 가까이 이르고
올바른 결정을 가능케 하는 실사구시의 태도

초서·抄書
제45장. 기록이라는 가장 강력한 실천

❝ 생각을 현실로 바꾸는
가장 단순하고 확실한 습관 ❞

우리의 머릿속에서는 매일같이 수만 가지 생각이 피어났다 사라집니다. 그 안에는 세상을 바꿀 만한 빛나는 발상도, 삶의 방향을 바로잡을 귀한 깨달음도, 어제보다 나은 내일을 만들 굳은 결심도 있었을 것입니다. 하지만 기록되지 않은 생각은 공중에 흩어지는 연기와 같아서, 아무런 흔적도 남기지 못한 채 소멸하고 맙니다. 기억이란 본래 불완전하고 쉽게 왜곡되는 법입니다.

다산 정약용은 이처럼 손에 잡히지 않는 사유가 가진 한계의 존재를 인식했습니다. 그리고 그에 대한 해법으로, 인간이 가진 가장 위대한 발명품인 문자를 활용하여 생각을 붙잡아두고 단련하는 구체적인 수련법, 바로 초서(抄書)를 평생의 공부 원칙으로 삼았습니다. 초서란 책을 읽다가 핵심이 되는 구절이나 마음을 울리는 글을 만날 때 옮겨 적는 것을 뜻합니다. 다산에게 기록하는 행위는 잊지 않기 위한 보조 수단인 동시에, 생각을 완성하는 과정 그 자체이자 앎을 삶으로 바꾸는 정직한 실천법이었습니다.

기록은 우선 모호한 생각을 명료하게 만듭니다. 머릿속을 떠다니는 생각은 그럴듯해 보이지만, 논리적 허점과 모순을 품고 있는 경우가 많습니다. 하지만 그 생각을 문자로 옮겨 적는 순간, 우리는 그 모호함을 더 이상 용납할 수 없게 됩니다. 문장과 문장 사이의 관계를 따지게 되고, 개념의 의미를 더욱 명확히 정의하게 됩니다. 글을 쓰는 과정 자체는 이처럼 생각을 완성해나가는 수련입니다.

나아가 기록은 흩어진 생각을 체계화하는 도구입니다. 다산의 학문 방법론인 초서(抄書)는 이 기록의 힘을 극명하게 보여줍니다. 그는 책을 읽을 때 눈으로만 읽지 않았습니다. 중요한 구절을 직접 베껴 쓰고, 그 옆에 자신의 의문과 생각을 함께 기록했습니다. 그렇게 뽑아낸 지식의 조각들을 주제별로 다시 분류하고 정리하여 자신만의 지식 체계를 세워나갔습니다. 이처럼 체계에 따른 기록과 사유의 과정을 거칠 때, 비로소 책 속의 지혜는 한 사람의 몸에 새겨진 고유한 지식이 되었습니다.

기록은 또한 자기 자신과의 약속이 되기도 합니다. 다산이 두 아들에게 편지를 쓰고, 제자들에게 가르침을 내리고,

스스로 좌우명을 새겼던 모든 행위의 중심에는 문자가 있었습니다. 말로 내뱉은 결심은 쉽게 흩어지지만, 글로 쓰인 약속은 명백한 증거로 남아 끊임없이 우리를 독려합니다. 기록은 미래의 자신을 향한 오늘의 다짐을 새기는 행위입니다.

다산의 삶 자체가 바로 이 기록의 위대함을 증명합니다. 그가 18년의 유배 기간에 수백 권의 경이로운 저술을 남길 수 있었던 힘은 그의 천재성과 더불어, 단 하루도 붓을 놓지 않은 성실함에 있었습니다. 그는 쓰는 행위로 자신의 고통을 학문으로 승화시켰고, 혼돈스러운 생각을 질서 있는 체계로 바꾸었으며, 절망적인 현실로부터 불멸의 업적을 길어 올렸습니다. 그에게 '쓴다'는 것은 곧 '산다'는 것과 같은 의미였습니다.

우리는 세상의 여러 지식과 견문을 받아들이는 데는 익숙하지만, 그것을 바탕으로 자신의 생각을 벼려내는 기록의 수고는 꺼립니다. 머릿속에는 무성한 상념이 떠다니지만, 그것을 붙잡아 실체로 만드는 단련은 부족한 것입니다.

다산의 가르침은 지금 바로 시작할 수 있는 가장 확실한 실천의 길을 보여줍니다. 복잡한 문제로 머리가 어지러울 때, 생각을 종이 위에 쏟아내는 과정에서 문제의 구조가 드러나고 해결의 실마리가 보이기도 합니다. 새로운 것을 배웠다면, 자신만의 언어로 그것을 다시 정리해보는 과정에서 앎은 비로소 자신의 것이 될 것입니다. 내일의 목표가 있다면, 그것을 명확한 문장으로 적어 눈에 보이는 곳에 두십시오. 기록된 목표는 행동을 이끄는 굳건한 이정표가 될 것입니다.

생각은 기록될 때 비로소 생명력을 얻습니다. 머릿속에 잠들어 있는 귀한 생각들을 깨워 현실의 토대 위에 연결 짓는 것. 이것이 바로 앎을 삶으로 증명하는 길이며, 흔들리지 않는 삶을 세우는 설계의 원리입니다.

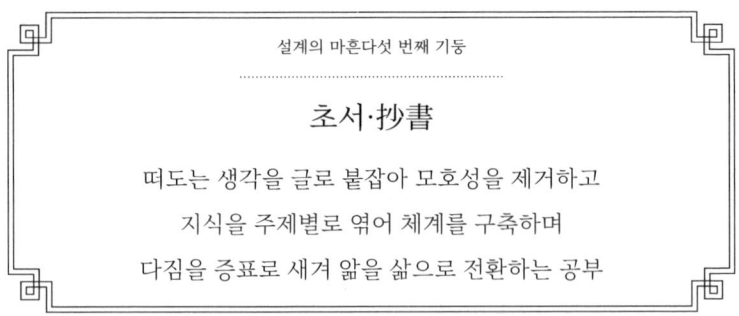

설계의 마흔다섯 번째 기둥

초서·抄書

떠도는 생각을 글로 붙잡아 모호성을 제거하고
지식을 주제별로 엮어 체계를 구축하며
다짐을 증표로 새겨 앎을 삶으로 전환하는 공부

교학상장·教學相長
제46장. 함께 배우고 함께 성장하다

> **"** 가장 빠르게 배우고
> 깊게 깨닫는 사람들의 비밀 **"**

배우는 과정은 흔히 개인적이고 고독한 행위로 여겨지고는 합니다. 무언가를 학습할 때, 우리는 홀로 앉아 책을 읽고, 고뇌하며 깨달음에 이르는 학자의 모습을 상상합니다. 하지만 이러한 관점은 우리를 지식의 소비하는 수용자의 역할에만 머무르게 하며, 앎을 삶으로 증명하는 길로 이끌지 못합니다. 지식은 우물처럼 퍼낼수록 더욱 많은 물이 솟아나는 속성을 지니기 때문입니다. 즉, 소비만 반복하게 될 뿐입니다.

다산 정약용은 바로 이 지식의 생동하는 속성을 꿰뚫어 보고, 배움의 효과를 극대화하는 원리로서 교학상장(敎學相長)을 제시했습니다. 고대 경전인 『예기(禮記)』에 등장하는 이 말은, 가르치는 것(교, 敎)과 배우는 것(학, 學)이 서로(상,

相)를 성장시킨다(장, 長)는 뜻입니다.

다산은 이 원리를 통해 배움과 가르침이 서로를 완성시키는 하나의 과정임을 역설했습니다.『예기』의 원문은 그 의미를 더욱 명확히 보여줍니다.

"배운 뒤에야 자신의 부족함을 알게 되고(學然後知不足),
가르친 뒤에야 자신의 막힌 바를 알게 된다(敎然後知困)."

즉, 배움(學)을 통해 무엇을 모르는지 알게 된다면, 가르치는 행위(行)를 통해서는 자신의 앎이 얼마나 불완전하고 막혀있는지를 비로소 깨닫게 된다는 것입니다. 아는 것을 남에게 설명해보는 실천 없이는, 자신의 앎이 온전한지 결코 증명할 수 없습니다. 따라서 가르침은 앎을 행동으로 증명하여 앎과 삶을 공명시키는 지행겸진의 과정 그 자체입니다.

어떤 개념을 남에게 설명하기 위해, 우리는 먼저 머릿속에 흩어져 있던 지식의 조각들을 하나의 논리적인 체계로 재구성해야 합니다. 상대방의 질문에 답하는 과정을 통해, 미처 생각하지 못했던 허점이나 모순을 발견하게 됩니다. 복잡한 원리를 쉬운 비유로 풀어내는 과정을 거치며, 비로소 그 원리의 본질을 꿰뚫어 보게 됩니다. 따라서 가르침은 학생과 더불어, 스승 자신을 가장 크게 성장시키는 최고의 학습법입니다.

다산의 삶 자체가 바로 이 '교학상장'의 위대한 증거입니다. 그가 18년의 유배 생활 동안 이룩한 경이로운 학문적 성취는 활발한 지적 교류의 산물이었습니다. 그의 다산초당(茶山草堂)은 당대 최고의 지성이 모여드는 학문 공동체였습니다. 그는 그곳에서 아들들과 황상(黃裳)과 같은 제자들을 끊임없이 가르쳤습니다.

그의 가르침은 일방적인 지식 전달과 구별되는, 함께 경전을 읽고 질문하며 토론하는 '강학(講學)'의 형태를 띠었습니다. 그는 제자들의 예리하고 순수한 질문을 통해 자신이 미처 깨닫지 못했던 새로운 관점을 발견했고, 그들과의 대화로 자신의 사상을 더욱 정교하게 다듬어 나갔습니다. 그의 위대한 저술들은 고독한 천재의 독백 대신, 제자들과의 상호작용으로 빚어진 살아있는 대화의 기록이었습니다.

다산의 교학상장은 진정한 배움이 '소유'에 머물지 않고 '공유'라는 실천을 통해 완성됨을 일깨워줍니다.

새로운 지식을 얻은 이는 그것을 타인에게 설명해보거나 자신만의 언어로 정리하여 글로 남겨볼 수 있습니다. 그 과정에서 자신이 무엇을 알고 무엇을 모르는지 명확히 깨닫게 될 것입니다.

어떤 분야의 전문가가 자신의 지식과 경험을 기꺼이 나눌 때, 가진 것을 잃는 대신 오히려 그 앎을 더 깊고 명확하게 소유하게 됩니다.

배움의 길은 함께 길을 묻고 이끌며 나아가는 과정에 가깝습니다. 기꺼이 타인의 성장을 돕는 스승이 될 때, 비로소 자기 자신을 가장 크게 성장시키는 스승이 될 수 있습니다. 이것이 앎을 행동으로 완성하는 또 하나의 길입니다.

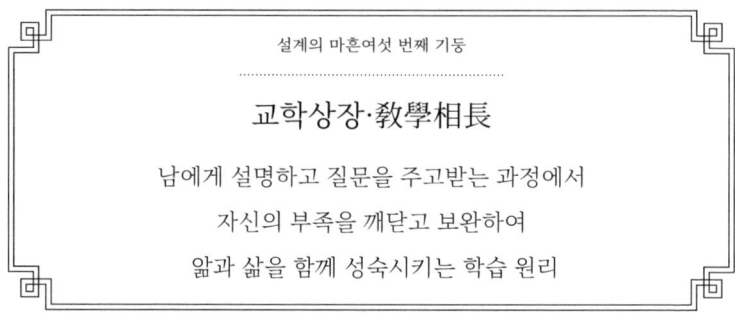

설계의 마흔여섯 번째 기둥

교학상장·敎學相長

남에게 설명하고 질문을 주고받는 과정에서
자신의 부족을 깨닫고 보완하여
앎과 삶을 함께 성숙시키는 학습 원리

항심·恒心
제47장. 꾸준함이라는 가장 무서운 힘

" 결심만 반복하는 삶을 끝내는 법 "

삶은 수많은 결심과 포기로 채워지곤 합니다. 새해 첫날, 혹은 새로운 달의 시작에 어김없이 새로운 사람이 되겠다고 다짐합니다. 하지만 그 뜨거웠던 결심은 며칠 지나지 않아 식어버리고, 우리는 이내 낡은 습관으로 돌아가 똑같은 행동을 반복합니다. 이 끝없는 결심과 포기, 그리고 자책이라는 굴레를 거치며, 우리는 점차 자기 자신에 대한 신뢰를 잃고 '나는 본래 의지가 약한 사람'이라며 스스로를 규정짓기에 이릅니다.

다산 정약용은 한순간 불타올랐다가 사라지는 의지를 일시적인 마음으로 규정했습니다. 그리고 이 일시적인 마음과 구별하여, 한 인간의 삶을 깊이 있게 바꾸는 힘을 항심(恒心)이라고 명명했습니다. '항심'이란 글자 그대로 '항상(恒) 그러한 마음(心)', 즉 변치 않고 꾸준한 마음을 의미합니다.

다산은 한 인간의 위대함이, 아무리 사소한 것이라도 오랫동안 '항심'을 가지고 지속하는 데서 드러난다고 보았습니다. 그는 논어의 가르침을 빌려, 항심이 없는 자는 아무것도 이룰 수 없다고 단언했습니다.

"항심이 없는 자는 무당이나 의원 노릇도 제대로 할 수 없다."

이는 비단 학문이나 벼슬길과 같은 큰일뿐 아니라, 평범한 기술을 익히는 데조차 항심이 절대적으로 필요하다는 뜻입니다. 다산은 타고난 재주(才)를 온전히 믿지 않았습니다. 그는 오히려 번뜩이는 재주를 가진 이들이 그 재주만 믿고 꾸준히 노력하지 않아, 평범하지만 성실한 사람에게 뒤처지는 경우를 수없이 목격했습니다. 그에게 탁월함의 다른 이름은, 바로 이 '항심'을 유지하는 능력이었습니다.

그의 이러한 철학은 유배지에서 보낸 편지에 자식들을 향한 훈계로 나타납니다. 그는 아들들에게 하루라도 공부를 거르지 말 것을 당부했습니다.

"학문이란 하루라도 그만두면 스스로도 모르는 사이에 퇴보하는 것이다. […] 하루는 고기를 잡고 이틀은 그물을 말리는 식으로는 (一日捕魚 二日曬網) 평생가도 아무것도 이룰 수 없다."

사람들은 흔히 극적인 변화와 빠른 성공을 갈망합니다. 하지만 다산의 '항심'은 우리에게 다른 길을 보여줍니다. 삶을 바꾸는 힘은 거창한 결심 대신, 지루할 정도로 반복되는 사소한 실천에 있음을 가르쳐줍니다.

'항심'을 기르는 비결은 목표를 높게 잡는 일과 거리가 있습니다. 오히려 결코 실패할 수 없을 만큼 작게 설정하는 데 있습니다. '매일 책 100페이지 읽기'라는 다짐은 실패하기 쉽지만, '매일 책 한 페이지라도 반드시 읽는다'는 다짐은 지속 가능합니다. '매일 1시간 운동하기'보다, '매일 팔굽혀펴기 단 1개라도 한다'는 마음이 항심의 시작이 됩니다.

하루 실천의 양을 압도하는 가치는 '단 하루도 거르지 않았다'는 연속성의 감각에 있습니다. 이 끊어지지 않은 사슬이 뇌에 새로운 습관의 길을 내고, 자기 자신에 대한 신뢰를 회복시키며, 마침내 사소한 실천을 거대한 성취로 바꾸어 놓습니다.

우리를 가로막는 것은 재능의 부족이나 의지의 박약함보다, 어제와 오늘, 그리고 내일을 묵묵히 이어가는 '항심'의 부재일 때가 많습니다. 거대한 성취는 결국, 쉬지 않고 이어지는 사소한 행위들이 쌓여 이루어집니다. 이것이 바로 앎을 삶으로 증명하는, 설계의 마흔일곱 번째 원리입니다.

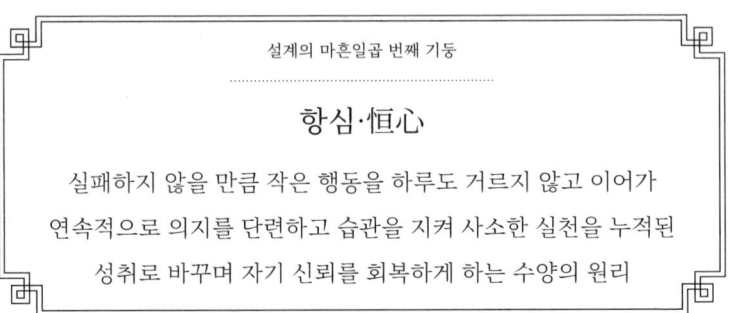

설계의 마흔일곱 번째 기둥

항심·恒心

실패하지 않을 만큼 작은 행동을 하루도 거르지 않고 이어가 연속적으로 의지를 단련하고 습관을 지켜 사소한 실천을 누적된 성취로 바꾸며 자기 신뢰를 회복하게 하는 수양의 원리

단련·鍛鍊

제48장. 고난은 나를 단련시키는 숫돌이다

> **"** 왜 어떤 사람은 위기 앞에서 더 강해지는가? **"**

삶에는 예기치 않은 시련과 고난이 있기 마련이고, 우리는 그 앞에서 좌절하며 모든 것을 포기하고 싶은 유혹에 빠지기도 합니다. 많은 이들에게 고난이란 피해야 할 재앙이자 삶을 파괴하는 힘으로 인식됩니다. 하지만 혹독한 시련을 겪으며 더욱 단단하고 깊어지는 사람이 있고, 평탄한 삶임에도 작은 위기 앞에 쉽게 무너지는 사람이 있습니다.

이 차이는 고난을 대하는 태도에서 비롯됩니다. 다산 정약용은 고난을 통해 사람이 단련된다고 보았습니다. 그는 고난을 삶의 장애물로 여기기보다, 무딘 쇠를 날카로운 칼로 만드는 단련(鍛鍊)의 과정으로 인식했습니다.

'단련'이란 무엇일까요. 단(鍛)은 쇠를 불에 달구어 망치로 두드리는 것이요, 련(鍊)은 쇠를 녹여 불순물을 걸러내는 것입니다. 즉, 단련이란 뜨거운 불과 수천 번의 망치질이라는 고통스러운 과정을 통해, 쓸모없던 쇳덩어리에서 불순물을 제거하고 마침내 강철 검을 만들어내는 과정입니다. 다산에게 한 인간의 인격과 지혜 또한 이와 같았습니다. 고난이라는 불과 시련이라는 망치질을 거쳐야만 영혼의 불순물이 제거되고 세상의 풍파를 헤쳐나갈 강인함을 지닐 수 있다는 것입니다.

이러한 그의 철학은 고통을 견디는 개념인 인내와는 구별됩니다. 인내는 음의 개념인 고통을 무로 되돌리는 것이지만, 단련은 성장을 위한 가장 귀한 원천으로 삼아 양으로 전환하는 개념입니다. 이러한 관점의 전환은 다산 자신의 삶을 통해 가장 극적으로 증명됩니다. 그는 18년의 유배 생활이라는, 한 인간이 겪을 수 있는 참혹한 고난의 한복판에 던져졌습니다.

그는 가혹한 운명 앞에서 스러져갈 수도 있었습니다. 하지만 그는 유배라는 '단련'의 과정을 통해, 자신에게 남아있던 세속적인 욕망과 지식인의 오만이라는 불순물을 모두 녹여내고, '다산'이라는 순도 높은 사상가로 다시 태어났습니다. 그는 유배지에서 아들들에게 보낸 편지에 이러한 자신의 깨달음을 다음과 같이 전합니다.

"사람은 모름지기 어려운 처지를 겪어봐야만 마음이 더욱 단단해지고 지혜가 열리는 법이다. […] 너희가 폐족(廢族)이 된 것은 불행이지만, 이 불행을 통해 너희가 교만함을 버리고 학문에 정진하게 된다면, 이는 오히려 하늘이 내린 복이 될 것이다."

고난을 불행 대신 하늘이 내린 복으로 재해석하는 압도적인 사유의 힘. 이러한 힘이 다산이 절망의 구렁텅이에서도 자신의 학문을 집대성할 수 있었던 원동력이었습니다. 그는 고난을 자신을 완성하는 계기로 삼았습니다.

다산의 '단련'에 담긴 지혜는 삶에서 마주하는 모든 어려움의 의미를 재정의하게 합니다.

업무의 실패는 좌절의 낙인이 되기보다, 부족함을 깨닫고 더 나은 방법을 찾게 만드는 '단련'의 기회가 됩니다. 고통스러운 인간관계는 삶을 지치게 하는 걸림돌이 되기보다, 편협한 시각을 깨닫고 더 넓은 이해심을 기르게 하는 '단련'의 과정이 됩니다.

사람들은 안락하고 평탄한 삶을 기원합니다. 하지만 다산의 관점에서 저항이 없는 삶은 인격을 성장시키기 어렵습니다. 인격과 지혜는 감당하기 어려운 고난과 씨름하는 과정을 거쳐야만 더 단단하고 깊어질 수 있습니다.

지금 겪고 있는 고난을 자신을 파괴하는 재앙으로 볼 것인지, 아니면 자신을 더 강하게 빚어내는 담금질의 과정으로 볼 것인지, 그 관점의 차이가 미래를 결정지을 것입니다.

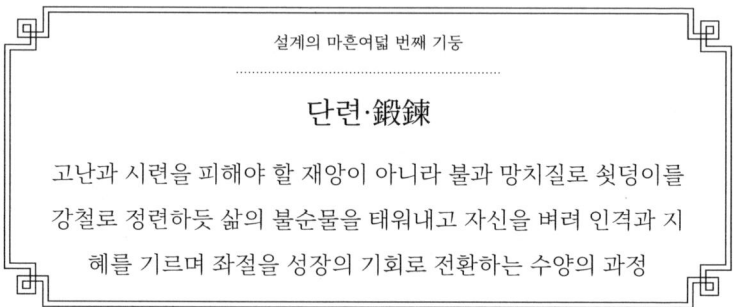

설계의 마흔여덟 번째 기둥

단련·鍛鍊

고난과 시련을 피해야 할 재앙이 아니라 불과 망치질로 쇳덩이를 강철로 정련하듯 삶의 불순물을 태워내고 자신을 벼려 인격과 지혜를 기르며 좌절을 성장의 기회로 전환하는 수양의 과정

정성·精誠
제49장. 마음을 담은 행위가 결과를 바꾼다

> 평범한 결과와 위대한 결과의 차이는 어디에서 오는가?

같은 노력을 기울이고도 전혀 다른 결과를 마주하곤 합니다. 똑같은 시간과 기술을 투입했지만, 어떤 이의 작업은 평범한 결과물에 그치는 반면, 어떤 이의 작업은 사람의 마음을 움직이는 비범한 경지에 이릅니다. 이 차이는 과연 어디에서 비롯될까요? 사람들은 그 원인을 흔히 재능이나 운의 문제로 돌리지만, 다산 정약용은 다른 차원의 힘이 존재함을 역설합니다. 그것은 바로 행위의 순간에 깃든 마음의 깊이, 정성(精誠)입니다.

'정성'이란 무엇일까요. 정(精)은 지극하고 순수함을, 성(誠)은 거짓 없고 참됨을 의미합니다. 따라서 정성이란 열심히 노력하는 마음을 포함하여, 한순간의 행위에 자신의 온 마음과 진심을 다해 몰입하는 경지를 말합니다. 그것은 결과에 대한 계산이나 타인의 시선을 의식하는 마음이 모두 사라지고, 오직 행위 그 자체와 하나가 되는 순수한 상태입니다. 다산은 유교의 핵심 경전인 『중용(中庸)』의 가르침을 빌려, 지극한 정성(至誠)은 하늘을 감동시킨다고 믿었습니다. 이는 신비주의와 구별되는 통찰입니다. 온 마음을 다한 행위는 기계적인 행위와는 질적으로 다른 힘과 결과를 낳는다는 철학적 깨달음입니다.

이 '정성'의 철학을 숭고하게 보여주는 증거가 바로 다산의 유배 시절 유물인 『하피첩』입니다. 강진 유배지에 있던 다산은, 부인 홍 씨가 보내온 헌 옷가지들 가운데 붉은 비단 치마 하나를 발견합니다. 그것은 시집올 때 입었던 예복으로, 부부의 가장 빛나던 시절을 상징하는 물건이었습니다. 이제는 낡고 해져버린 그 치마는, 몰락한 가문의 서글픈 현실을 고스란히 보여주는 것이기도 했습니다.

다산은 이 낡은 치마를 소중히 여겨, 그것을 정성껏 잘라 여러 권의 작은 책을 만들고, 그 위에 아들들에게 전하고 싶은 간절한 당부와 경계의 말들을 한 자 한 자 새겨 넣었습니다. 그리고 그 서첩에 『하피첩』이라는 이름을 붙여, 훗날 다시 만날 아들들에게 아비의 마음을 전하는 신표로 삼았습니다.

이 행위는 책을 만드는 일 그 이상의 의미를 지니는데, 바로 낡은 치마라는 사물에, 아내에 대한 애틋함과 지나간 세월의 회한이 깃들어 있기 때문입니다. 그것을 잘라 책으로 만드는 행위에는, 떨어져 있는 자식들을 향한 아버지의 절절한 사랑과 가르침이 담겨 있습니다. 『하피첩』은 종이와 먹물의 결합이라기보다, 한 인간이 처한 비극적 현실로부터 피워낸 '정성'의 결정체였습니다. 설령 다산이 더 좋은 종이에 똑같은 내용을 적었다 해도, 낡은 치마 조각이 주는 그 깊은 울림을 담아내기는 어려웠을 것입니다.

효율성과 속도를 중시하는 세태에서는 '정성'이라는 가치는 낡고 비효율적인 것으로 여겨지기도 합니다. 우리는 '무엇을 했는가'와 '얼마나 많이 했는가'에만 집중할 뿐, '어떤 마음으로 했는가'는 좀처럼 묻지 않습니다.

하지만 다산의 가르침은 우리에게 본질을 되묻게 합니다. 누군가에게 보내는 편지 한 통에도 정보나 안부를 전달하는 기능에 더하여, 상대의 수고를 헤아리는 마음을 담을 수 있습니다. 가족을 위해 차리는 저녁 식사는 허기를 채우는 행위에 더해, 그들의 고된 하루를 위로하는 마음의 표현이 될 수 있습니다. 모든 일에 그저 의무감과 타성으로 임하는 대신, 자신의 진심을 불어넣을 때 그 결과는 달라집니다.

기술이 발달하여 많은 능력을 대체할 수 있는 시대에도 결코 대체될 수 없는 영역이 있다면 바로 '정성'의 영역일 것입니다. 기계는 완벽한 결과물을 만들 수는 있지만, 마음을 담을 수는 없기 때문입니다.

평범한 결과와 위대한 결과를 가르는 것은 재능이나 기술의 차이에 있기보다, 행위자가 자신의 일에 얼마만큼의 '정성'을 쏟아부었는가에 달려 있을 때가 많습니다. 자신의 행위에 마음을 담는 순간, 그 행위는 노동과 구별되는, 자신과 세상을 변화시키는 의미 있는 의식이 됩니다.

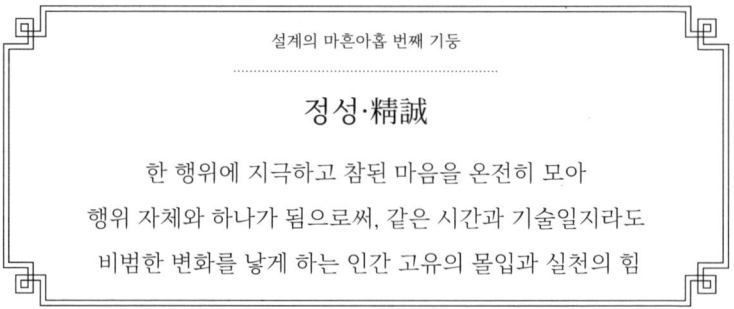

설계의 마흔아홉 번째 기둥

정성·精誠

한 행위에 지극하고 참된 마음을 온전히 모아
행위 자체와 하나가 됨으로써, 같은 시간과 기술일지라도
비범한 변화를 낳게 하는 인간 고유의 몰입과 실천의 힘

양생·養生
제50장. 몸을 보존해야 성과도 있다

**" 시간이 아닌,
에너지를 관리해야 하는 이유 "**

사람들은 위대한 정신력과 불굴의 의지를 칭송하며, 육체의 한계를 이겨내는 것을 미덕으로 여기는 경향이 있습니다. 성공을 위해 밤을 새우고 건강을 희생하며, 자신의 몸을 무한한 자원인 양 소모합니다. 사람들은 시간을 정복하기 위해 분투하지만, 그 시간을 살아낼 기력(氣力)이 고갈된다는 사실은 간과하기 쉽습니다. 왕성한 정신은 건강한 육체에 깃들기 마련입니다.

다산 정약용은 이 명백한 진리를 이해했던 사상가였습니다. 그에게 몸을 돌보는 행위인 양생(養生)*은 학문을 하고

---

* '양생'은 본래 『장자(莊子)』 「양생주(養生主)」를 비롯한 선진(先秦) 시기 도가(道家) 문헌에서 전개된 생명 보존 및 수양의 개념이다. 이후 한의학 고전 『황제내경(黃帝內經)』의 이론과 결합하며 기혈(氣血)을 조화롭게 하여 오래도록 건강하게 산다는 생활 규범으로 자리 잡았다. 정약용은 이 전통을 수용하여 양생을 도덕과 경세(經世)의 토대가 되는 실천 윤리로 격상시켰고, 학문이나 정치에 앞서 반드시 갖춰야 할 전제 과업으로 삼았다.

세상을 경영하는 모든 과업을 수행하기 위한 전제 조건이자 신성한 의무였습니다. '양생'이란 글자 그대로 '생명(생, 生)을 기른다(양, 養)'는 뜻으로, 나의 생명력을 보존하고 키워 나가는 모든 적극적인 실천을 의미합니다. 다산은 차를 마시는 행위조차 기(氣)를 다스리는 생활 처방으로 삼아, 때와 상황에 맞는 음차(飮茶)의 효용을 논했습니다.

다산은 정신과 육체가 기(氣)라는 하나의 근원적인 힘으로 연결되어 있다고 보았습니다. 따라서 몸이 병들면 마음(心) 또한 어두워지고, 기운이 쇠하면 뜻(志) 또한 약해질 수밖에 없다고 통찰했습니다.

아무리 원대한 뜻을 세우고 정교한 계획을 그려도, 그것을 실행할 육체의 기력이 없다면 모든 것은 공허한 망상에 그치고 맙니다. 그렇기에 그는 유배라는 극한의 환경에서도 자신의 건강을 지키는 일을 학문만큼이나 중요하게 여겼습니다.

그의 철학은 의학에 대한 조예와 자신의 삶을 통한 실험에서 비롯되었습니다. 그는 막연한 조언 대신, 구체적이고 실용적인 양생의 원리들을 끊임없이 가르쳤습니다. 약을 쓰는 법에 있어서도, 병의 증상에 정확히 맞는 간명한 처방을 중시하여 실용적인 길을 찾고자 했습니다. 이러한 다산의 양생법(養生法, 몸과 마음을 기르고 보존하는 방법)은 크게 네 가지로 이루어져 있습니다.

첫째, 모든 것의 바탕은 절제(節制)에 있습니다. 생활 규범에서도 그는 멋보다 보온과 내구성을 앞세운 의복과 기름지지 않은 담박한 음식을 권했습니다. '옷은 오래 입을 것을 먼저 생각하라'거나 '음식은 목숨만 이으면 된다'는 당부는, 외물의 과욕을 줄여 기(氣)를 아끼려는 양생의 논리입니다. 그는 과도한 모든 것이 기(氣)를 손상시킨다고 보았습니다. 과도한 음식은 위장을 상하게 하고, 과도한 말은 기운을 흩어지게 하며, 과도한 생각은 정신을 피폐하게 만듭니다. 그는 특히 학문에 몰두하는 자일수록 정신의 소모가 크기에, 적절한 휴식으로 기운의 균형을 잡아야 함을 강조했습니다. 그러므로 짧은 휴식 후 차를 마시며 정신을 맑게 하는 등, 일과 속에서 기력을 회복하는 생활의 리듬을 중요하게 여겼습니다.

둘째, 마음의 평온이 곧 몸의 건강입니다. 다산은 질병의 큰 원인을 격렬한 감정의 동요로 보았습니다. 그는 아들들에게 성내는 것이 마치 불길처럼 몸을 태우는 것과 같다고 경고하며, 외부의 시련에 쉽게 흔들리지 않고 마음의 평정심을 유지하는 것이 양생의 핵심임을 일깨웠습니다.

셋째, 몸을 꾸준히 움직여 기운을 순환시켜야 합니다. 그는 비좁은 유배지의 방 안에서도 할 수 있는 '도인법(導引

法)'과 같은 간단한 체조와 호흡법을 실천하고 권했습니다.*
몸은 끊임없이 움직이고 순환해야만 생명력을 유지할 수 있
다는 것이 그의 지론이었습니다.

넷째, 기력이 부족할 때 영양을 보태는 식치(食治)** 또한
중요하게 여겼습니다. 그는 형에게 조리하는 법까지 상세히
전하며, 허약한 몸을 보하는 데 이만한 것이 드물다고 했는
데, 이는 기력 회복을 위한 현실적인 양생관을 보여줍니다.

사람들은 시간을 잘게 쪼개어 관리하는 데 익숙하지만,
그 시간을 채울 기력의 총량을 관리하는 데는 소홀하기 쉽습
니다. 다산의 '양생'은 관점의 전환을 요구합니다. 지혜로운
사람은 자신의 일과에 일과 더불어, 기력을 회복시키는 휴식

---

* 정약용은 제자들과 자녀들에게 비좁은 유배지에서도 실천할 수 있는 간단한 체조(導引法)와 호흡 조절법(調息)을 통해 기(氣)의 순환을 도울 것을 권장했다. 그의 서신에는 "잠깐이라도 몸을 펴고 숨을 고르게 하라"는 식의 지시가 빈번하게 나타난다. 이는 의서(醫書)에 기반한 처방보다 일상적인 동작과 호흡을 통한 기력 회복을 우선시하는 그의 태도를 보여준다.

** 정약용이 강진과 흑산도로 유배지가 갈린 형 정약전(丁若銓, 1758-1816)에게 보낸 서신에 나타나는 건강관이다. 그는 허약한 형의 체질 보강을 위해 약물보다 증상과 체력에 맞는 음식 치료(食治)가 우선되어야 한다고 보았다. 음식의 조리법 등 영양 보충 방도를 상세히 적어 보낸 것은 기력이 떨어지면 먼저 잘 먹고 쉼으로써 기를 보충해야 한다는 그의 실용적 양생관을 잘 보여준다.

과 수면, 운동 시간을 중요한 항목으로 먼저 배정합니다. 시간의 관리와 더불어 기력의 관리를 중시하라는 것입니다.

하루에 쓸 수 있는 의지력과 집중력의 총량은 유한합니다. 아무리 완벽한 계획을 세워도, 기력이 고갈된 상태에서는 아무것도 실행할 수 없습니다. 몸을 돌보는 행위는 원대한 꿈을 실현 가능하게 만드는 가장 중요한 실천입니다. 자신의 몸이야말로 삶의 모든 과업을 이루기 위한 유일하고 소중한 기반이기 때문입니다.

설계의 쉰 번째 기둥

양생·養生

몸과 마음이 하나의 기로 이어져 있음을 자각하고 절제를 바탕으로 평정을 지키며 기의 관리를 꾸준히 실천해 생명력을 보존하고 키워 뜻과 공부가 끝까지 실행되도록 만드는 삶의 관리법

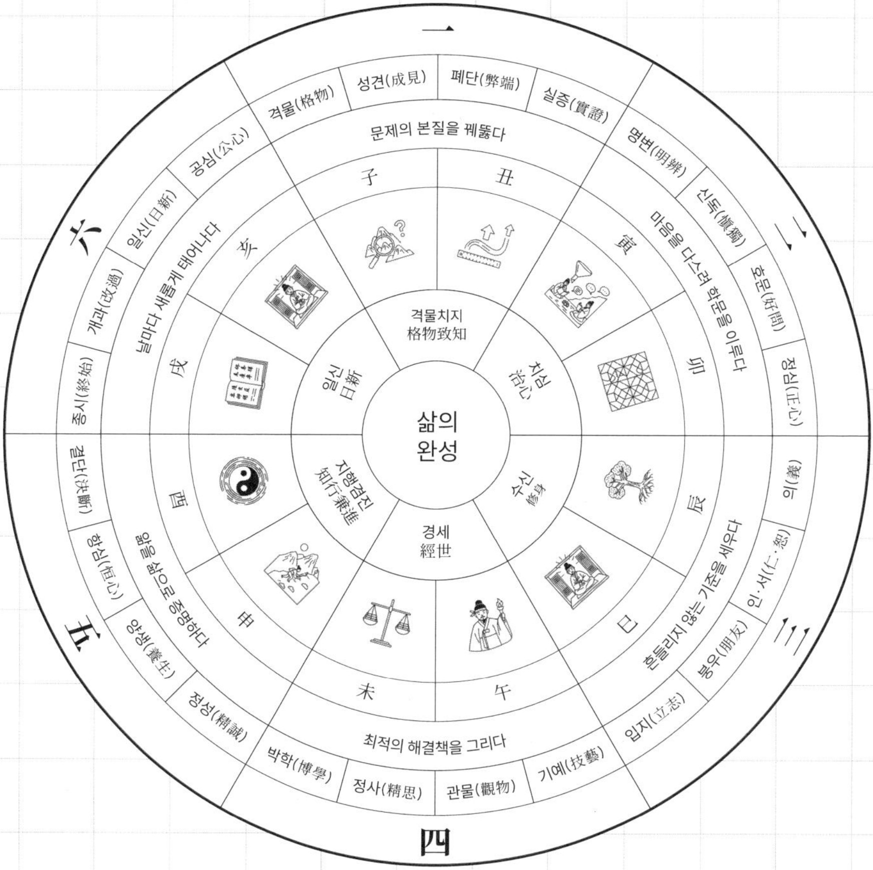

원형 도표

중심: 삶의 완성

내부: 격물치지 格物致知 / 경세 經世 / 일신 日新 / 지행겸진 知行兼進 / 치심 治心 / 수신 修身

12지 구역 (子·丑·寅·卯·辰·巳·午·未·申·酉·戌·亥):
- 子丑 (상단): 문제의 본질을 꿰뚫다
- 寅卯: 마음을 다스려 학문을 이루다
- 辰巳: 흔들리지 않는 기준을 세우다
- 午未 (하단): 최적의 해결책을 그리다
- 申酉: 맑은 삶으로 증명하다
- 戌亥: 날마다 새롭게 태어나다

외곽 항목:
- 子: 격물(格物)
- 丑: 성견(成見), 폐단(弊端), 실증(實證)
- 寅: 명변(明辨), 신독(愼獨), 호편(好偏)
- 卯: 정심(正心)
- 辰: 의(義)
- 巳: 인·서(仁·恕), 붕우(朋友), 입지(立志)
- 午: 기예(技藝)
- 未: 관물(觀物), 정사(精思), 박학(博學)
- 申: 정성(精誠), 겸선(兼善)
- 酉: 청렴(淸廉), 결단(決斷)
- 戌: 종사(從事), 개과(改過)
- 亥: 일신(日新), 공심(公心)

사방: 一 (상) · 二 (우) · 三 · 四 (하) · 五 · 六 (좌)

6부	날마다 새롭게 태어나다		
	부문	일신(日新)	
	작성자	다산 정약용	
	작성지	경기도 남양주 여유당	
	작성시기	1818년-1836년	
	참고도면	자찬묘지명, 흠흠신서, 목민심서	

일신·日新
제51장. 날마다 새롭게 태어나다

❝ 어제의 성공이
오늘의 발목을 잡지 않게 하려면? **❞**

성취의 순간은 달콤하지만, 그 뒤에는 교만과 정체(停滯)라는 위험한 그림자가 따릅니다. 하나의 목표를 이루고 하나의 일을 완성했을 때, 인간은 그 영광의 자리에 머무르고 싶은 강렬한 유혹에 빠집니다. 어제의 성공 방식은 미래의 변화를 가로막는 장애가 되고, 과거의 영광 때문에 새로운 도전을 망설이게 되기도 합니다.

다산 정약용은 성취의 순간에 찾아오는 '정체'의 위험을 경계했습니다. 그는 삶을 낡은 것을 허물고 새로운 것을 쌓아 올리는 영원한 '갱신(更新)'의 순환 과정으로 이해했습니다. 그리고 이 갱신의 철학을 압축하는 핵심 개념이 바로 일신(日新)입니다.

'일신'의 가르침은 고대 경전인 『대학(大學)』의 "진실로 어느 날 새로워졌거든, 날마다 새롭게 하고, 또 날마다 새롭게 하라(구일신 일일신 우일신, 苟日新 日日新 又日新)*"는 구절에 그 뿌리를 두고 있습니다. 이는 날마다 새로워진다는 뜻으로, 어제의 나에 머무르기를 거부하고 매일 새로운 존재로 거듭나려는 자기 혁신의 의지를 말합니다. 다산은 여기서 더 나아가, 『대학』의 핵심 강령이 주희가 말한 '신민(新民)'이 아닌 '친민(親民)'이 본래의 뜻임을 밝혔습니다. 백성과 깊이 친밀해지는 것(친, 親)이 궁극적으로 백성을 날마다 새롭게 하는(신, 新) 효과로 이어진다고 보았기 때문입니다. 이는 '일신'의 노력이 개인의 수양에 그치지 않고, 공동체를 실질적으로 변화시키는 경세(經世)의 실천으로 확장되어야 함을 의미합니다.

다산의 사유 체계에서 '일신'은 두 가지 차원으로 나타납니다.

첫째는 지식의 '일신'입니다. 다산 자신의 학문 수양 과정이 이를 가장 극명하게 보여줍니다. 그는 1789년 정조 앞에

---

* 전국시대의 경전 『예기』에 속해 전해진 『대학』 본문 중 이른바 '탕지반명' 고사 대목에서 나온 구절로, 은나라 탕왕이 목욕통에 새겼다는 좌목에서 유래한다. 주희가 『대학장구』로 정본화한 이후 동아시아 성리학의 핵심 격언으로 통용되었다.

서 강의했던 내용을 정리한 『대학강의(大學講義)』*를 저술했지만, 25년이 흐른 뒤 유배지 강진에서 『대학공의(大學公議)』를 다시 써 자신의 이론을 근본적으로 개정했습니다. 가령 '격물(格物)'과 '치지(致知)' 같은 핵심 개념을 완전히 새롭게 정의함으로써, 한 번 내린 결론에 머물지 않고 끊임없이 자신의 학문을 갱신하는 태도를 스스로 증명해 보였습니다. 학자가 가장 경계해야 할 것은 한번 깨달은 지식을 절대적인 진리라고 믿고 더 이상의 탐구를 멈추는 지적 오만임을 삶으로 보여준 것입니다.

둘째는 인격의 '일신'입니다. 과거에 선(善)을 행했더라도 오늘의 선함이 보장되지는 않습니다. 인간의 마음은 늘 악(惡)의 유혹에 노출되어 있기에, 하루라도 자신을 돌아보고 닦는 수양을 게을리하면 곧바로 낡고 부패하게 됩니다. 매일 자신의 마음을 씻어내듯 마음을 새롭게 하는 수련이 평생 지속되어야 한다는 것이 그의 생각이었습니다.

이러한 갱신의 자세는 그의 저술 방식 자체에도 체화되어 있었습니다. 다산의 『논어고금주(論語古今註)』는 단순히 옛

---

* 정조 재위 13년에 규장각에 있으면서 임금 앞에서 진강한 『대학』 강설을 정리한 책이다. 다산은 이후 강진 유배지에서 『대학공의』를 새로 집필해 핵심 개념(격물, 치지 등)과 강령 해석을 대폭 수정했는데, 이는 자신의 학설을 고정하지 않고 주기적으로 갱신하는 '일신'의 학문 태도를 실제 저술로 입증한 사례다.

주석을 나열한 책이 아닙니다. 조문마다 고금의 여러 학설을 모아 대조하고 논증하며 끊임없이 논점을 갱신하는 구조로 이루어져 있습니다. 이 책 자체가 어제의 이해를 오늘의 수정으로 끊임없이 밀고 나아가는 '일신'의 작업 방식을 그대로 보여주는 살아있는 증거인 셈입니다.

다산은 대업의 '완성'조차도 곧바로 '개정'과 '심화'의 과정으로 전환했습니다. 유배 말기에서 귀향 이후 시기에 『경세유표(經世遺表)』와 같은 대작들을 마무리한 뒤에도, 그는 쉬지 않고 그 체제와 내용을 다시 편성하고 교정했습니다. 『경세유표』만 해도 초고 48권이 필사 단계에서 44권 15책으로 재편되었고, 이후에도 편제 수정이 계속되었습니다. 그에게 '완성'이란 종결을 의미하는 것이 아니라, 다음 수정을 위한 발판을 마련하는 과정에 불과했습니다.

변화가 계속되는 세계에서는 '일신'의 자세가 생존의 필수 원리가 됩니다. 과거의 성공 방식에만 안주하는 기업은 도태되고, 한때의 명성에 기댄 예술가는 잊히며, 낡은 지식을 새롭게 하지 않는다면, 아무리 전문가라도 설 자리를 잃습니다.

우리의 삶 역시 마찬가지입니다. '나는 이제 알 만큼 안다', '나는 이 정도면 괜찮은 사람이다'라고 생각하는 순간, 성장은 멈추고 낡은 존재로 전락하기 시작합니다.

'일신'의 실천은 거창한 혁신만을 뜻하지 않습니다. 어제보다 조금 더 나은 방식으로 업무를 처리하려는 작은 시도, 낡은 편견을 깨뜨리는 책 한 권을 읽는 행위, 어제의 잘못을 인정하고 다르게 행동하려는 겸손한 다짐이면 충분합니다.

삶이란 완성된 결과가 아니라 살아있는 유기체와 같아서, 매일 새롭게 가꾸고 돌보아야 합니다. 어제 이룬 성취를 발판 삼되 거기에 안주하지 않고, 오늘의 자신을 새로운 존재로 빚어내려는 의지가 필요합니다. 이것이 낡은 세계에 머무르지 않고 새로운 세계로 나아가기 위해 필요한 첫 번째 조건입니다.

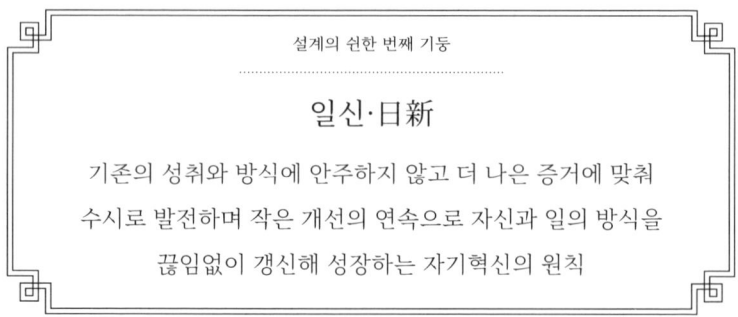

공심 · 公心
제52장. 사사로운 마음을 버리다

❝ 나의 성공은 과연 누구를 위한 것인가? ❞

자신을 연마하는 수련은 그 자체로는 완결되지 못하는 속성을 지닙니다. 한사람이 제 안의 흠결을 깎아내고 맑게 닦아내는 일에 몰두할수록, 세상과 자신을 분리하는 벽은 도리어 높아지기 때문입니다. 그렇게 세상으로부터 고립되어 완벽해진 자아는, 빛나는 성취의 정점에서 허무와 마주하게 됩니다.

다산의 사유를 기반으로, 이 자기 완결성의 공허를 채우고 수련의 방향을 바로 세우는 원리를 찾는다면 공심(公心)'에 가닿게 됩니다. 공심은 '나'의 이익만을 기준으로 삼는 사심(私心)의 틀을 벗어던지고, 공동체 전체의 관점에서 사물을 바라보는 마음의 확장을 뜻합니다.

다산에게 사심은 윤리의 문제에 앞서 지각(知覺)의 문제였습니다. 사사로운 이익을 기준으로 삼는 마음은, 세상을 자기 욕망의 크기만큼 축소시켜 받아들입니다. 그 협소한 시야 안에서는 사물의 올바른 이치를 파악하는 '격물(格物)'이 원천적으로 불가능해집니다. 따라서 수양이란 사심이 드리운 그림자를 걷어내고, 공심을 통해 세계의 온전한 모습을 회복해 나가는 투쟁이라는 성격을 띠게 됩니다.

그의 저술 『목민심서(牧民心書)』는 이 공심이 한 공동체의 운명을 어떻게 좌우하는지를 보여주는 기록입니다. 다산은 백성을 다스리는 지도자의 마음이 곧 그 공동체의 모든 제도를 움직이는 바탕이라 보았습니다.

"공심(公心)으로 일을 처리하면 밝은 지혜가 생겨나지만, 사심(私心)으로 일을 처리하면 어두운 곳으로 빠져들게 된다."

지도자의 마음에 사심이 깃들면, 인재 등용의 기준은 능력이 아닌 사적인 친분으로 흐르고, 조세의 원칙은 공정함이 아닌 개인적인 온정에 따라 흔들립니다. 공심을 회복하는 것은 공동체의 붕괴를 막는 조건 중 하나였습니다.

하지만 지도자가 아닌, 공동체의 변화와 성장에 대한 의무를 지지 않은 개개인은 왜 공심을 지향해야 할까요? 다산의 사유는 여기에 대해 냉철한 현실론으로 답합니다. 사심에 기반한 성공은 본질적으로 취약하기 때문입니다. 타인의 손해를 딛고 쌓아 올린 성취는 주변 모두를 잠재적인 적으로 만들며, 스스로를 고립된 성채 안에 가두는 결과를 낳습니다. 이러한 성공은 위기가 닥쳤을 때 누구의 도움도 받지 못하고 모래처럼 허물어지기 쉽습니다.

반면, 공심을 바탕으로 공동체의 이로움을 함께 추구하는 사람의 성공은 견고한 성곽과 같습니다. 그의 성공은 공동체 전체의 성공과 연결되기에, 위기 속에서 기꺼이 그를 돕는 동료와 지지자라는 든든한 방어벽을 얻게 됩니다. 공심은 이처럼 개인의 성취를 지속 가능하게 만드는 현실적인 지혜입니다.

'공심'의 잣대는 한 개인이 이룬 성취의 과실을 자신만을 위해 쌓아두는지, 혹은 자신이 속한 공동체의 몫으로 되돌리는지를 묻습니다. 자신의 지식과 능력을 개인의 출세를 위한 방편으로 삼는지, 혹은 그것으로 공동의 문제를 해결하는 데 기여하는지를 돌아보게 합니다.

이러한 이유로 공심을 세우는 일은 개인의 이익을 포기하는 행위와는 그 궤를 달리합니다. 나의 이익과 공동체의 이익이 서로 연결되어 함께 나아간다는 더 높은 차원의 이해에 가깝습니다. 공정한 마음으로 공동체를 이롭게 하는 사람은 눈앞의 작은 이익을 얻지 못할지라도, 결국 모든 구성원의 존경과 신뢰라는 값을 매길 수 없는 자산을 얻게 됩니다.

공심이란 '나'의 경계를 확장하는 일입니다. 나의 성장이 다른 누군가의 성장으로, 나의 기쁨이 공동체의 기쁨으로 이어지는 더 큰 서사를 설계하는 지혜입니다. 사심이 단 한 명을 위한 섬을 짓는 기술이라면, 공심은 모두가 함께 혜택을 누리는 단단한 대륙을 만드는 기술입니다. 매일 자신을 새롭게 하는 노력이 이 공적인 마음과 만날 때, 성장은 비로소 고립의 허무함을 벗어나 시대와 연결되는 불멸의 의미를 얻게 됩니다.

설계의 쉰두 번째 기둥

공심·公心

사사로운 욕망과 친소의 이해에서 벗어나 '나에게 이로운가'가 아니라 '우리에게 옳은가'를 기준으로 공공의 선과 의(義)에 맞게 판단하고 실행하여 사심이 낳는 왜곡과 부패를 막고 개개인의 성장을 공동체의 성장과 잇게 하는 최고 수준의 수양 윤리.

개과 · 改過
제53장. 어제의 나를 넘어서는 길

❝ 실패를 어떻게
가장 값진 자산으로 바꿀 수 있는가? ❞

하나의 균열은 애써 쌓아 올린 구조물 전체를 위협합니다. 인간이라는 불완전한 구조물 또한 마찬가지입니다. 우리는 살아가며 저지른 오판(誤判)으로 관계에 상처를 입히고, 피어나는 나태로 스스로가 지닌 가능성을 허물곤 합니다. 이 균열로 인하여, 대부분은 그것을 감추거나 합리화하며 위태로운 현상을 유지하려 합니다. 이전에 겪은 실패가 지금의 나를 규정한다고 믿기 때문입니다.

그러나 다산 정약용에게 군자(君子)와 소인(小人)을 가르는 것은 흠결이 있고 없음이 아니었습니다. 성인(聖人)이 아닌 이상 흠결 없는 인간은 없기 때문입니다. 그 둘을 가르는 차이는 오직 그 균열을 대하는 태도에 있었습니다. 소인은 균열을 덮어 구조 전체가 붕괴하는 결과를 낳지만, 군자는 균열이 생긴 원인을 파고들어 더 견고한 구조를 세웁니다. 다산은 이처럼 허물을 성장을 이끄는 동력으로 전환하는 기예(技藝)를 개과(改過)라 불렀습니다.

'개과'란 허물(과, 過)을 고친다(개, 改)는 뜻으로, 『논어』에 담긴 "허물이 있되 고치지 않는 것, 이것이야말로 허물이다(過而不改, 是謂過矣)"라는 가르침에 뿌리를 둡니다. 다산에게 개과는 인간으로 존재하고자 하는 이상, 마땅히 행해야 할 의무였습니다. 허물을 고치는 행위야말로 불완전한 자신을 딛고 더 나은 존재로 나아가는 길이었습니다. 다산이 보여준 허물을 다루는 과정은 크게, 허물을 정확히 아는 '지과(知過)', 그 원인을 바로잡는 '시정(施正)', 그리고 실패를 더 큰 성공으로 전환하는 천선(遷善)의 궤적을 따릅니다. 화성(華城) 축성 과정에서 드러난 문제 해결의 방식이 그 구체적인 예시가 됩니다.

우선 첫 번째 단계인 지과(知過)는 문제의 실체를 정확히 꿰뚫어 보는 데서 출발합니다. 조선 최대의 국책 사업이었던 화성 축성 현장을 떠올려 볼 수 있습니다. 공사가 한창 진행되던 어느 날, 작업 속도가 더뎌지는 문제가 발생합니다. 성벽이 높아질수록 무거운 석재를 위로 올리는 일이 힘에 부치자, 실무관들은 지극히 상식적인 해법을 제시합니다. 바로 인력을 더 투입하여 속도를 높이자는 제안이었습니다.

그러나 총괄자였던 다산 정약용은 이 문제에 다르게 접근했습니다. 그는 탁상에 앉아 보고만 받지 않고, 직접 현장으로 나아가 모든 상황을 세밀하게 관찰했습니다. 마치 사물의 이치를 끝까지 파고드는 격물(格物)의 자세로 축성의 모든 단계를 뜯어보았습니다. 그의 눈이 멈춘 곳은 높이 솟은 성벽이 아니었습니다. 다산은 진짜 병목 현상이 성벽 위로 돌을 들어 올리는 작업이 아니라, 그보다 훨씬 이전 단계인 채석장에서 수레로 돌을 싣고 운반하는 대목에 있음을 간파했습니다. 석재를 채취하고, 그것을 수레에 싣고, 울퉁불퉁한 길을 따라 공사 현장까지 옮기는 비효율이 전체 공정을 지연시키는 근본 원인이었던 셈입니다. 실제로 공사의 모든 기록을 담은 『화성성역의궤』를 살펴보면, 전체 비용에서 운반비가 차지하는 비중이 약 4분의 1에 달할 만큼 막대했음을 확인할 수 있습니다. 이는 운송 문제가 얼마나 심각한 비중을 차지했는지 보여주는 객관적인 증거입니다. 이처럼 문제의 현상이 아닌 근원을 정확히 짚어내는 힘, '사람 부족'이라는 피상적인 진단에 매몰되지 않고 상차와 운반 체계의 비효율이라는 핵심을 밝혀낸 것, 이것이 바로 지과의 본질입니다.

둘째, 시정(施正)은 근본(本)의 순서를 바로잡아 해결책을 다시 설계하는 것입니다. 다산은 '물유본말(物有本末)'의 원리에 따라 공정 자체를 재배치했습니다. 그는 서양 기계 도감 『기기도설(奇器圖說)』을 참고해 거중기를 고안했는데, 이는 높은 곳으로 돌을 옮기는 장치가 아니라 채석장에서 돌을 싣는 상차 작업에 최적화된 저고도 인양 장치였습니다. 나아가 돌을 결박하는 표준 방식을 마련하고, 품목과 공정별로 임금을 지급하는 직능 편제를 도입하여 인력을 늘리는 방식의 운영(末)을 역할과 순서에 따른 체계로 바꾸었습니다. 이처럼 문제의 근본인 '상차'를 먼저 해결하고 운반과 성벽 쌓기로 나아가도록 공정의 순서를 바로잡은 것이 '시정'의 핵심입니다.

셋째, 천선(遷善)은 올바른 시정을 통해 결과가 질적으로 상승하는 경지입니다. 다산은 스스로의 기록에서 새로운 공법으로 비용 4만 냥을 절감했다고 밝혔는데, 이는 인력 운반 및 상차 비용이 줄어든 결과였습니다. 화성이 불과 2년 반 만에 준공될 수 있었던 것 또한, 거중기라는 단일한 장치 덕분이라기보다, 장치와 공법, 그리고 바른 직능의 편성이 결합된 총체적인 설계 시정이 있었기에 가능했습니다. '지과'로 병목을 정확히 짚고, '시정'으로 근본을 먼저 고치는 공정 재설계를 통해, 결과는 이전과 비교할 수 없는 수준의 성과로 전환됩니다. 이것이 바로 '천선'입니다.

실패는 한 사람이 지닌 가치를 매기는 기준이 아닙니다.

그저 자신이 그린 설계도에서 어느 부분이 취약한지를 알려주는 신호입니다. 따라서 실패를 겪었을 때 좌절하는 대신, 그것에 파고들어야 합니다. 실패를 낳은 원인이 무엇인지, 그 실패를 통해 무엇을 배웠는지, 그리고 그 배움으로 어떻게 더 나아갈 수 있는지를 말입니다.

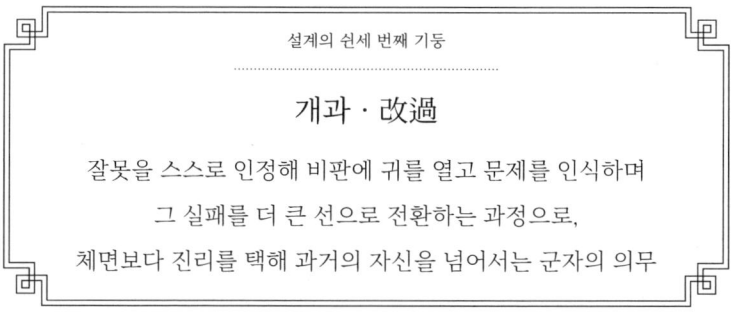

설계의 쉰세 번째 기둥

개과 · 改過

잘못을 스스로 인정해 비판에 귀를 열고 문제를 인식하며
그 실패를 더 큰 선으로 전환하는 과정으로,
체면보다 진리를 택해 과거의 자신을 넘어서는 군자의 의무

계신공구 · 戒愼恐懼
제54장. 스스로를 경계하는 마음

❝ 성공의 정점에서
가장 경계해야 할 것은 무엇인가? ❞

　인간의 삶에서 가장 위험한 순간은 역설적이게도 가장 빛나는 성공의 순간에 찾아옵니다. 목표를 달성하고, 타인의 인정을 받으며, 권력과 부를 손에 쥐었을 때, 우리의 마음속에는 교만과 나태라는 미세한 균열이 생겨나기 시작합니다. 성공은 우리에게 자신감을 주지만, 그 자신감이 오만으로 변질되는 순간, 우리는 더 이상 배우려 하지 않고, 자신의 허물을 돌아보지 않으며, 타인의 비판에 귀를 닫게 됩니다. 성공은 이처럼 스스로를 고립시키는 성채가 될 수 있기에, 정점에 선 이일수록 경계심이 필요합니다.
　다산 정약용은 이처럼 성공의 정점에서 시작되는 인간의 필연적인 타락을 통찰했습니다. 그리고 그에 대한 해독제로

서, 유교 철학의 가장 깊은 자기 규율의 원리인 계신공구(戒愼恐懼)의 자세를 화두로 삼았습니다. 이는 고전인 『중용(中庸)』에서 군자의 마음가짐을 설명하는 구절에 그 뿌리를 둡니다.

"군자는 보이지 않는 데서 경계하고(戒愼), 들리지 않는 데서 두려워한다(恐懼). […] 그러므로 군자는 홀로 있음을 삼간다."

그 뜻은 다음과 같습니다. 계(戒)하고 신(愼)하는 것은 아직 드러나지 않은 미세한 마음의 동요까지 스스로 경계하고 삼가는 태도입니다. 공(恐)하고 구(懼)하는 것은 마치 깊은 연못가에 서 있거나 살얼음판을 걷는 듯, 두려워하고 조심하는 마음입니다.

다산은 『목민심서』에서 송나라 수령 조변*의 일화를 계신공구의 모범으로 제시합니다. 전해지는 바에 따르면 조변은 하늘에 고할 수 없는 일은 행하지 않는다는 원칙으로 평생을

---

* 조변(趙抃). 북송(北宋) 인종(仁宗) 대에 활동한 관료로 청렴과 엄정으로 알려졌다. 중앙과 지방을 오가며 재정과 형정에 관여했고, 청렴한 치단으로 이름이 높았다. 『송사(宋史)』 「조변전(趙抃傳)」에는 매일 해질 무렵 의관을 갖추고 향을 피워 그날의 일을 하늘에 아뢰었으며, 하늘에 고할 수 없는 일은 감히 하지 않았다는 기록이 전한다. 후대 유학자들은 이 일화를 계신공구(戒愼恐懼)와 신독(愼獨)의 전형으로 인용했다.

살았다고 합니다. 다산은 이처럼 자신의 모든 행위를 궁극적인 존재 앞에서 점검하는 자세야말로 군자가 말한 계신공구의 정맥(正脈)이라 하였습니다. 즉, '계신공구'란 천하를 손에 쥔다 할지라도, 나의 작은 생각 하나, 말 한마디가 세상에 미칠 영향을 두려워하며 스스로를 단속하는 성숙하고 책임감 있는 마음의 상태입니다.

다산은 『목민심서』에서 목민관이 가져야 할 근본적인 마음가짐 중 하나로 이 '계신공구'를 제시합니다. 백성의 삶을 책임지는 자리에 오른 순간, 그는 가장 큰 권력을 쥐게 되지만, 바로 그 순간부터 가장 깊은 두려움을 가져야 한다는 것입니다. 두려워할 줄 아는 마음이 있으면 사사로움이 들어오지 못하고, 매사에 조심하면 허물이 적어진다는 것이 그의 지론이었습니다.

그에게 '두려움'은 권력의 남용과 부패를 막는 내면의 제동 장치였습니다. 다산은 나아가 목민관이 지녀야 할 마음의 요체를 '두려워할 외(畏)' 한 글자로 압축하며, 그 대상으로 의(義)와 법(法), 그리고 무엇보다 백성을 잊지 말아야 한다고 강조했습니다. 백성을 두려워하고, 역사를 두려워하며, 무엇보다 자신의 마음속에서 싹트는 교만과 사욕을 두려워하는 자만이 청렴(淸廉)을 지키고 올바른 정치를 펼 수 있다고 믿었습니다.

다산은 유배지의 아들들에게도 학문적 성취가 높아질수록 더욱 스스로를 경계해야 함을 가르쳤습니다. 약간의 앎을 얻었다고 해서 세상을 다 아는 것처럼 교만해지는 것이야말로, 더 큰 학문의 길을 가로막는 가장 큰 적임을 알았기 때문입니다.

이러한 다산의 사유는 성공을 과시하고 찬양하는 세태에 중요한 질문을 던집니다. 우리는 성공의 과실을 즐기는 법은 배우지만, 그 성공의 무게를 감당하고 그 해로움을 다스리는 법은 배우지 못합니다. '계신공구'는 바로 이 '성공 이후의 삶'을 위한 지혜를 담고 있습니다.

사람이 하나의 목표를 이루고 주변의 찬사를 받을 때가 바로 자신의 내면을 가장 깊이 들여다보아야 할 때입니다. 그 성공이 오만을 키우는지, 조언에 귀를 닫게 하는지, 처음의 간절했던 마음을 잃게 하는지 스스로 물어야 합니다. 옛 현인들의 일화에서 우리는 구체적인 방법을 찾을 수 있습니다. 가령 송나라 명재상 범중엄*은 다음과 같은 습관을 지녔다고 전해

---

* 범중엄(范仲淹, 989-1052). 북송(北宋)의 정치가이자 사상가. 자(字) 희문(希文), 시호(諡號) 문정(文正). 1043년부터의 경력신정(慶曆新政)을 주도하여 인재등용과 관료기강, 재정과 군사의 정비를 도모했다. 문장가로도 뛰어나 『악양루기(岳陽樓記)』에서 천하의 근심에 앞서 근심하고 후에 즐긴다는 격언을 남겼다. 후대에는 신독(愼獨)과 계신공구(戒愼恐懼)를 실천한 사례로 널리 거론되었다.

집니다. 그는 잠자리에 들 때마다 그날 쓴 비용과 처리한 일을 계산하여 서로 들어맞으면 편히 잠을 자고, 그렇지 않으면 밤새 뒤척이며 다음 날 반드시 바로잡았다고 합니다. 이처럼 성공의 환희보다 매일의 냉정한 결산을 앞세우는 규율이야말로, 성공한 자를 더 높은 곳으로 이끄는 동력입니다.

성취를 이룬 후에도 거기에 안주하지 않고, 혹 있을지 모를 미세한 허물이나 위험을 살피는 자세가 필요합니다. 성공의 자리에 오르는 일보다, 그 자리에서 추락하지 않고 오래도록 머무는 일이 더욱 어렵기 때문입니다.

성공 이후 교만해지는 대신, 오히려 두려워하고 조심하는 마음을 갖는 것. 이것이야말로 성공을 일회적인 행운에 그치지 않고 지속 가능한 영광으로 만드는 지혜입니다.

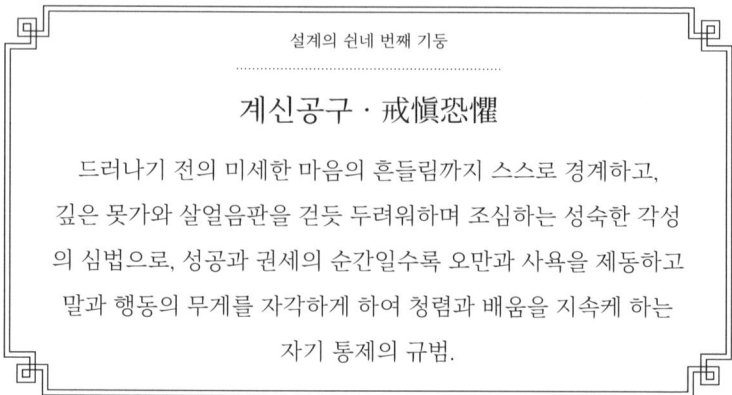

설계의 쉰네 번째 기둥

계신공구 · 戒愼恐懼

드러나기 전의 미세한 마음의 흔들림까지 스스로 경계하고, 깊은 못가와 살얼음판을 걷듯 두려워하며 조심하는 성숙한 각성의 심법으로, 성공과 권세의 순간일수록 오만과 사욕을 제동하고 말과 행동의 무게를 자각하게 하여 청렴과 배움을 지속케 하는 자기 통제의 규범.

박학약례 · 博學約禮
제55장. 널리 배우고 핵심을 꿰뚫다

❝ 우리는 왜 배우고, 왜 자신을 닦는가?❞

사람들은 흔히 내면의 평화나 지적인 만족, 혹은 개인의 완성을 위해 그 길을 걷습니다. 하지만 성장을 강조하는 분위기에서, 우리는 성장 그 자체를 목적으로 삼는 함정에 빠지곤 합니다. 한 인간의 지성과 인격이 아무리 고고하게 완성된다 한들, 그것이 자기 안에만 고여 있다면, 그 앎은 과연 어떤 의미를 가질 수 있을까요?

다산 정약용은 방향 없는 성장이 낳는 공허함을 경계했습니다. 그는 지식이 무분별하게 쌓이기만 할 때 오히려 사람이 길을 잃는다고 보았고, 이를 극복할 지혜로서 '박학약례(博

學約禮)'*를 강조했습니다. 이는 '널리 배우되(박학, 博學), 그것을 핵심 원리로 요약하고 꿰뚫는다(약례, 約禮)'는 뜻으로, 지식의 확장과 심화를 동시에 추구하는 고차원적인 성장 방법론입니다.

다산에게 '박학(博學)'은 편견 없이 세상의 모든 지식을 섭렵하려는 열린 자세를 의미했습니다. 경전뿐 아니라 농업, 의학, 건축 등 현실에 필요한 모든 학문에 귀를 기울였습니다. 가령 강진 유배 중 쓴 『아방강역고(我邦疆域考)』**에서 그는 『사기』, 『한서』 등 중국 정사와 조선의 여러 사료를 교차 대조하여 고대사의 강역을 항목별로 재구성했습니다. 단일한 견해에 얽매이지 않고 상반되는 원전까지 폭넓게 모아 비교하는 방식 자체가 박학의 전범(典範)이었습니다.

하지만 그는 지식을 쌓아두는 데서 한 걸음 더 나아갔습

---

* 박학약례(博學約禮)의 출전은 『예기(禮記)』 「학기(學記)」의 "군자의 가르침은 비유를 잘함에 있다. 널리 문(文)을 배워 박학어문(博學於文)하고, 예로써 그것을 약지이례(約之以禮)한다."이며, 해당 문장은 폭넓은 배움을 예라는 틀로써 수렴하고 핵심을 파악하는 공부의 길을 제시한다. 다산 정약용은 이를 자신의 학문 방법론으로 삼아, '많이 읽되 그중 가장 요긴한 것을 간추려 본질을 꿰뚫는다'는 원칙을 일관되게 적용하였다.

** 정약용 저, 『아방강역고(我邦疆域考)』. 지리학 및 문헌학 연구서로, 『삼국사기(三國史記)』와 『동국여지승람(東國輿地勝覽)』, 중국 정사를 교차 및 대조하여 지명과 위치를 비정(比定)하는 방법을 체계화했다. 고대 강역의 조항별 고증, 하천 계통의 문헌 재구성을 통해 사료비판에 입각한 역사지리 연구의 모델을 제시했다.

니다. 그것이 바로 약례입니다. 약례란 그 방대한 지식의 숲에서 길을 잃지 않도록, 모든 것을 관통하는 하나의 핵심 원리, 즉 자신만의 중심 기둥을 세우는 과정을 의미합니다. 다산은 논설 『오학론(五學論)』*에서 당시 유행하던 다섯 학풍의 폐단을 조목조목 비판하고, 학문이란 공허한 변설이 아니라 분명한 기준으로 '정리(約)'되어야 함을 천명했습니다. 이는 곧 '많이 읽되(博), 무엇을 버리고 무엇을 남길지 자신만의 원칙으로 요약하라(約)'는 선언이었습니다.

이 두 가지 원리는 '일신(日新)', 즉 날마다 새로워지는 수련의 구체적인 실천 방법이 됩니다. 참된 '일신'이란 매일 새로운 지식을 하나 더 쌓는 행위에 머물지 않습니다. 그것은 새로운 지식을 널리 탐구(博學)하는 동시에, 그 과정을 통해 자신의 핵심적인 이해를 더욱 정교하게 다듬어가는(約禮) 것입니다. 이 과정을 보여주는 대표적 사례가 바로 『상서고훈(尚書古訓)』입니다. 이 책은 1810년 초본이 나온 뒤, 1811년 보완되고, 1834년 최종 합편 정고본으로 완성되기까지 세 차례에 걸쳐 증보·수정되었습니다. 스스로 이룩한 주석을 더

---

* 정약용 저, 『오학론(五學論)』. 유배기 후반에 성행하던 다섯 학풍을 분류해 각기 폐단을 조목조목 비판하고, 학문은 반드시 약례(約禮)로 정리되어야 한다고 천명한 소논설이다. 변설을 숭상하고 공리공론에 치우치는 풍조, 문장기교와 시험 위주의 학습을 폐해로 지적하면서, 경세적 효용과 도덕적 실천으로 수렴되는 학문 체계를 기준으로 제시한다.

나은 근거로 계속 다듬어간 편집의 역사가 바로 '날마다 새롭게(日日新)'의 실제 작업 일지인 셈입니다.

앎의 영토를 넓히는 동시에, 내면의 중심을 더욱 단단하게 만드는 것. 다산의 『논어고금주(論語古今註)』는 이 과정을 그대로 보여줍니다. 그는 선진 시대부터 송과 청대에 이르기까지의 방대한 주석들을 한데 모아 비판적으로 종합하고, 자신만의 새로운 해석을 덧붙여 질서 있게 정리(約禮)했습니다. 수많은 견해를 체계적으로 편성하여 오독의 여지를 줄이는 작업 자체가 '약례'의 실천이었습니다.

이러한 다산의 가르침은 견문(見聞)이 넘쳐나는 시대를 사는 우리에게 깨달음을 줍니다. 참된 성장은 얼마나 많은 지식을 소비했는가로 측정되지 않습니다. 수많은 지식들 사이에서 자신만의 관점과 원칙을 세울 수 있는가에 달려 있습니다.

어떤 분야를 깊이 이해하고 싶다면, 여러 분야의 책을 널리 읽되 항상 '이 모든 것을 관통하는 가장 중요한 원리는 무엇인가'를 질문해야 합니다. 다양한 경험을 쌓아나가되, 그 경험들이 자신의 삶에 어떤 의미를 주는지 끊임없이 되새기며 자신만의 철학을 세워나가야 합니다.

한 사람의 성장은 흩어진 구슬을 모으는 것에 그칠 때 공허해집니다. 그 구슬들을 하나의 실로 꿰어 아름다운 목걸이로 만들어낼 때, 비로소 그 노력은 의미를 갖고 빛을 발합니다. 널리 탐구하는 용기와 핵심을 꿰뚫는 지혜가 함께할 때, 우리의 성장은 방향을 잃지 않고 꾸준히 나아갈 수 있습니다.

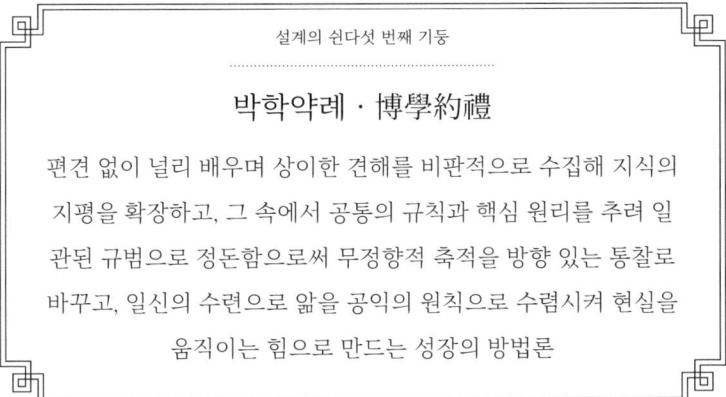

설계의 쉰다섯 번째 기둥

박학약례 · 博學約禮

편견 없이 널리 배우며 상이한 견해를 비판적으로 수집해 지식의 지평을 확장하고, 그 속에서 공통의 규칙과 핵심 원리를 추려 일관된 규범으로 정돈함으로써 무정향적 축적을 방향 있는 통찰로 바꾸고, 일신의 수련으로 앎을 공익의 원칙으로 수렴시켜 현실을 움직이는 힘으로 만드는 성장의 방법론

열 · 說
제56장. 공부의 즐거움을 잃지 않다

❝ 결과에 상관없이 과정 속에서 행복을 찾는 법 ❞

우리는 행복을 먼 목적지에 있는 보상이라고 생각하고는 합니다. 힘겨운 과정을 모두 통과하고 마침내 어떤 목표를 성취했을 때, 비로소 행복해질 자격이 주어진다고 믿습니다. 이러한 생각은 우리로 하여금 삶의 대부분을 차지하는 '과정'을, 행복을 위해 마땅히 견뎌내야 할 고통스러운 시간으로 여기게 만듭니다. 그러나 만약 그 고된 과정 속에서 이미 행복을 찾을 수 있다면 어떨까요?

유교 철학의 문을 여는 『논어』의 첫 구절은 바로 이 질문에 대한 2,500년 전의 대답입니다.

"배우고 때때로 그것을 익히니, 또한 기쁘지 아니한가(학이시습지, 불역열호. 學而時習之, 不亦說乎)."

여기서 공자가 말한 기쁨, '열(說)'은 우리가 일상적으로 느끼는 즐거움과는 다릅니다. 자극이나 쾌락에서 오는 즐거움(락, 樂)도, 어떤 사건으로 인해 솟아나는 감정적 기쁨(희, 喜)도 아닙니다. '열(說)'이란, 배움과 수양이라는 내면적 활동을 통해, 어제의 무지했던 내가 오늘의 새로운 앎에 도달하고, 흩어져 있던 생각이 하나의 이치로 꿰뚫어지는 것을 경험할 때, 마음속 깊은 곳에서부터 샘솟는 고요하고 충만한 정신적 만족감을 의미합니다.

다산 정약용은 바로 이 '열(說)'의 가치를, 절망의 한복판에서 자신의 삶으로 증명해 낸 사상가였습니다. 그가 유배를 견뎌내고 돌아온 고향 남양주에서도 무려 18년이나 계속해서 위대한 학문적 성취를 이룰 수 있었던 근본적인 동력은, 오직 학문 그 자체가 주는 순수한 지적 기쁨, 즉 '열(說)'이었습니다.

만약 그에게 학문이 단지 고통스러운 현실을 잊기 위한 도피처나, 훗날을 도모하기 위한 수단에 불과했다면, 그는 결코 그 기나긴 세월의 무게를 버텨내지 못했을 것입니다. 그는 공부의 '과정' 속에서, 결과와 무관하게 그 자체로 충만한 기쁨을 길어 올리는 법을 알았던 것입니다.

다산은 풀리지 않던 경전의 의미를 마침내 깨달았을 때, 흩어져 있던 사료들이 하나의 체계로 정리되었을 때, 그는 세상의 어떤 권력자도 누릴 수 없는 지고한 기쁨, '열(說)'을 맛보았습니다. 그 기쁨이 있었기에, 그는 끝없는 저술이라는 고된 노동을 지속할 수 있었습니다.

오늘날, 성과와 결과만이 중시되는 시대에, 다산이 온몸으로 보여준 '열(說)'의 철학은 우리에게 질문을 던집니다. 과정의 즐거움을 잃어버린 채, 오직 결과의 보상만을 위해 자신을 채찍질하고 있지는 않은가요?

'열(說)'의 기쁨은 일상을 대하는 태도를 바꿀 때 회복됩니다. 시선을 결과가 아닌 과정 그 자체로 돌리는 것입니다.

하나의 과업을 수행할 때는 그 끝에 있을 성공보다, 막혔던 문제가 풀리는 순간의 깨달음을 귀하게 여깁니다. 한 권의 책을 읽을 때는 완독이라는 목표를 앞세우기보다, 문장의 아름다움에 감탄하고 저자의 사유와 마주하는 희열을 온전히 누립니다.

결과에 대한 집착은 우리를 불안하게 만들지만, 과정에 대한 집중은 우리에게 내면의 기쁨을 선물합니다. 다산의 성취에서 우리가 얻을 수 있는 또 한 가지는, 행복이란 먼 산의 정상에 있는 것이 아니라 정상을 향해 한 걸음 한 걸음 나아가는 그 과정의 모든 순간에 깃들어 있다는 것입니다.

설계자의 희열(說)은 완성을 축하하는 연회에서 비롯되기보다, 풀리지 않던 구조적 문제를 해결하며 도면 위에 질서를 세워나가는 고요한 탐구의 순간에 샘솟습니다. 외부의 조건에 흔들리지 않는 내면의 기쁨을 발견하고, 그것을 동력으로 삼아 낡은 세계의 관성을 벗어나 새로운 길을 여는 것. 이것이 바로 설계의 쉰여섯 번째 원리입니다.

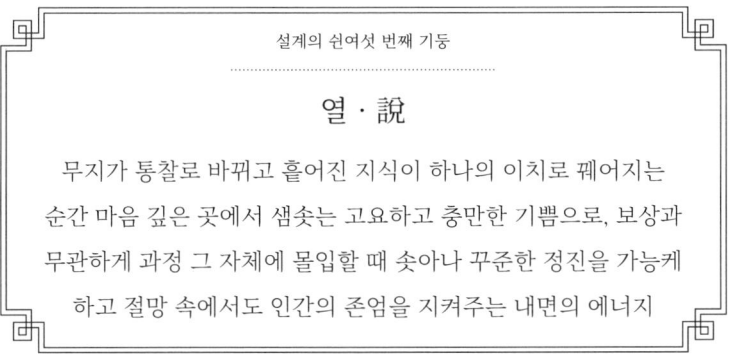

설계의 쉰여섯 번째 기둥

열 · 說

무지가 통찰로 바뀌고 흩어진 지식이 하나의 이치로 꿰어지는 순간 마음 깊은 곳에서 샘솟는 고요하고 충만한 기쁨으로, 보상과 무관하게 과정 그 자체에 몰입할 때 솟아나 꾸준한 정진을 가능케 하고 절망 속에서도 인간의 존엄을 지켜주는 내면의 에너지

성찰 · 省察
제57장. 모든 경험은 나의 자산이다

**❝ 인생 최악의 순간을
최고의 순간으로 재해석하는 법 ❞**

삶은 과거의 경험들로 직조됩니다. 그중에는 빛나는 성공과 기쁨의 순간도 있지만, 지워버리고 싶은 실패와 고통의 순간 또한 명백히 존재합니다. 우리는 때로 이러한 과거의 상처를 '잃어버린 시간' 혹은 '인생의 오점'으로 여기며, 그 기억의 무게에 짓눌려 현재의 걸음을 내딛지 못하곤 합니다. 과거는 이미 지나가 버렸기에 바꿀 수 없는 것이지만, 과연 과거의 '의미' 또한 바꿀 수 없는 것일까요?

이 질문에 대해, 다산 정약용의 삶 자체가 하나의 답을 제시합니다. 그의 인생에서 가장 참혹한 실패이자 최악의 시간이었던 18년의 유배. 그것은 한 인간의 모든 사회적 생명이 끝났음을 의미하는 살아있는 지옥과도 같았습니다. 그러나 오늘날 우리는 바로 그 '유배지의 시간' 덕분에 '다산'이라는 위대한 사상가를 만날 수 있게 되었습니다. 어떻게 인생 최악의 시간이, 역설적으로 가장 위대한 시간을 낳을 수 있었을까요? 그 비밀은 바로 과거의 사건을 재해석하여 현재의 의미로 바꾸어내는 다산의 경이로운 성찰(省察)의 힘에 있습니다.

다산은 자신에게 닥친 유배라는 가혹한 현실을, 형벌이나 불운으로만 받아들이지 않았습니다. 그는 그 고통과 사건이 자신의 삶에 던지는 의미가 무엇인지를 집요하게 성찰했습니다. 그리고 마침내 그 의미를 재정의하기에 이릅니다. 유배는 그의 모든 것을 앗아갔지만, 동시에 그에게 세 가지의 귀한 것을 선물했습니다.

첫째, 시간입니다. 만약 그가 계속해서 조정에 머물렀다면, 그는 수많은 정쟁과 행정 업무, 경조에 시간을 빼앗기며 결코 학문에 온전히 몰입하지 못했을 것입니다. 유배는 그에게서 자유를 앗아간 대신, 한 학자가 가질 수 있는 가장 소중한 자산인 방해받지 않는 절대적인 시간을 허락했습니다. 실제로 그는 유배 초기에 곧바로 현지 아동들을 위한 한자 학습 교재인 『아학편(兒學編)』*을 편찬하고, 황상(黃裳)과 같은 제자들을 모아 강학을 시작했습니다. 잃어버린 관직의 시간을 지식을 축적하고 전수하는 시간으로 곧장 전환한 것입니다.

둘째, 절박함입니다. 모든 것이 보장된 평온한 삶에서는 인간의 지성이 가장 날카롭게 벼려지기 어렵습니다. 유배라는 벼랑 끝의 상황은 그로 하여금 '나는 왜 학문을 하는가'라는 근본적인 질문과 마주하게 했습니다. 그의 학문은 더 이상 출세를 위한 수단이 될 수 없었기에, 오히려 시대의 문제를 해결하고 자신을 구원하려는 절박함 속에서 가장 순수하고 강력한 동력을 얻게 되었습니다.

셋째, 현실입니다. 한양의 궁궐에 있었다면 그는 평생 농민의 고통을 책으로만 접했을 것입니다. 그러나 그는 유배지에서 굶주리고 병든 백성들의 참혹한 삶을 직접 목격했습니다. 그의 저서와 이론이 피와 땀이 밴 구체성과 생명력을 가질 수 있었던 것은 바로 이 현실과의 고통스러운 만남 덕분이었습니다. 실의에 빠져 있던 그는 바로 이 땅의 현실을 마

---

* 정약용 저, 『아학편(兒學編)』. 강진유배 초 강진 읍내에서 현지 아동과 제자들의 기초 한문 교육을 위해 편찬한 초학 교재로, 상용 한자·어휘·간명한 예문을 배열하여 독습이 가능하도록 구성했다. 관직 단절 직후 시간을 교육과 편찬으로 전환한 대표 사례.

주한 뒤 이제야 겨를을 얻었다고 선언하며, 본격적인 저술 활동에 다시 붓을 들었습니다.

이처럼 다산은 자신의 유배라는 상실을 완성을 위한 시기로 재해석했습니다. 그는 과거의 사건을 바꿀 수는 없었지만, 그 사건의 '의미'를 자신의 손으로 다시 써 내려간 것입니다. 이러한 의미 부여의 첫 번째 행위는 강진에 도착한 직후부터 시작되었습니다. 그는 주막의 작은 골방을 거처로 삼게 되자, 그곳에 사의재(四宜齋)*라는 이름을 붙였습니다. 그리고는 생각은 맑게, 용모는 단정하게, 말은 적게, 행동은 무겁게라는 네 가지 규범을 스스로에게 부과했습니다. 이는 '유배'라는 절망적 사건을 '자신을 바로 세우는 수양의 기회'로 만들겠다는 의지의 표현이자, 방황하던 마음을 붙들어 매는 구체적인 규율이었습니다.

그의 마지막 저술이라 할 수 있는 「자찬묘지명(自撰墓誌銘)」은 이러한 재해석의 최종적인 증거입니다. 그는 자신의 묘비명에, 화려했던 관료 시절보다 오히려 유배지에서 경전

---

* 강진 입번 직후 다산은 강진읍 동문 안의 사의재에서 강학과 저술을 시작했고, 이후 만덕산 다산초당으로 옮겨 본격적인 저술 체제를 갖추었다. 사의재는 일상 규범을 세우며 마음을 수습하던 초기 거점이었고, 다산초당은 장기 유배를 학문과 교육의 시간으로 전환한 생활과 집필의 본거지였다. 두 공간의 이동 자체가 '상실의 시간'을 '완성의 시간'으로 바꾸는 전환의 과정이었다.

을 연구하고 제자를 길러냈던 시간을 자신의 생애를 대표하는 가장 중요한 업적으로 기록했습니다.

우리 모두의 삶에는 각자의 '유배지'가 있습니다. 그것은 실패한 사업의 기억일 수도, 떠나보낸 관계의 아픔일 수도, 혹은 병마와 싸워야 했던 고통의 시간일 수도 있습니다. 우리는 그 시간을 인생의 공백으로 여기며 부끄러워하거나 감추려 합니다.

그러나 다산의 성찰법은 우리에게 묻습니다. 그 실패의 경험이 당신에게 무엇을 가르쳐주었습니까? 그 고통의 시간이 당신을 어떻게 더 깊고 단단한 사람으로 만들었습니까? 그 최악의 순간이 아니었다면, 당신이 결코 깨닫지 못했을 소중한 가치는 무엇이었습니까?

과거의 사실을 바꿀 수는 없습니다. 그러나 그 사실에 의미를 부여하는 것은 현재를 살아가는 당사자의 몫입니다. 인생의 모든 경험은, 심지어 가장 고통스러운 경험조차도, 어떻게 해석하고 의미를 부여하는가에 따라 나의 성장을 위한 가장 값진 자산이 될 수 있습니다.

위대한 설계자는 주어진 대지가 척박하다고 해서 설계를 포기하지 않습니다. 척박한 땅의 특성을 꿰뚫어 보고, 그곳에서만 피울 수 있는 가장 아름다운 건축물을 설계해 냅니다. 여러분의 과거라는 대지를 다시 한번 깊이 들여다보십시오. 애써 외면했던 그 상처의 자리에, 어쩌면 당신 인생의 가장 위대한 건축을 위한 주춧돌이 숨겨져 있을지도 모릅니다. 이것이 바로 낡은 세계를 넘어 새로운 세계로 나아가는, 설계의 쉰일곱 번째 원리입니다.

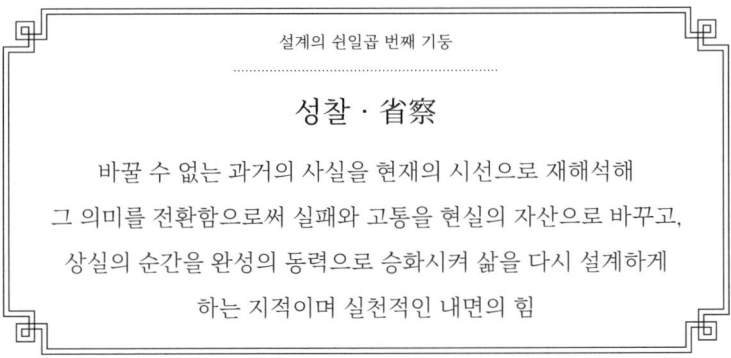

소명 · 昭明

제58장. 후세를 위해 진리의 길을 밝히다

" 결국, 나의 삶은
세상에 무엇을 남길 것인가? "

인간의 삶은 유한하다는 사실로 인해, 우리는 자연히 '유산(遺産)'의 문제를 고뇌하게 됩니다. "나의 삶이 끝난 뒤, 이 세상에 무엇을 남길 것인가?" 많은 이들이 부나 명예, 혹은 자손을 남기는 것을 유산이라 생각하지만, 한 사상가에게 있어 유산의 의미는 전혀 다른 곳에 있습니다. 그것은 바로 자신이 평생에 걸쳐 탐구하고 증명해낸 '진리'의 길을, 어둠 속을 헤맬 다음 세대를 위해 상세히 밝혀두는 것입니다.

사상가의 이러한 마지막 책무를 우리는 소명(昭明)이라는 말로 표현할 수 있습니다. '소(昭)'는 '밝게 비춘다'는 뜻이며, '명(明)'은 '분명하게 드러낸다'는 뜻입니다. 따라서 '소명'이란, 자신이 깨달은 진리의 체계를 후세 사람들이 오해하거나 혼란에 빠지지 않도록 명백하고 논리 정연한 형태로 정리하고 밝혀두는 작업을 의미합니다. 이것은 진리 그 자체를 보존하고 미래로 이어지게 하려는 숭고한 책임감입니다. 다산 정약용이 자신의 말년에 보여준 학문적 행보는 바로 이 '소명'의 실천이라 할 수 있습니다.

다산이 이처럼 자신의 학문을 명료하게 정리하는 작업에 몰두했던 배경에는, 당대의 학문 풍토에 대한 그의 통렬한 비판이 자리 잡고 있습니다. 그는 많은 학자들이 난해한 용어를 쓰거나, 자신의 논리를 체계적으로 정리하지 않아 결국 그들의 지식이 당대에 흩어져 버리는 것을 안타까워했습니다. 학문은 개인의 깨달음에 머물러서는 그 가치를 온전히 이루지 못합니다. 그것은 누구나 이해하고 검증할 수 있는 보편적인 형태로 세상에 공증(公證)될 때 비로소 완성됩니다.

이러한 그의 신념은 삶의 마지막을 향해 갈수록 더욱 정련됩니다. 자신의 생이 얼마 남지 않았음을 예감하며, 방대한 저술 활동에 몰두하기 시작한 다산은 자신의 저술을 통해, 자신이 평생에 걸쳐 이룩한 '수신'에서 '경세'에 이르는 거대한 사상 체계 전체를 후세에 온전히 전하고자 했습니다. 즉, 그의 저술 활동은 그 자체가 하나의 거대한 '소명' 작업이었던 것입니다.

특히 말년의 행적은 '소명'의 참뜻을 웅변합니다. 새로운 저술에만 몰두한 것이 아니라, 이미 완성한 수백 권의 저작들을 분류하고, 교정하며, 스스로 서문을 짓는 지난한 정리 작업에 온 힘을 쏟았습니다. 흩어져 있던 자신의 평생의 결과물들을 후대의 학자들이 일목요연하게 파악하고 연구할 수 있도록, 거대한 사상 체계의 '목록'과 '지도'를 직접 그려 남긴 것입니다. 훗날 『여유당전서(與猶堂全書)』라는 이름으로 집대성될 자신의 지적 유산을, 마지막 순간까지 스스로의 손으로 명료하게 밝혀두고자 했던 사상가의 마지막 분투였습니다.

다산의 삶을 통해 우리가 읽어낼 수 있는 '소명'의 이념은 삶의 의미 있는 흔적을 남기고자 하는 모든 이에게 전합니다. 우리가 각자의 삶에서 얻은 소중한 지혜와 경험을, 그저 개인적인 추억으로 남겨두어서는 안 된다는 것을 말입니다.

한 분야에서 평생을 바친 장인이라면, 자신의 기술과 노하우를 체계적인 형태로 남겨두는 행위가 바로 이러한 '소명'의 실천입니다. 한 가정을 이룬 부모라면, 자녀에게 살아오며 깨달은 삶의 원칙들을 정리하여 물려주는 것이 바로 '소명'입니다. 자신만의 방식으로 고난을 극복하고 성취를 이룬 사람이라면, 그 경험의 과정을 기록하고 공유하여 비슷한 어려움을 겪는 다른 이들에게 길을 밝혀주는 것이 바로 '소명'입니다.

'소명'은 나'라는 개인은 사라지더라도, 내가 발견한 진리와 지혜만큼은 남아 다음 사람에게 디딤돌이 되기를 바라는, 이타적이고 영적인 행위입니다.

위대한 설계자는 자신이 지은 건축물에 이름을 새기는 일에 만족하지 않습니다. 자신의 건축 철학과 설계 원리를 명료한 언어로 기록하여 다음 세대의 설계자들이 더 위대한 건축물을 세울 수 있도록 돕습니다. 삶이 끝났을 때, 후대가 무엇을 더 분명히 볼 수 있도록 어떤 '소명(昭明)'의 기록을 남기시겠습니까? 이것이 바로 진리를 밝히고 분명히 드러내어 이어지게 하는 소명의 실천이며, 나를 초월해 더 큰 세계를 일신하는 설계의 쉰여덟 번째 원리입니다.

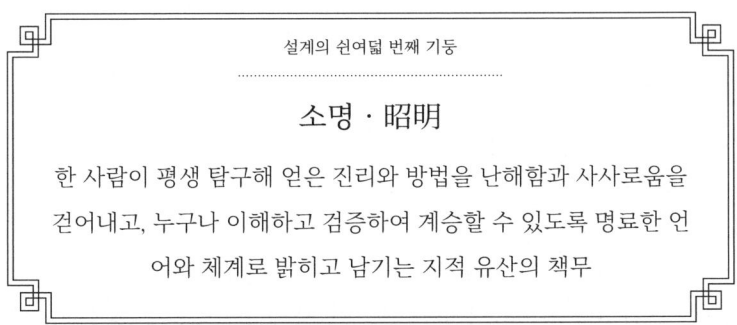

설계의 쉰여덟 번째 기둥

소명 · 昭明

한 사람이 평생 탐구해 얻은 진리와 방법을 난해함과 사사로움을 걷어내고, 누구나 이해하고 검증하여 계승할 수 있도록 명료한 언어와 체계로 밝히고 남기는 지적 유산의 책무

자찬묘지명 · 自撰墓誌銘
제59장. 자신의 삶을 평가하고 증명하다

❝ 내 삶이 끝났을 때,
나 자신은 내 인생을 무엇이라 평할 것인가? ❞

　한 인간의 사후, 그의 삶은 타인에 의해 기록되고 평가되는 것이 일반적입니다. 우리는 후대의 평가, 즉 역사의 심판대 위에서 자신의 삶이 어떤 의미로 남게 될지를 두려워하고 기대합니다. 그러나 만약, 그 모든 외부의 평가와 관계 없이, 오직 자기 자신이 자기 삶의 최종적인 역사가이자 심판관이 된다면 어떻게 될까요?

　다산 정약용의 삶과 사유는 바로 이 질문으로부터 그 마지막 귀결을 찾습니다. 그는 자신의 삶이 끝을 향해 가던 71세의 나이에, 직접 자신의 묘비명을 짓는 자찬묘지명(自撰墓誌銘)을 남겼습니다. 그것은 다산이 자신의 삶 전체를 마지막 탐구 대상인 하나의 '사물(事物)'로 삼아, 그 의미와 가치를 스스로 '격물(格物)'하고 '증명(證明)'하고자 한, 사상가로서의 자기 완결적 행위였습니다. 다산은 강진 유배에서 돌아온 지 4년이 지난 1822년, 고향 마재(麻齋, 현재의 경기 남양주시 조안면)에서 자신의 삶을 결산하는 이 글을 썼습니다. 오늘날 그의 고택인 여유당(與猶堂)과 사당, 그리고 그의 묘역이 함께 자리한 정약용유적지에 가면, 우리는 다산이 묻힌 바로 그 땅 위에 그의 목소리로 그의 삶을 증명하는 「자찬묘지명」 비와 마주하게 됩니다. 그는 심지어 문집에 실을 상세본(集中本)과 무덤에 묻을 간략본(壙中本) 두 가지를 따로 남겼는데, 이는 자신의 삶이 역사에 기록될 방식까지 스스로 설계하려 한 치밀함의 증거입니다.

이처럼 평생에 걸쳐 사실에서 진리를 구하고자 했던 실사구시(實事求是) 정신을 갖춘 그에게, 71년의 생애라는 구체적인 사실이야말로 자신의 철학을 증명할 마지막 논거였습니다. 또한 이는 타인의 인정을 구하지 않고 오직 자신을 위해 학문했던 위기지학(爲己之學)을 유지한 그의 태도가 도달한 필연적인 결론이기도 했습니다. 후대의 평가에 자신의 의미를 맡기는 대신, 스스로 삶의 역사가이자 평가자가 되어 자신만의 기준으로 생을 온전히 매듭짓는 행위였기 때문입니다.

그의 묘비명에서, 다산은 화려했던 젊은 시절의 벼슬살이

나 정치적 공적을 길게 늘어놓지 않았습니다. 오히려 그는 자신이 '죄인'이 되어 보냈던 18년의 유배 생활과, 그 기간에 경전(六經四書)을 연구하고 500여 권의 책을 저술했던 일을 자신의 생애를 대표하는 가장 중요한 사실로 기록합니다.

"경전 연구에 침잠하여 깊은 의미를 탐구하고, 천하 국가를 경영할 제도를 설계했다. […] 이것이 나의 즐거움이었으니, 어찌 부귀영화를 부러워했겠는가."

이는 다산이 자신의 삶을 평가하는 기준이 학문적 진리의 탐구(수신)와 세상을 위한 설계(경세)였음을 스스로 증명하는 대목입니다. 그는 세상이 자신을 실패한 정치가로 기록할지라도, 자신은 '진리를 탐구한 학자'로 남기를 원했던 것입니다. 그는 타인이 붙여줄 이름표를 거부하고, 스스로 자신의 이름을 짓는 자의 위엄을 보여줍니다.

타인의 평가에 굴하지 않고 스스로 삶을 증명하려 한 다산의 태도는 우리 앞에 삶의 주도권을 건 하나의 갈림길을 제시합니다. 타인의 손에 자신의 평가를 온전히 맡기는 길을 갈 것인가, 혹은 스스로 그 비문을 새겨 삶의 주인이 되는 길을 갈 것인가. 스스로의 묘지명을 쓴다는 것은 바로 후자의 길을 택하겠다는 선언과 같습니다.

그 준비는 '오늘 나의 하루는 훗날 내가 쓸 묘비명에 기록될 만한가?'를 스스로 묻는 데서 비롯됩니다. 세상이 정해준 성공의 기준을 좇는 발걸음을 잠시 멈추고, 내면의 원칙이 명하는 고유한 길을 걷고 있는지 되돌아보는 것입니다.

건물이 완성된 뒤 그 가치를 판가름하는 잣대는 설계자 자신의 내면에 있습니다. 외부의 평가는 완성된 형태만을 보지만, 오직 설계자만이 그 건축물이 자신의 설계 원칙과 철학을 얼마나 충실히 구현했는지를 판결할 수 있기 때문입니다.

스스로 자신의 삶을 돌아보고, 그 공과(功過)를 자신의 기준에 따라 판결하며, 마침내 삶 전체를 하나의 일관된 이야기로 긍정하는 것. 이것이야말로 자신을 제외한 모든 평가로부터 자유로워지는 경지이며, 타인이 규정한 낡은 세계를 매듭짓고 자신만의 새로운 세계를 여는, 설계의 쉰아홉 번째 원리입니다.

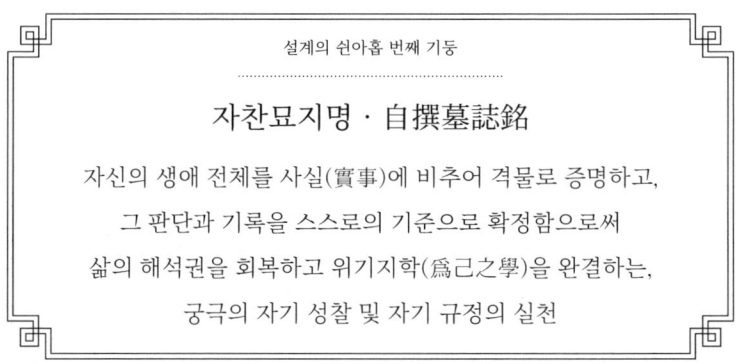

설계의 쉰아홉 번째 기둥

자찬묘지명 · 自撰墓誌銘

자신의 생애 전체를 사실(實事)에 비추어 격물로 증명하고,
그 판단과 기록을 스스로의 기준으로 확정함으로써
삶의 해석권을 회복하고 위기지학(爲己之學)을 완결하는,
궁극의 자기 성찰 및 자기 규정의 실천

추이 · 推移

제60장. 끝은 곧 새로운 시작이다

❝ 하나의 목표를 이룬 뒤,
우리는 어디로 나아가야 하는가? ❞

모든 설계에는 끝이 있고, 모든 건축에는 완공의 순간이 있습니다. 우리는 평생에 걸쳐 하나의 목표를 향해 나아가고, 마침내 그 정점에 도달했을 때의 안식과 해방감을 꿈꿉니다. 그러나 목표를 달성한 이들이 그토록 갈망하던 정상에서 허무와 공허를 느끼는 이유는 무엇일까요? 건축을 마친 뒤, 더 이상 지을 집이 없는 설계자의 삶은 과연 어떤 의미를 가질 수 있을까요?

다산 정약용은 성취 이후의 공허함이라는 인간의 오랜 질문에 모든 끝을 다음 단계의 시작점으로 삼는, 역동적인 삶의 운영 원리인 추이(推移)라는 개념으로 답합니다.

'추이'란 사물의 한 상태가 마무리된 뒤 그 결과가 다음 상태의 원인이 되어, 끊임없이 밀고(추, 推) 나아가며 옮겨간다(이, 移)는 동적인 변화의 원리입니다. 즉, 끝은 소멸로 그치는 대신 다음 단계를 향한 운동 에너지로 전환되는 과정이며, 시작 또한 반드시 어떤 끝을 발판 삼아 일어납니다. 끝과 시작은 서로를 밀고 당기며 더 높은 단계로 나아가는 하나의 흐름과 같습니다.

다산의 사유에서 추이는, 삶을 대하는 태도라는 철학의 영역과 학문을 수행하는 행동의 영역을 하나로 꿰뚫는 기둥이 되는 원리였습니다. 그는 이 원리를 『주역사전(周易四箋)』을 통해 학문적 방법론으로 구체화했습니다. 『주역』이야말로 하나의 상황이 다른 상황으로 끊임없이 변화하는 '추이'의 이치를 담은 경전이기에, 다산은 그 해석 또한 체계적이어야 한다고 보았습니다.

이러한 이유로 다산은 '추이, 물상, 호체, 효변'이라는 네 가지 해석 법칙을 세우고, 앞서 제32장에서 살펴보았듯 책의 서두에 〈괘례표(卦例表)〉라는 도표를 두었습니다. 이 도표는 복잡한 변화의 원리를 독자가 따라갈 수 있는 일목요연한 절차로 도식화한 것입니다. 이처럼 변화를 해석하는 학문인 주역의 첫머리에 '추이'를 내세우고 그것을 도표라는 도구로 못 박아넣은 행위는, '하나의 상태가 완료된 뒤 다음 단계로 이동한다'는 원리를 주역 전체를 지배하는 방법론적 규칙으로 이해했음을 뜻합니다.

다산에게 있어 한 인간의 삶 또한 이 '추이'의 원리를 따르는 끝없는 과정이었습니다. '수신(修身)'과 '경세(經世)'의 길에는 '완성'이라는 종착역이 없기 때문입니다. 따라서 우리가 탐구해 온 이 설계의 원리들은 특정 문제를 해결하는 일회성의 해법이 되기보다, 어떤 문제든 해결할 수 있는 보편적인 방법론을 체득하는 훈련에 가깝습니다. 한 단계의 성취를 발판 삼아 더 높은 단계로 나아가는 추이의 길 자체를 배우는 것입니다.

다산 자신의 삶이 이를 증명합니다. 그는 18년의 유배가 끝나고 고향으로 돌아온 뒤, 그의 학문적 대업이었던 500여 권의 저술을 대부분 완성했습니다. 스스로 자신의 묘비명까지 지었으니, 인간적인 관점에서 그의 모든 과업은 끝난 것처럼 보였습니다. 그러나 그는 멈추지 않았습니다. 저술의 완성이라는 끝은, 곧 그것을 다시 읽고 수정하며 자신의 사유를 한 뼘이라도 더 밀고 나아가려는 새로운 시작으로 추이했던 것입니다. 그의 대표 저서인 『흠흠신서(欽欽新書)』는 초고본에서 30권본으로 완성(1819)된 이후에도, 다시 서문을 보완하여 최종적으로 확정(1822)되기까지 여러 단계의 완성과 증보를 거쳤습니다. 완결은 곧 다음 교정의 출발점이었던 것입니다.

그에게 '완성'이란 하나의 과정을 마무리하고 다음 과정으로 나아갈 준비를 마친 역동적인 상태였습니다. 국가 개혁서인 『경세유표(經世遺表)』가 집필 과정에서 48권에서 44권으로 재편되고 일부 항목은 미완으로 남겨진 것 또한, 다산에게 종결이란 언제든 새로운 교정과 재편으로 나아갈 수 있는 과정에 불과했다는 사실을 보여줍니다. 다산은 『중용강의보』에서 '성(誠)'을 '사물의 끝과 시작(物之終始)'을 관통하는 지속적인 힘으로 풀이했습니다. 그에게 매일 새로워지는 '일신(日新)'이란, 바로 이 성(誠)의 힘을 바탕으로 '끝에서 다시 시작하는 추이(推移)'를 일상에서 구현하는 방도였습니다. 어제의 완성을 발판 삼아 오늘의 새로운 설계를 시작하는 것, 이것이 바로 6부의 주제인 '일신(日新)'의 가르침이 궁극적으로 향하는 '추이'의 경지입니다.

이 책, 『다산의 설계도』의 가르침을 따라 누군가는 삶의 기초를 세우고, 기둥을 올렸으며, 마침내 하나의 견고한 집을 완성했을지도 모릅니다. 그러나 다산의 마지막 가르침은 바로 그 집의 문을 열고 다시 밖으로 나오라는 것입니다.

하나의 인격(수신)을 완성했다면, 그 힘으로 더 넓은 공동체(경세)에 기여하는 새로운 단계로 추이해야 합니다. 하나의 사업(경세)을 성공시켰다면, 그 성공에 안주하는 대신 그 과정에서 얻은 지혜로 더 높은 차원의 자아실현(수신)이라는 새로운 길로 나아가야 합니다. 이처럼 수신과 경세는 평생에 걸쳐 서로를 심화시키며 끝없이 상승하는 나선(螺旋)과 같습니다.

우리의 삶은 목표 달성의 순간에만 의미를 두기보다, 어제보다 조금 더 나아진 오늘의 나를 만나는 배움의 기쁨을 통해 그 의미를 찾아갑니다. 다산이 보여주었듯, 그 기쁨이야말로 어떤 상황에서도 고갈되지 않는 영원한 동력입니다. 진정한 설계자는 자신의 대표작을 완성한 뒤 붓을 꺾지 않습니다. 그는 그 건축의 과정에서 얻은 모든 깨달음을 가지고, 이전에는 감히 상상조차 할 수 없었던 더 새롭고 위대한 건축의 길로 나아갑니다.

이 마지막 원리를 끝으로, 다산의 사유 체계를 탐구하는 하나의 공부는 끝을 맺습니다. 그러나 이 끝은 삶에서 다산의 철학을 실천하는 진짜 공부로 나아가는 전환점이 되어야 합니다. 손에 들린 이 설계도를 가지고, 삶이라는 무궁한 터에서 위대한 건축을 시작할 시간입니다. 이것이 바로 다산이 우리에게 남긴, 영원히 마르지 않는 희망의 철학이자, 이 설계도의 마지막 장에 새겨진 첫 번째 원리입니다.

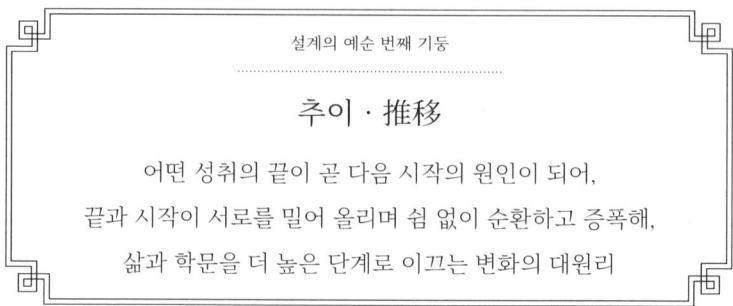

설계의 예순 번째 기둥

추이 · 推移

어떤 성취의 끝이 곧 다음 시작의 원인이 되어,
끝과 시작이 서로를 밀어 올리며 쉼 없이 순환하고 증폭해,
삶과 학문을 더 높은 단계로 이끄는 변화의 대원리

참고문헌

정약용, 『기중도설(起重圖說)』.
_____, 『여전론(閭田論)』, 1798.
_____, 『주역사전(周易四箋)』, 1804.
_____, 『하피첩(霞帔帖)』, 1810.
_____, 『시경강의보(詩經講義補)』, 1810.
_____, 『아방강역고(我邦疆域考)』, 1811.
_____, 『논어고금주(論語古今注)』, 1813.
_____, 『맹자요의(孟子要義)』, 1814.
_____, 『대학공의(大學公議)』, 1814.
_____, 『중용자잠(中庸自箴)』, 1814.
_____, 『대동수경(大東水經)』, 1814.
_____, 『심경밀험(心經密驗)』, 1815.
_____, 『소학지언(小學枝言)』, 1815.
_____, 『소학주관(小學珠串)』1810(총론).
_____, 『방례초본(邦禮草本)』.
_____, 『목민심서(牧民心書)』, 1818.
_____, 『다신계절목(茶信契節目)』, 1818.
_____, 『흠흠신서(欽欽新書)』, 1822.
_____, 『아언각비(雅言覺非)』, 1819.
_____, 『자찬묘지명(自撰墓誌銘)』, 1822.
_____, 『유배지 서간』, 1801–1818.
『논어(論語)』.
『맹자(孟子)』.
『대학(大學)』, 『예기(禮記)』.
『중용(中庸)』, 『예기』.
『예기(禮記)』, 전국–천한 편찬.
『주역(周易/易經)』.
주희, 『사서장구집주(四書章句集注).

다산의 설계도
현실주의자 정약용이 평생에 걸쳐 완성한, 삶의 선순환을 이끄는 6륜의 설계

초 판 1쇄 발행 2025년 11월 13일

지은이 김경수

펴낸이 김민성
편 집 이성은
디자인 한지원

펴낸곳 구텐베르크
주 소 경기도 수원시 광교로156 광교비즈니스센터 6층
전 화 070-8019-3287   **메 일** team@gutenberginc.com
인스타그램 @gutenberg.pub   **블로그** blog.naver.com/gutenberg_

- 이 책은 저작권법에 따라 보호를 받는 저작물이므로 무단 전재와 무단 복제를 금지하며, 이 책 내용의 전부 또는 일부를 이용하려면 반드시 저작권자와 구텐베르크 출판사의 동의를 받아야 합니다.
- 책값은 뒤표지에 있습니다. 잘못된 책은 구입처에서 교환해 드립니다.

ISBN   979-11-994384-5-3   03150

새로운 시대를 위한 영감, 구텐베르크 출판사입니다. 좋은 도서만을 제작하겠습니다.